形势与政策
教学探索

刘有升 著

厦门大学出版社
XIAMEN UNIVERSITY PRESS
国家一级出版社
全国百佳图书出版单位

图书在版编目（CIP）数据

形势与政策教学探索 / 刘有升著. -- 厦门：厦
门大学出版社，2023.12
ISBN 978-7-5615-9168-0

Ⅰ．①形… Ⅱ．①刘… Ⅲ．①时事政策教育-教学研
究-高等学校 Ⅳ．①G641.41

中国版本图书馆CIP数据核字(2023)第210389号

责任编辑	甘世恒
美术编辑	蒋卓群
技术编辑	许克华

出版发行 厦门大学出版社
社　　址 厦门市软件园二期望海路 39 号
邮政编码 361008
总　　机 0592-2181111　0592-2181406(传真)
营销中心 0592-2184458　0592-2181365
网　　址 http://www.xmupress.com
邮　　箱 xmup@xmupress.com
印　　刷 厦门集大印刷有限公司

开本 720 mm×1 020 mm　1/16
印张 16.5
插页 2
字数 298 千字
版次 2023 年 12 月第 1 版
印次 2023 年 12 月第 1 次印刷
定价 66.00 元

厦门大学出版社
微信二维码

厦门大学出版社
微博二维码

前　言

当前,加强思想政治理论课建设、推进立德树人是我国高校的一个核心任务,通过课程的改革创新提高铸魂育人实效已成为主流趋势。"形势与政策"是一门重要的高校思政课,要不断增强思想性、理论性和亲和力、针对性;又是一门理论武装时效性、释疑解惑针对性、教育引导综合性都很强的课程,要统筹考虑难度大、变化快、备课繁、交叉多等特点。如何上好"形势与政策"课,"让学生真心喜爱、终身受益","真正打造成思想政治理论课的示范课",是一个富有理论和实践价值的命题。

老子曰:"有道无术,术尚可求也;有术无道,止于术。"长期以来,理论界及实务界对"形势与政策"课教学的"术""道"进行了广泛的探讨,增进了办好该门课程的共识,但是如何促进教研相长等问题仍亟待解决。笔者和团队同人不仅致力于求解"形势与政策"课教学的"术",而且探寻该课程教学的"道",积累了一些思考、获得了一些认识,特整理出来以飨读者。

立足于上述背景及目标,本书聚焦"形势与政策"课程的教学探索,包括理论阐释、价值引领、文化融入、方法探析、思路启迪、热点观察等六个部分。写作过程中,既结合思政课乃至思想政治教育的共性,又契合"形势与政策"课的特性。具体来说:

理论阐释部分主要围绕习近平在学校思想政治理论课教师座谈会上的重要讲话精神,特别是教师要坚持"六个要"、思政课要促进"八个相统一"、大中小学思政课一体化建设,阐发在"形势与政策"课中如何贯彻运用这些精神。价值引领部分聚焦党的十九届六中全会精神、党的二十大精神、习近平在福建的探索与实践故事及习近平对福州大学的14次关怀,思政课中开展好国家安全意识教育等问题探析。文化融入部分从中华优秀传统文化、红色文化、优秀地域文化融入高校思想政治教育特别是"形势与政策"课展开探讨。方法探析部分是剖析"形势与政策"课的困境,对线上线下深度混合的探索。思路启迪是对新时代高校"形势与政策"课程改革创新云论坛中专家观点的综合提炼。该论坛于 2022 年 3 月 19 日由福建省委教育工委、福建省教育厅、福州大学、《马克思主义理论学科研究》编辑部联合主办,全国近 30 所"双一流"建设高校的马克思主义学院负责人、教授交流分享了该门课程的建设经验和展望,反响很大,为我们办好这门课程提供了重要参考。热点观察是对古田会议、国家治理、斗争能力、应急处突能力、青年马克思主义者培养、爱国主义、脱贫攻坚、美丽乡村建设、疫情防控等"形势与政策"热点问题的解读。

这些是笔者和团队同人对"形势与政策"课程教学改革及研究的一些思索、做法、心得。本书的成果从理论和实践丰富了这门课程建设的探讨,可为新时代该课程的守正创新提供一定依据和借鉴。

目　录

第一章

"形势与政策"课的理论阐释

　　"形势与政策"课是理论武装时效性、释疑解惑针对性、教育引导综合性都很强的一门高校思想政治理论课,其教学活动既要遵循思政课普遍规律,也应充分彰显课程特质。学习、整理、提炼"形势与政策"课程建设的科学理论是打好课程教学研究地基的关键一环。本章在介绍马克思主义形势观与政策观后,主要围绕习近平在学校思想政治理论课教师座谈会上的重要讲话精神,为找准该课程的定位与方向提供借鉴。

　　"马克思主义形势观与政策观统领'形势与政策'课":"形势与政策"课主要依据马克思主义立场观点方法,尤其是马克思主义形势观与政策观,并结合实践阐述国家的大政方针。在分析马克思主义形势观与政策观的总体概况、内涵特征的基础上,阐释二者的辩证统一关系,做到在"形势与政策"课的教与学过程中,一以贯之地以马克思主义形势观与政策观为统领,引导学生领悟贯穿其中的实事求是、调查研究、群众路线、辩证思维等立场观点方法。

　　"'形势与政策'课教师坚持'六个要'的学理逻辑":办好思政课关键在教师,关键在发挥教师的积极性、主动性、创造性,思政课教师要自觉成为"政治强、情怀深、思维新、视野广、自律严、人格正"的引路人。在认知"形势与政策"课独特属性、目标要求、价值功能的基础上,分析该课程教师在这一过程中的角色定位,进一步阐释为何坚持"六个要"以及如何坚持"六个要",从而努力成为"经师"和"人师"的统一者。

　　"以'八个相统一'推进'形势与政策'课改革创新":推动思政课改革创新,要在坚持"八个相统一"的基础上增强思想性、理论性和亲和力、针对性。"八个相统一"内涵丰富,"形势与政策"课指向明确,分析该课程的学科定位、课程定位以及自身特性,层层递进地掌握其在坚持"八个相统一"上的独特性。"八个相统一"通过深度展现思想性、深入解读理论性、深情呈现亲和力、深刻揭示针对性,为推进该课程改革创新、落实立德树人根本任务提供逻辑指引。

"'形势与政策'课助力大中小学思政课一体化建设":统筹推进大中小学思政课一体化建设,开创思政课一体化育人新格局,"形势与政策"课大有可为,具备擦亮政治底色、增强主体担当、优化总体环境的三大作用,具有历史、现实、未来三个维度的契机。可从四个方面下功夫:把握课程本质和特有属性,落实立德树人总目标;遵循学生认知规律,以教学内容和方法的改革实现育人过程有效衔接;考虑教师组成多样化,促进教师互动交流和综合素质提升;充分认识课程特点,规范教学管理和整合教学资源。

第一节　马克思主义形势观与政策观统领"形势与政策"课

"形势与政策"课是高校思政课程体系中的一门主干课程,作为高校思想政治工作的重要组成部分始终贯穿于教育教学全过程。这一课程主要依据马克思主义立场观点方法,尤其是马克思主义形势观与政策观,并结合实践阐述国家的大政方针,增进学生对马克思主义中国化、时代化最新成果的掌握和对新时代中国特色社会主义实践的了解,具有理论武装时效性强、释疑解惑针对性强、教育引导综合性强等特点。习近平在福建工作期间高度重视形势与政策宣讲,曾先后多次为宁德师专(现宁德师范学院)、闽江职业大学(现闽江学院)、福州大学、福建师范大学等高校的师生作形势与政策报告,帮助大学生正确认识国内外形势,深刻领悟党的路线方针政策,增强对社会主义现代化建设事业的认同与信心。这在一定程度上为新时代新征程我们深化"形势与政策"课乃至思政课建设提供了启发,我们要深刻把握好马克思主义形势观与政策观,使学生善于运用辩证唯物主义和历史唯物主义解析形势与政策,做好思政小课堂与社会大课堂的有机衔接,着力落实立德树人根本任务。

一、马克思主义形势观与政策观的总体概况

马克思主义形势观与政策观是对马克思主义这一科学理论的具体应用,是运用马克思主义分析判断形势、制定执行政策的立场、观点和方法。它以马

克思主义哲学为基础、以马克思主义政治经济学为分析范式、以科学社会主义为理论旗帜,坚持以人民为中心的根本立场,充分体现了马克思主义的科学性与实践性、革命性与阶级性的统一。

形势与政策作为一对客观存在的范畴,除了马克思主义形势观与政策观,还有各种非马克思主义形势观与政策观,其根本区别就在于阶级立场不同。不少西方学者拘泥于自身的阶级立场,缺乏科学理论指导,难以真正把握形势发展,只能通过关注公共决策来实现理论建构。在资本主义社会中,公共决策是由居于统治地位的资产阶级为了实现阶级利益而作出的决策行为,但资产阶级内部有诸多利益相对立的集团,不同利益集团基于自身利益会通过其代理的政党作出不同的公共决策,这就为公共决策的研究提供了张力和空间。托马斯·戴伊、格斯顿、阿利森、戴维·伊斯顿等西方学者就分别对公共政策的决策模式、决策原则、决策程序或某项具体政策展开研究,形成了以西方自由主义为理论基础、以行为主义和实证主义为分析范式的政策研究理论体系。马克思主义形势观与政策观除了阐述客观的形势和政策外,还进一步探讨政策背后的路线方针和马克思主义立场观点方法,总结规律,形成更为科学、深入的认知。

二、马克思主义形势观的内涵特征

马克思主义形势观是基于形势的本质和规律而形成的,是驾驭形势的基本立场、观点、原则和方法的总和。形势是由客观存在的事物发展状况和发展趋势构成,按不同标准可以有不同的分类。比如,按空间可以划分为国际形势、国内形势、地区形势等;按时间可以划分为过去形势、当前形势和未来形势;按内容可以划分为经济形势、政治形势、社会形势、军事形势、外交形势、文化形势、科技形势等;按层次可以划分为主要形势和非主要形势、基本形势和非基本形势、全局形势和局部形势、一般形势和特殊形势等。形势的存在与发展具有客观规律性、发展变化性和联系复杂性。无论人们在主观上承认与否,形势都是客观存在的,不因人的意志而转移,而且会随着时间、空间、环境和其他条件要素的变化,不断延续、发展和变化,各种形势都是在不同要素的相互联系和彼此作用中形成发展的。形势的这些特性决定了形势的发展方向和趋势可被掌控,只要因势利导就可以使形势向人们主观期望的方向变化。由于不同的人有不同的立场,由此就产生了形势观的问题。形势观是一定的世界观、价值观在形势问题上的具体反映,是对形势的本质和特征等系列问题所持有的根本观点和基本态度,什么样的世界观和价值观就决定了什么样的形势观。

马克思主义形势观是以辩证唯物主义和历史唯物主义为基础,以人民群众为出发点,以科学社会主义为理论指导的科学形势观,主要包括三方面的内容:第一,马克思主义关于形势的本质特征及其发展规律。形势始终伴随着人类社会的历史发展演变而存在,由社会发展的基本矛盾所决定,是客观事物在矛盾变化中所呈现出来的状态,是不以人的意志为转移的客观现实,其变化发展规律遵循着对立统一、量变质变、否定之否定三大唯物辩证法规律。第二,马克思主义关于认识形势的必要性和重要性。形势的变化发展规律充分体现了世界的本质是物质的这一科学论断,物质与意识的辩证关系决定了社会存在是社会意识的根本性决定力量,社会意识对社会存在具有反作用。形势与政策是社会存在和社会意识这一对范畴的具体表现,形势决定了政策的制定,政策反过来又影响形势发展变化,因此必须重视对形势的研判与理解。第三,马克思主义关于正确认识形势的原则和方法。马克思主义哲学是马克思主义形势观的世界观基础,以辩证唯物主义和历史唯物主义为其科学的方法论指导。在认识判断形势的过程中,要遵循实事求是、普遍联系和永恒发展的观点,善于运用矛盾分析法;在解析认识形势时,要善于抓住主要矛盾和矛盾的主要方面,审视形势发展方向。

三、马克思主义政策观的内涵特征

马克思主义政策观是基于政策本质、政策体系、政策实施及运行过程等问题形成的根本观点和基本态度。政策是党和国家为在一定时期内完成所设定的目标和任务而制定的行为规范。把握形势是制定和执行政策的前提,政策的制定要以形势为客观依据,并根据形势的发展变化因时因势地作出必要调整。政策按照不同的标准也可划分出不同的类型,按地位和作用可以划分为宏观政策与微观政策;按时间可以划分为旧政策和新政策;按权威性可以划分为国家政策与地方政策等。

由于政策属于社会意识范畴,阶级性必然是政策的首要特征。政策是由在社会上占统治地位的阶级为实现其阶级利益而制定的施政纲领,深刻反映了统治阶级的利益。资产阶级的政策必然不会为无产阶级谋取福利,同样地,无产阶级的政策也不会有资产阶级的谋利空间。政策在实施的过程中要有一定的强制力作保障,这充分体现了权威性特征。政策的存续也是有条件的,社会存在决定社会意识，如果客观形势发生变化，政策必然也会发生变化，使政策具有时效性的特征。政策的阶级性、权威性、时效性决定了每项具体的政策背后都有一定的政策观作为支撑。政策观的构成要素主要包括对政策本质、政策价值、政策体系、政策实施过程及具体的政策主张等多方面内容，是人们制定和实施具体政策时的指导思想和理论基础，对政策的具体实施具有导向作用。

马克思主义的政策观具有较长的发展历程，《共产主义原理》《共产党宣言》《哥达纲领批判》《社会民主党在民主革命中的两种策略》等经典著作均明确地论述了无产阶级政策观的基本观点。一方面，政策的制定必须符合形势的客观实际。马克思主义要求，任何政策都要经得起严格的客观事实检验。无产阶级政党应从客观实际出发制定政策，并根据形势的变化来调整政策、实施策略。另一方面，政策的制定要坚定维护人民群众的根本利益，站稳无产阶级立场。坚持以人民为中心，实现人的自由而全面的发展是无产阶级政党的价值诉求和目标。在研究客观形势、制定政策策略时，不仅要依据现实状况及其发展趋势，更要站在无产阶级的立场上进行无产阶级政党的实践活动。

四、马克思主义形势观与政策观的辩证统一

形势与政策是一对有机统一的范畴，基于这一范畴形成的马克思主义形势观与政策观也必然是辩证统一的关系。讲好"形势与政策"课，应充分把握马克思主义形势观与政策观的辩证统一关系。形势与政策属于不同的概念范畴，形势属于社会存在范畴，政策则属于社会意识范畴，但二者之间又紧密联系、相辅相成。形势是政策制定的客观依据，又是检验政策的客观标准。把握事物的现实状态和发展趋势，是制定和执行政策的客观要求。只有正确认识和把握客观现实，才能制定出符合正确权衡标准的政策。政策制定出来以后，就要贯彻实施，在政策实施过程中，形势如何发展变化便成了检验政策正确与否的重要标志。能使形势沿着有利方向发展的政策就是正确的政策，应继续贯彻；而使形势向着不利方向发展的政策则是错误的政策，应立即纠正。如同实践是检验真理的唯一标准一样，只有形势发展的方向对错才是检验政策正确与否的客观标准。

同时，形势是客观存在的物质运动，是人们制定政策这种主观运动的客观基础。政策对形势具有导向作用，是促进形势发展的重要手段。政策对形势的发展具有强大的推动作用，政策所体现的主观能动性能对客观形势产生反

作用。因此,政策是促进形势发展的重要手段,是发展有利形势的重要推动力量,是能动地认识世界和改造世界的锐利武器。既然政策对形势的发展能起推动作用,也就是人们常说的"政策导向",这种推动作用就必然呈现出正面与反面的区别。当人们能够正确地分析、判断和把握形势,并制定、贯彻正确的政策时,就会引导和推动形势朝着有利的方向发展,这时主观与客观相符合。反之,当人们错误地估量形势并制定和贯彻了错误的政策时,就会引导和推动形势朝着不利的方向发展。所以,政策极为重要,正如毛泽东指出的:"政策和策略是党的生命,各级领导同志务必充分注意,万万不可粗心大意。"①总之,形势决定政策,检验政策;政策引导形势,影响形势,应正确认识二者的辩证关系,恰如其分地处理好二者的关系。

五、马克思主义形势观与政策观的立场、观点与方法

马克思主义形势观与政策观的辩证统一要求在"形势与政策"课的教与学过程中,一以贯之地以马克思主义形势观与政策观为统领,引导学生领悟并充分掌握其中蕴含的立场、观点与方法。

第一,坚持实事求是。实事求是,是马克思主义的根本观点,是中国共产党人认识世界、改造世界的根本要求,是我们党的基本思想方法、工作方法、领导方法。毛泽东指出:"马克思主义叫我们看问题不要从抽象的定义出发,而要从客观存在的事实出发,从分析这些事实中找出方针、政策、办法来。"②他告诫全党同志:"按照实际情况决定工作方针,这是一切共产党员所必须牢牢记住的最基本的工作方法。我们所犯的错误,研究其发生的原因,都是由于我们离开了当时当地的实际情况,主观地决定自己的工作方针。这一点,应当引为全体同志的教训。"③习近平强调:"坚持实事求是,就要清醒认识和正确把握我国仍处于并将长期处于社会主义初级阶段这个基本国情。我们推进改革发展、制定方针政策,都要牢牢立足社会主义初级阶段这个最大实际,都要充分体现这个基本国情的必然要求,坚持一切从这个基本国情出发。"④正是因为始终坚持实事求是这一根本观点,中国共产党才能不断根据形势发展作出

---

① 毛泽东选集:第4卷[M].北京:人民出版社,1991:192.
② 毛泽东选集:第3卷[M].北京:人民出版社,1991:79.
③ 毛泽东选集:第4卷[M].北京:人民出版社,1991:202.
④ 习近平在纪念毛泽东同志诞辰120周年座谈会上的讲话[N].人民日报,2013-12-27.

正确的重大政治判断,用正确的政策引导形势向着有利方向发展,不断从胜利走向胜利。

第二,坚持调查研究。调查研究是了解形势、制定政策的基础和前提。重视调查研究,是中国共产党在革命、建设、改革各个时期充分把握形势、科学制定政策的重要法宝。毛泽东提出:"就要使同志们懂得,没有调查就没有发言权,夸夸其谈地乱说一顿和一二三四的现象罗列,都是无用的。"①调查研究的过程就是把握事物的本质及发展规律的过程,在这一过程中找出主要问题,挖掘问题成因,抓住主要矛盾,明确主要任务,进而对症下药地制定科学的政策。调查研究是坚持实事求是的必要条件,是推动革命、建设和改革取得胜利的重要法宝,关系到党和人民事业的兴衰成败。在中国特色社会主义新时代,要完成建设社会主义现代化强国的宏伟目标,更要重视调查研究。习近平指出:"要在全党大兴调查研究之风,推动全党崇尚实干、力戒空谈、精准发力,让改革发展稳定各项任务落下去,让惠及百姓的各项工作实起来,推动党中央大政方针和决策部署在基层落地生根。"②只有深入调查研究,才能根据形势发展和人民需要制定出让人民群众满意的改革方案,从而团结人民群众向着宏伟目标努力奋斗。

第三,坚持群众路线。群众路线是我们党的生命线和根本工作路线,是我们党永葆青春活力和战斗力的重要传家宝,也是我们党根据形势制定政策的根本方法。"知屋漏者在宇下,知政失者在草野"。政策的制定应通过各种渠道听取群众意见,拓宽人民群众参与决策的渠道,努力提高决策科学化、民主化水平。习近平指出:"要拜人民为师、向人民学习,放下架子、扑下身子,接地气、通下情,深入开展调查研究,解剖麻雀,发现典型,真正把群众面临的问题发现出来,把群众的意见反映上来,把群众创造的经验总结出来。"③人民群众是社会实践的主体,党的正确政策和策略,只有充分吸取来自群众的实践经验,才能真正做到适应形势发展要求,进而引导形势朝着期望的方向发展。

第四,坚持辩证思维。马克思主义形势观与政策观的辩证统一要求正确认识和处理关于形势与政策的各种关系和矛盾。习近平根据马克思主义基本

---

① 毛泽东选集:第3卷[M].北京:人民出版社,1991:45.

② 中共中央政治局召开民主生活会 习近平主持并发表重要讲话[N].人民日报,2017-12-27.

③ 习近平在中央党校(国家行政学院)中青年干部培训班开班式上发表重要讲话 强调在常学常新中 加强理论修养在知行合一中主动担当作为[N].人民日报,2019-03-02.

原理提出了正确认识和把握政策问题的"五对关系","要弄清楚整体政策安排与某一具体政策的关系、系统政策链条与某一政策环节的关系、政策顶层设计与政策分层对接的关系、政策统一性与政策差异性的关系、长期性政策与阶段性政策的关系","既不能以局部代替整体、又不能以整体代替局部,既不能以灵活性损害原则性、又不能以原则性束缚灵活性"。① 习近平论述的"五对关系"启发我们要驾驭辩证思维,树牢系统观念,加强前瞻性思考、全局性谋划、战略性布局、整体性推进,为解决在形势发展过程中制定政策的重大问题提供了基本依循,为破解政策执行问题提供了法宝。同时,也为在"形势与政策"课程建设中,如何处理好思政小课堂与社会大课堂的关系,进而善用"大思政课";如何处理好专职教师与兼职教师两支队伍相辅相成的关系,进而为教师育人合力最大化等问题提供了重要启示。在"形势与政策"课教学过程中必须坚持辩证思维、系统观念,从而引导学生深入学习贯彻党的创新理论,理解把握其中蕴含的世界观和方法论,坚持好、运用好贯穿其中的立场观点方法,用马克思主义形势观与政策观统领"形势与政策"课建设。

第二节 "形势与政策"课教师坚持"六个要"的学理逻辑②

习近平在学校思想政治理论课教师座谈会上强调,"思政课作用不可替代,思政课教师队伍责任重大"。③ 思想政治理论课教师在立德树人、铸魂育人过程中承担着光荣使命,在培养德智体美劳全面发展的社会主义建设者和接班人过程中肩负着重大责任。"形势与政策"课具有鲜明的思想性、政治性、理论性、时效性、开放性,是一门难度较大的课程,要求教师自觉按照"政治要强、情怀要深、思维要新、视野要广、自律要严、人格要正"④(简称"六个要")的标准练好基本功,用理想信念引领学生、用道德情操感染学生、用扎实学识启

---

① 习近平:完善和发展中国特色社会主义制度推进国家治理体系和治理能力现代化[N].人民日报,2014-02-18.

② 本节主要内容已发表于《航海教育研究》2022年第3期,原题一样,略有调整。

③ 习近平.思政课是落实立德树人根本任务的关键课程[J].求是,2020(17).

④ 习近平.思政课是落实立德树人根本任务的关键课程[J].求是,2020(17).

发学生、用仁爱之心打动学生。在授课过程中,教师要不断调动自身的积极性、主动性、创造性,不仅要介绍和说明"是什么""怎么了"的问题,更要分析和阐释"为什么""怎么办""会怎样"的问题,引导学生认清形势、认同政策、把握原则、践行担当,实现知情意行的统一。

一、"形势与政策"课教师坚持"六个要"的逻辑解析

充分认识"形势与政策"课的课程性质、内涵特征和独特属性,深入挖掘该课程教师在其中的功能作用、价值定位,是推动这门课程不断朝着专业化、规范化、系统化发展的基本前提。

(一)政治要强:源自课程突出的意识形态属性

世界各国都把大学看作价值观教育的一大主阵地,都把传播、培养、塑造符合本国主流意识形态的价值观作为大学的重要任务,如美国的公民教育、爱国教育,英国的隐性意识熏陶教育,法国的传统文化教育。各国的统治阶级在确立政治经济领域的主导地位之后,必然要建立符合自身统治的意识形态,用来维护和巩固自己的统治地位。当前,国际国内形势错综复杂、快速变化,全球思想文化交流交锋日益频繁,各国之间竞争日趋激烈,抓好后继有人这个根本大计是党和国家赋予高校的重要使命,也是高校工作的重中之重。"形势与政策"课是思政课的重要组成部分,承担着引导学生正确认识国内外形势、理解认同国家大政方针的重要任务。这门课具有突出的意识形态属性,政治性是其鲜亮底色,也是授课教师应坚持的首要原则。一方面,该课程从本质上来说是意识形态课,思想性和政治性是其根本属性。"政治引导是思政课的基本功能"[①],坚守政治性是思政课的首要任务。"形势与政策"课是第一时间推动党的理论创新成果进教材、进课堂、进学生头脑,引导大学生准确理解党的基本理论、基本路线、基本方略的重要渠道。它重在引导学生知大势、明大义、晓大理,理解认同国家政策,关注国之大事,形成"永远跟党走"的强烈认同,正确认识时代赋予自己的责任和使命,坚定"四个自信",立志成为担当民族复兴大任的时代新人。在教学内容上,该课程教师需根据教育部每学期编写的教学要点备课,立足政治大局和世界大势,突出育人导向,服务于培养什么人、怎样培养人、为谁培养人这个根本点。另一方面,这门课要因事而化,强化理论武

---

① 习近平.思政课是落实立德树人根本任务的关键课程[J].求是,2020(17).

装,以事说理、以理论事,政治性与理论性密不可分。形势与政策教育是一种理想与现实、社会蓝图与现实图景相对照的认知和实践活动,"形势与政策"课是对大学生进行形势与政策教育的主渠道。面对纵横交错的国际国内发展趋势,结合最新的国家大事、大政方针,该课程教师需要在理清社会热点事件脉络的基础上深挖理论根源、讲清背后蕴含的规律,为学生释疑解惑。因此,基于课程的根本属性和独特要求,教师首先要理直气壮、旗帜鲜明地讲思想、讲政治、讲理论,在教学过程中传播主流价值,倘若教师自身对意识形态理论认识不足、运用不当,不仅难以实现教学目标,还可能会使教学偏离正确的价值轨道,酿就难以挽回的大错。

(二)情怀要深:鉴于课程显著的价值引领功能

高等教育阶段是青年学生成长成才的关键时期,是思想观念、价值取向、精神风貌的成型期。承担铸魂育人重任的"形势与政策"课具有显著的价值引领功能,需要教育引导大学生形成正确的世界观、人生观、价值观,教师要主动回应时代关切、厘清时代要求、把握时代脉搏、培育时代新人。基于此,这门课教师要永葆家国情怀、仁爱情怀、传道情怀,心里装着国家和民族,心怀"国之大者"。首先,"形势与政策"课不是简单的政治宣讲,价值引领是"魂"。这一课程负责分析形势、宣传政策,将"时"与"势"结合起来、将理论和实践融合起来、将蓝图与现实拼接起来,第一时间推动党的理论创新成果"三进",使学生在了解、理解、认同政策的基础上,做到明大德、守大道、走正路,自觉践行使命担当。有些人存在认识误区,认为该课程就是传达党和政府声音的宣传课程,说到位、讲清楚即可。显然,这忽视了课程的价值引领功能。其次,"形势与政策"课不是一味地传授知识,立德树人是"本"。与大学专业课程相比,该课程重在塑造学生的理想信仰,"帮助大学生正确认识新时代国内外形势,深刻领会十八大以来党和国家事业取得的历史性成就、发生的历史性变革、面临的历史性机遇与挑战",使大学生在坚定"四个自信"的过程中认清使命责任,自觉落实时代新人的现实要求。该课程教师要在传授知识的过程中传播美德,在教书的基础上实现育人,用真理的力量感召学生,给学生的心灵埋下真善美的种子,引导学生把爱国情、强国志、报国行自觉融入实现中华民族伟大复兴的奋斗中。再次,"形势与政策"课不是单纯的思想引导,释疑解惑是"尺"。与高校本科其他5门思政课相比,这门课重在以问题为出发点,立足于国际国内变动之大局,大势和大事,回答时代之问、抓住时代主题转换、把握时事变动规律,对理论与现实的洞察力和解释力更强。该课程应直面社会实践、直击社会难题、直析社会焦点,在回应社会关注的过程中助力学生建立起正确的价值体系,在认清形势、解构原因、分析实质的探索中引导大学生确立正确的价值目标,备课难度大、上课难题多,教师需要具有更加坚定的理想情怀、更加明确的价值标准,这样方能在纵横比较中引领学生。

(三)思维要新:源于课程较强的理论武装时效性

1951 年,教育部就华北地区高校"辩证唯物论与历史唯物论"等课的教学工作作出指示,强调要结合社会政治运动,解决学生对时事政策方面的一般思想问题。"时事政策"就此成为"形势与政策"课的第一个称谓,由此可知时效性是这门课与生俱来的鲜明特色。首先,形势与政策的变动性决定了教师要因时而进更新知识储备。形势决定政策,政策影响形势。形势在不断地发展变化,政策也要相应地调整和变化,这是形势与政策内在客观存在的变动性,是一个动态发展的过程。这一课程要在变与不变之中找寻规律、透视现象,完整准确地向学生讲授形势的变化、政策的应对,以及揭示隐藏在变化背后不变的规律和本质。在这一过程中,教师应及时摄取形势变化的信息,动态化地储备知识,提高形势分析、政策解读以及理论剖析等能力。其次,教学内容的时效性决定了教师需"与时俱进"释疑解惑。"形势与政策"课成为第一时间推动党的理论创新成果"三进",及时准确地阐释党治国理政的新思想、新理论、新政策、新方略的重要平台。相较于其他几门思政课程,其特殊性之一就体现在"时效性",即涉及对国内外形势的同步解读,涉及对党和国家大政方针、中国特色社会主义生动实践的快速认知,涉及对学生价值观和思想变化的即时引导。最后,信息化时代的包裹性决定了教师应"顺势而为"创新教学方式。2022 年 4 月,习近平在中国人民大学考察调研时指出,"思政课的本质是讲道理,要注重方式方法,把道理讲深、讲透、讲活"。当前,人们被海量信息所笼罩、包围和淹没,这就要求"形势与政策"课教师创新教学方式,改变传统的"一言堂""满堂灌"教学模式,既能主动适应又能科学引领,善于运用信息技术,激发学生作为"网络原住民"的学习兴趣,对学生的思想困惑点、价值困惑点有针对性地进行引导。

(四)视野要广:取自课程内容广与学生期待值高

习近平强调:"办好思想政治理论课关键在教师,关键在发挥教师的积极性、主动性、创造性。"①任课教师应有信心、有底气、有能力做好学生成长成才的引路人。该课程与其他课程不同,形势的分析判断要不断获取多方面的权威数据和信息。因此,相关教师应具备深厚的理论功底和文化底蕴,具有宽广的知识视野、国际视野、历史视野,对讲授内容的历史与现实、横向与纵向逻辑了然于心、条理分明,经得起质疑和检验。针对学生提出的尖锐敏感问题、涉及深层次的理论和实践问题,教师要讲清楚、讲透彻。这些不是一朝一夕可以解决的,需要教师深耕教学研究、关注前沿动态,汲取大量的知识和信息。除此之外,学生对于课程的期待值高、求知劲头足,这就要求教师应具有宽广的视野。习近平在纪念五四运动100周年大会上精辟地概括:"当代青年思想活跃、思维敏捷,观念新颖、兴趣广泛,探索未知劲头足,接受新生事物快,主体意识、参与意识强,对实现人生发展有着强烈渴望。"同时,他强调:"青年人阅历不广,容易从自身角度、从理想状态的角度来认识和理解世界,难免给他们带来局限性。"面对百年未有之大变局、中华民族伟大复兴战略全局、经济社会新发展格局"三局"交织,一系列显性和隐性矛盾凸显,处于思想高度活跃期的青年可能会产生迷茫,不禁会产生"世界怎么了""我们怎么办"等疑问。基于此,教师需要在把握大学生求知特点的前提下,回答学生困惑,帮助学生走出知识误区,向学生讲清楚发生了什么、原因是什么、今后会怎样、大学生该如何做等问题,真正使大学生对"形势"和"政策"想得清楚、看得明白。总之,"形势与政策"课教师应该在提升学习能力、增长知识见识、拓展知识视野上做文章、下功夫,有效地开展"两个重点讲授""四个专题"教育,使学生在专题学习中不断提高理论思维、价值判断和实践应用等能力。

(五)自律要严:源于课程的教育引导综合性很强

"形势与政策"课作为思政课的重要组成部分,兼具思政课的共性和自身的特性,其独特性就在于理论武装时效性、释疑解惑针对性、教育引导综合性都很强,对教师提出了更高的要求。一方面,课程育人的连贯性要求教师课上课下相一致。这门课重在培养学生的思想道德素质,侧重点在于思想维度,而教师不仅是课堂上的主导者,也是课堂下的示范者。因此,教师首先要具有坚定、正确的政治立场和价值取向,对国际形势和国内矛盾洞若观火,对事物本质和内在规律把握到位,不能在课上讲得行云流水,却在课下、网上"满嘴跑火车",出现"课上课下两张皮、网上网下两张嘴"的现象,在日常生活中更要以身

---

① 习近平谈治国理政:第3卷[M].北京:外文出版社,2020:330.

作则,遵守政治纪律、政治规矩、课堂纪律,进而使大学生做到"亲其师而信其道"。另一方面,课程育人的方向性要求教师自觉弘扬主旋律、积极传递正能量。作为一门重要的思政课,该课程具有鲜明的意识形态属性,不仅要传导主流意识形态,更要实现学生自觉内化主流价值观的目标。方向决定前途,引导学生把牢政治方向、坚定"四个自信"是该课程教学的核心和关键。将党的最新理论成果与现实事件融合起来,在纵横比较中弘扬社会主义主旋律、积极传递正能量,使大学生充分认可中国特色、中国优势,正确认识时代责任和历史使命,是教师在课程教学中承担的责任使命。教师在育人方向上不能偏离主旋律,在教学内容上不能宣扬负能量,应客观分析发展带来的机遇与挑战、成绩与不足,引领学生正确认识现实世界,认可并弘扬主旋律。

(六)人格要正:基于教师职业身份的特殊性

"师者,人之模范也",职业特性决定了教师的道德要高尚。"合格的老师首先应该是道德上的合格者,好老师首先应该是以德施教、以德立身的楷模。"[①]自古以来,中华民族就有尊师重教、崇智尚学的优良传统,涌现出一大批优秀的教育家。例如,崇尚"有教无类"的孔老夫子,推崇"捧着一颗心来,不带半根草去"的陶行知先生,以"激励气节,发扬精神,广求智慧"为教育宗旨的康有为,还有李大钊、梁启超、鲁迅等。他们用亲身经历向我们展现了教师职业的崇高性、示范性。"教师对学生的影响,离不开其学识和能力,更离不开其为人处世、于国于民、于公于私所持的价值观。"[②]广大教师理应率先垂范、以身作则,引导和帮助学生把握好人生方向,扣好人生的第一粒扣子。"形势与政策"课教师面对的是思想高度活跃但又容易迷茫的大学生,要在第一时间帮助学生释疑解惑,使其在复杂局势面前坚定理想信念、践行使命担当。因此,该课程教师要有堂堂正正的人格,用高尚的人格感染学生、赢得学生。此外,这门课的目标任务是培养担当民族复兴大任的时代新人,围绕的是后继有人这个根本大计,具体要求是宣传党中央大政方针,引导学生牢固树立"四个意识",坚定"四个自信",教师是在铸魂上做工作。教育在本质上是生命彼此相依、相通的活动,是一个灵魂唤醒另一个灵魂的思想共鸣。从教师的言行中,

---

① 习近平.做党和人民满意的好老师:同北京师范大学师生代表座谈时的讲话[N].人民日报,2014-09-10.

② 习近平.做党和人民满意的好老师:同北京师范大学师生代表座谈时的讲话[N].人民日报,2014-09-10.

学生能够感受到教师的人格和学识,如果教师人格不正、品行不端,所讲出来的内容就无法打动学生,无法帮助学生在思想道德、理想信念、使命担当上有所作为,课程目标的实现就将是天方夜谭。总而言之,与其他职业相比,教师这一职业的人格示范性更强;与其他课程教师相比,"形势与政策"课教师人格魅力、学识魅力的重要性更加突出。该课程教师只有用高尚的人格武装自己,充分发挥榜样的力量,才能成为让学生信服、喜爱的教师,成为合格的"引路者"和"筑梦人"。

二、"形势与政策"课教师实现"六个要"的路径探析

习近平强调,"百年大计,教育为本。教育大计,教师为本"。① 要以习近平针对思政课教师提出的"六个要"为引领,从发挥教师的积极性、主动性、创造性角度着力,多措并举地促进"形势与政策"课师资建设提质增效。

(一)领会课程要求,旗帜鲜明讲政治

旗帜鲜明讲政治是"形势与政策"课的突出导向和根本原则。首先,该课程教师需要对课程的目标、任务、要求、功能定位等细致了解,对课程的重点难点、学生困惑点心中有数,对肩负的责任使命深刻认同。这门课的现实目标是帮助学生分析认识形势、理解认同政策;长远目标是引导学生关注国之大事、心怀"国之大者"、践行使命担当。在授课过程中,教师需要时刻围绕教学目标开展教学设计,始终将政策宣讲与价值引领结合起来。"形势与政策"课的任务就在于通过最新发生的大事透析社会本质,挖掘现象背后隐藏的规律。例如,国际关系中的意识形态之争、利益之争等才是决定大国关系走向的关键因素。该课程教师应以小切口讲授大知识,从真实案例出发,抽丝剥茧般地引导学生认清规律、看透本质。其次,该课程教师在根本立场、政治方向、意识形态问题上必须敢于亮剑、敢于争锋。"思想文化阵地,马克思主义、无产阶级的思想不去占领,各种非马克思主义、非无产阶级的思想甚至反马克思主义的思想就会去占领。"②意识形态领域的争夺从未停止过,谁赢得青年,谁就赢得未来。近几年来,意识形态斗争日趋激烈,面对"东升西降"的国际态势,奉行霸

---

① 习近平.做党和人民满意的好老师:同北京师范大学师生代表座谈时的讲话[N].人民日报,2014-09-10.

② 江泽民文选:第 3 卷[M].北京:人民出版社,2006:97.

权主义的美国等西方国家针对中国开展一系列污蔑和攻击,企图动摇中国人的理想信念和政治立场。比如,美国利用网络对华进行文化冷战、灭偶像、毁信仰、搞歧视、亡历史、造谣言,"和平演变"从未停歇。出于国家安全考虑,"形势与政策"课教师应对此进行理论性研究和针对性解惑,使学生在政治立场上不犹豫、不偏离,促使大学生"知马""信马""行马",坚定做社会主义的建设者和接班人,而非破坏者和掘墓人。最后,该课程教师要坚持旗帜鲜明与润物无声的有机统一。既要旗帜鲜明、大张旗鼓地讲政治、讲理论,也要注意润物无声,以理服人、以情动人。在课堂上做到重要理论透彻宣讲、重大问题反复研讨、重大时事持续跟进、重点效果及时巩固;在课堂下加强对学生的人文关怀,热心帮助学生的学习、敏锐关注学生的思想、倾情关爱学生的人格,把全方位立德、全过程树人落到实处。

(二)认清使命责任,践行"有信仰的人讲信仰"要求

在大学中,重知识传授、轻价值塑造的倾向还在一定范围内存在。教师重科研轻教学、重教书轻育人,学生重考证轻读书的现象普遍存在,甚至部分大学生的价值观出现偏差,"形势与政策"课的育人效果提升还有较长的路要走。为此,该课程教师要主动承担起立德树人、培根铸魂的使命责任,为学生点亮理想的灯、照亮前行的路。一方面,要信仰坚定,深切认同马克思主义这一根本指导思想,坚定拥护中国共产党的领导,厚植家国情怀。习近平反复叮嘱,"让有信仰的人讲信仰"。[①] 如果思政课教师自身都不信,还怎么教学生?"形势与政策"课作为思政课的重要组成部分,在时与势的变动中唯一不变的就是信仰,教师自己要信仰坚定、充分认同国家政策,在理论与实践中、在历史与现实中讲清楚"中国共产党为什么能,中国特色社会主义为什么好,归根到底是马克思主义行,是中国化时代化的马克思主义行"[②]。另一方面,要有教育家的情怀,把职业转化为事业、把事业转化为人生,保持仁爱情怀、传道情怀。由于各种条件的限制以及本课程的要求高、难度大等客观因素,教师难以达到教育家的水准,但在教学工作中要有教育家的情怀,坚持自爱—施爱—达爱—传爱的准则,塑造学生的价值体系。一些学生反映,教师仅限于课堂上传授知识、灌输思想,课堂下与学生互动不够密切,导致育人效果大打折扣。为此,相

---

① 习近平.思政课是落实立德树人根本任务的关键课程[J].求是,2020(17).

② 习近平.高举中国特色社会主义伟大旗帜 为全面建设社会主义现代化国家而团结奋斗:在中国共产党第二十次全国代表大会上的报告[N].人民日报,2022-10-26.

关教师要在教育观念上有所改变,在人文素质、文化教养、情感交互能力上有所提高,建立起良好亲密的师生关系,提高情感沟通能力,激发出教育应有的魅力。

(三)用科学、辩证思维武装头脑,详略得当、粗中有细安排教学

教育部每学期都会印发《高校"形势与政策"课教学要点》,但是依据形势发展,教师选择教学内容的灵活度比较高,需要根据形势发展要求和学生特点有针对性地设置内容,把握侧重点,及时回应学生关注的热点问题。教育部明确要求这门课紧密围绕中国特色社会主义的理论成果和生动实践,开设好全面从严治党、我国经济社会发展、港澳台工作、国际形势与政策"四个专题",在专题学习中释疑解惑、引导学生。第一,该课程教师要对习近平新时代中国特色社会主义思想真学真懂真信真用,用它来武装头脑、丰富思想、传授学生。扭住根本方能在纵横比较中不迷失方向。习近平新时代中国特色社会主义思想是当代中国马克思主义、二十一世纪马克思主义,是中华文化和中国精神的时代精华,实现了马克思主义中国化新的飞跃。[①] "形势与政策"课教师要融会贯通、及时深入地学习,对这一丰富的思想宝库进行挖掘,使学生形成科学、辩证的思维。第二,该课程教师要对党的理论创新最新成果及时学习、深入研究、更新储备,对中国特色社会主义的生动实践客观准确分析并立足长远发展趋势进行引导。"大思政课我们要善用之"[②],中华大地的生动实践就是最有力的教科书,党的十八大以来取得的历史性成就、发生的历史性变革就是党的理论创新成果的最好印证。这门课的教师要提升实效性,在增强学生获得感方面深入研究,紧扣国际国内最新形势,比如用好中国抗疫这本深刻、鲜活、生动的教科书,着重强化理论武装、开展释疑解惑、进行价值引领,引导学生正确面对"事""时""势"的变化,坚定"四个自信",努力成长为堪当民族复兴重任的时代新人。第三,该课程教师要对"四个专题"的讲授明确侧重点、选好切入点,以小见大,善于从微观细节捕捉、研判形势,更要在宏观角度引导学生践行使命责任。大学阶段侧重理论性学习,重在启发性引导,专题讲解是这一课程常规且高效的授课模式。"四个专题"内容庞杂,涉及社会生活的方方面面,不免会使教师眼花缭乱,感觉无从下手。为此,教师应在课前精心备课,对专题

---

① 中共中央关于党的百年奋斗重大成就和历史经验的决议[N].人民日报,2021-11-17.
② "大思政课"我们要善用之(微镜头·习近平总书记两会"下团组"·两会现场观察)[N].人民日报,2021-03-07.

内容系统分析和有鉴别地选择,课件的制作不能马虎,要打磨细节,在起承转合中展示出教学重点;课堂上善于启发式思考,选择小的切入点引入主题,循循善诱地阐释出事件背后深刻的历史原因、现实表现、本质规律,进而阐释出中国逻辑、世界格局、发展趋势等更深层的问题;课堂下通过多种渠道及时思考回顾教学过程,总结教学经验,完善教学设计,真正将知识理论传达清楚、将学生的疑惑解释彻底,不断提高育人实效性。

(四)增长知识见识,拓展知识视野、国际视野、历史视野

习近平在谈到做好宣传思想工作时强调,要"胸怀大局、把握大势、着眼大事"①,这是开展形势与政策教育的基本遵循。"形势与政策"课要引导大学生认清形势、领会政策,就要求教师不断拓展知识视野、国际视野、历史视野。其一,元问题研究与时事问题研究有机结合。马克思指出:"在科学上没有平坦的大道,只有不畏劳苦沿着陡峭山路攀登的人,才有希望达到光辉的顶点。"②"形势与政策"课教师需加强原著学习和研究,原原本本学习马克思主义经典著作,把马克思主义基本原理内化于心。目前,这门课主要由专兼职结合的教师担任,不少教师日常事务工作繁重,很难有专门时间和精力来深入研究形势与政策。为此,该课程教师要平衡好教学和科研的关系,以科研促进教学,在教学中研究真问题、真研究问题;同时,要将原著学习与时政学习、专业学习、社会实践结合起来。其二,要具有世界眼光和全球视野,增强形势与政策教学的针对性,提高时代感和前沿性,拓展教学的国际视野,提升创新活力。"形势与政策"课涉及内容广、横跨学科多、时间跨度长、授课难度大,国际纵横比较是课程的内在要求。有的教师对国内领域较为熟悉,缺乏对国际社会历史和文化的研究。但是,学生可能针对国内情况的了解渠道较多,而对国际事件、形势发展的求知欲更加强烈,渴望能够从教师身上得到答案,这一客观现象的存在更加要求教师具备世界眼光和全球视野,加强对国际形势的研判和预测,加紧对国际大势的追踪和了解,从而提升教学内容的针对性。其三,善于挖掘中华文化中的思想精华,对我国文化发展、历史脉络有清晰的认知,树立大历史观,以历史视野看待形势发展。中华民族5000多年的文明史、中国共产党100多年的创业史、新中国70多年的发展史以及世界社会主义500多年的发

---

① 习近平.胸怀大局把握大势着眼大事努力把宣传思想工作做得更好[N].人民日报,2013-08-21.

② 马克思.资本论:第1卷[M].北京:人民出版社,1975:26.

展史,都是"形势与政策"课的鲜活资源,更是我们增强文化自信、历史自信的有力支撑。中华民族积淀的历史基因、文化底蕴,是宝贵的教学资源和切入点,教师既要沉下心去学习历史、汲取历史经验,更要在课堂讲授中引经据典,从历史脉络中分析形势的发展和事件出现的本质规律,引导学生在"懂""信""用"的基础上,努力为人民服务,为党的治国理政服务,为坚持和发展中国特色社会主义制度服务,为改革开放和社会主义现代化建设服务,把远大抱负落实到实际行动中,汇聚起实现中国梦的磅礴力量。

(五)提高思想道德修养,争做"四有好老师"

学生固然喜欢知识渊博、理论功底深厚的教师,但更加喜爱将思想道德高尚、富有人格魅力的教师作为自己的引路人和领航者。"三寸粉笔,三尺讲台系国运;一颗丹心,一生秉烛铸民魂。"古往今来,教师一直被人们视为"太阳底下最光辉的职业","蜡炬成灰泪始干""桃李满天下"等诗句无不是在褒扬教师职业的高尚和社会地位的崇高。教师这一职业生来就被社会赋予更多的道德要求和社会责任,"形势与政策"课教师更加需要在人格品质上严格要求自己,不断提高自己的思想道德修养。第一,有理想信念。该课程教师要不断审视自己,"吾日三省吾身",时刻坚定共产主义信念和社会主义信仰。同时,这门课显著的价值引领功能要求教师不仅要精于"授业""解惑",更要以"传道"为责任和使命,引导学生自觉做中国特色社会主义的坚定信仰者和忠实实践者。第二,有道德情操。向优秀看齐、向模范学习,该课程教师需要在道德上不断自我约束,特别是在网络社交平台上规范自己的言行,慎重考虑自己所表达的观点是否符合职业身份;要热爱教育工作,将学生成长成才作为事业奋斗的志向,在金钱、物欲、名利同人格的较量中坚守住底线。第三,有扎实学识。这门课内容广泛、涉及的知识面广、授课难度大,教师应秉承成为学习型教师的信念,始终处于学习状态,躬身深耕所属专业领域,钻研教学方法,提高教学能力。为了使学生获得一点知识的亮光,教师应吸收整个光的海洋。第四,有仁爱之心。没有爱便没有教育。该课程教师在将教材话语转化为教学话语的过程中要透着真情,以真心换真心,拉近与学生的距离,引导学生树立崇高的理想信念,学会正确的思维方法,在分析"时"与"势"的过程中认清现实、践行使命。总之,"形势与政策"课教师应在教学管理实践中、在教育改革发展中不断锻炼成长,以成为符合党和人民要求、学生喜欢和敬佩的好老师作为自己的职业追求。

(六)强化师资队伍的规范性,激发职业荣誉感、获得感、幸福感

规范性是确保形势与政策教育有序进行的必要条件。近年来,"形势与政策"课的师资建设取得了长足的发展,但仍然存在一些不足。一方面,教师数量非常有限,难以满足教学的实际需要。有的高校师资力量不足,没有按照思政课规范的比例和标准来配备,专职少、兼职多,结构不合理,达不到师资要求。另一方面,师资水平总体需要提高,部分教师存在主观思想上的弱化虚化、态度上的不敢碰硬、能力上的恐慌不足等现象,势必削弱教学水平和整体质量。鉴于此,高校需要在师资队伍的规范性、教师的人文关怀上发力,大力抓好教师队伍建设,激发教师的职业荣誉感、获得感、幸福感。首先,高校应配齐教师,让教师"足"起来。高校要立足一流马克思主义学院建设的高度,着力打造强有力的专职教师队伍,并从各个领域挑选专家作为有益补充,形成"专家领航、专职为主、兼职为辅"的格局。其次,推动教师职业能力升级,让教师"强"起来。针对部分教师思想轻视、本领不足、能力恐慌的问题,高校需要在教师素养的培养上花费较大的人力物力财力,常态化开展培训和交流,营造"手拉手"的浓厚氛围,培养更多的"形势与政策"教学新秀、教学能手、教学名师。最后,完善教师人文关怀机制,使教师"乐"起来。教育部颁布的《新时代高等学校思想政治理论课教师队伍建设规定》明确要求,主管教育部门、高等学校应当加强思政课教师队伍建设,把其纳入教育事业发展和干部人才队伍建设总体规划,在师资建设上优先考虑,在资金投入上优先保障,在资源配置上优先满足。高校要给予"形势与政策"课教师更多的关怀和重视,不抓辫子、不扣帽子,使教师"善教""乐教"。

第三节 以"八个相统一"推进"形势与政策"课改革创新

习近平在学校思想政治理论课教师座谈会上指出,思政课是落实立德树人根本任务的关键课程,并提出在坚持政治性和学理性、价值性和知识性、建设性和批判性、理论性和实践性、统一性和多样性、主导性和主体性、灌输性和启发性、显性教育和隐性教育相统一(简称"八个相统一")中推动思政课改革

创新,不断增强思政课的思想性、理论性和亲和力、针对性(简称"三性一力")。①《教育部关于加强新时代高校"形势与政策"课建设的若干意见》(简称《意见》)强调,要将该课程纳入思政课管理体系。由此看来,坚持"八个相统一",为增强"形势与政策"课的"三性一力"指明了发展方向。自 2004 年《关于进一步加强高等学校学生形势与政策教育的通知》发布以来,学界对这门课的研究颇为重视,内容十分丰富。在该课程的教学方法、自身属性、教学内容、教学机制等研究上,都取得了较好的成果。但就坚持"八个相统一"而言,"形势与政策"课相较于本科其他 5 门思政课有其独特性,在实践中如何恰到火候地运用"八个相统一",进而推进该课程的改革创新是我们亟须解决的问题。

一、"形势与政策"课的特点阐释

从分析学科、课程到自身属性的研究方法运用了马克思主义辩证法中"抽象—具体""整体—部分"的哲学思维,只有掌握"形势与政策"课与其他课程的异同,才能更好地坚持"八个相统一"。通过厘定该课程的学科、课程归属,总结自身属性,厘清逻辑顺序,有利于循序渐进地把握这门课的特点,为坚持"八个相统一"奠定良好的逻辑前提。

(一)学科定位

"形势与政策"课是一门德育课程,研究其课程建设、发展等要有学科意识,以学科建设支撑教育教学,具有全局性、战略性意义,是教育理念的升级。无论是这门课的教学内容,还是《意见》的具体规定,都应将其定位在马克思主义理论学科之中。有学者在早期研究中就表示,要将其作为马克思主义理论一级学科下的独立二级学科对待,这是学科意识的具体体现。其一,学科知识夯实理论基础,"形势与政策"课实质上是马克思主义理论教育内容的活化。这门课动态复杂的内容构成,表现为既不是单一的形势学、政策学,也不是单一的政治学,其长足发展应建立在中共党史党建学、科学社会主义、马克思主义理论等学科知识基础之上,用于挖掘浅显现象背后的深奥理论。同时,该课程生动的表现形式为马克思主义理论相对深奥的内容体系注入了鲜活因子,使其更加生活化,更容易为学生所接受。其二,学科体系明确教学指向,教学体系实质上是对学科体系的内化。学科体系中的"分门别类"可运用到本课程

---

① 习近平.思政课是落实立德树人根本任务的关键课程[J].求是,2020(17).

的教学体系之中,重点规范课程内容、大纲、教材和教法等。比如,《意见》规定本课程"两个重点讲授""四个专题",并要求依据《高校"形势与政策"课教学要点》(简称《要点》)安排教学,靶向解决该课程在教学过程中一定程度上存在的随意性与无序性问题,体现了其学科化、规范化的特点。

(二)课程定位

"形势与政策"课是思政课之一,其内蕴着思政课所共有的理论知识、价值理念以及精神追求,集"思想""政治""理论"等特性于一身。全面而准确地把握该课程的定位,是本研究的重要问题。首先,该课程的根本任务是立德树人。"高校立身之本在于立德树人"①,思政课是贯彻落实这一根本任务的关键课程,因而"形势与政策"课自然肩负着立德树人的责任。这门课同其他思政课一样,借助课程这一微观载体,将社会主义大学所立宏观之德寓于教学过程之中,通过教师的"传道、授业、解惑",帮助学生树立起为共产主义事业奋斗终身的超越性道德。其次,这门课的教学理念是协同育人。从形势与政策教育成立至今的发展脉络来看,其不断推进规范化建设是为了实现与其他5门课程的同向同行,追求协同育人的教学理念。衡量思政课的教育效果不仅要看学生的"抬头率""点头率",更应看其对理论的认同和应用。其余5门课程侧重将理论知识寓于鲜活事件中,惯用"以事说理"的方法,而本课程"以理说事"的教学方法决定了它是其他思政课的试金石。本科6门思政课是环环相扣、互补共进的系统,协同育人的教学理念可避免思政课内部彼此孤立和"形似一体,神同两类"现象。最后,此课程的本质目标是后继有人。"党和人民事业发展需要一代代中国共产党人接续奋斗,必须抓好后继有人这个根本大计。"②思政课是实现"为党育人、为国育才"目标的主渠道,该课程作为思政课的重要组成部分,其本质目标就是培养青年一代成为堪当民族复兴重任的时代新人。

(三)自身特性

习近平创造性地将矛盾的特殊性原理运用到学科建设之中,要求"每个学科都要构建成体系的学科理论和概念"。③思政课是集教育体系、知识传授、

---

① 习近平.把思想政治工作贯穿教育教学全过程 开创我国高等教育事业发展新局面[N].人民日报,2016-12-09.

② 中共中央关于党的百年奋斗重大成就和历史经验的决议[N].人民日报,2021-11-17.

③ 习近平谈治国理政:第2卷[M].北京:外文出版社,2017:346.

价值塑造和能力培养于一身的多元立体结构,包含的课程各有特色。同属思政课,"形势与政策"课与其他5门课的区别何在? 基于对比分析得出结论:一是宽窄结合,呈现出目标窄化、视野宽化的特点。"窄"是指就整个思政课而言,这门课的培养目标更加精准,对应其解疑释惑针对性特点。比如,在整个立德树人过程中,虽同其他课程一样,都具有引导学生树立正确世界观、人生观和价值观的宏大目标,但该课程的培养目标更加微观,表现为通过对当前国内外形势、我们党最新理论创新成果的解读,帮助学生建构起对形势与政策的科学认识体系。同时,《意见》指出,"国际形势与政策"作为独立专题开课,要求教学主体、客体都应具有国际视野,扮演好"望远镜"的角色,对比其他5门思政课,这门课的视野更加宽泛。二是快"漫"相合,表现为内容更新快速、开课跨度漫长的特点。《意见》强调,该课程要"第一时间""及时、准确、深入地推动党的理论创新成果进教材进课堂进学生头脑"。从"第一时间""及时"等词语便可知该课程对内容更新速度的极致要求,及时将最新成果和生动实践转化为教学案例是其理论武装时效性的相应表现。开课跨度漫长符合《意见》对本课程"开课不断线"的要求。动态变化的国内外形势、不断创新发展的理论与实践等对该课程形成倒逼机制,需要每学期都开设相关专题,弥合课程内容快速更迭与学生成长规律之间的缝隙。

二、"八个相统一"为"形势与政策"课提供价值指引

"八个相统一"的提出标志着我们对思政课的理解推进到了新的进程,为思政课高质量发展指明了方向,同时其内容各有侧重地含蕴着"形势与政策"课的思想性、理论性和亲和力、针对性。我们要掌握"八个相统一"精髓,从而目标明确、有的放矢、富有特色地统筹推进该课程改革创新工作,用它托举课程内涵式发展。

(一)坚持"八个相统一",深度展现思想性

思想性是思政课的首要前提,也是"形势与政策"课的基础性质。思政课功能之一便是通过教育使学生的思想实现转变,最终转变结果应符合统治阶级的意识形态要求。该课程鲜明的政治属性和阶级属性,要求不断增强其思想性。在"八个相统一"中,表现在以下两点:

一是坚持政治性和学理性相统一,助力该课程向内求索内容。内容是根本,决定课堂教学的成败。首先,这门课的基本功能决定其高度的政治性。

《意见》明确指出,"形势与政策"课是帮助大学生正确认识新时代国内外形势,深刻领会党的十八大以来党和国家事业取得的历史性成就、发生的历史性变革、面临的历史性机遇和挑战的核心课程。该课程重在引导学生知大势、明大义、晓大理,形成对党的强烈认同,把爱国情、强国志、报国行融入实践之中。因此,在教学内容上必须坚持政治性,突出政治引导,服务于培养什么人、怎样培养人、为谁培养人这个根本问题。比如,在全面从严治党形势与政策专题,应融合党史学习教育,讲透彻"中国共产党为什么能,中国特色社会主义为什么好,归根到底是马克思主义行,是中国化时代化的马克思主义行"①,进而让学生自觉捍卫"两个确立",树立"四个意识",坚定"四个自信",做到"两个维护"。其次,此课程专题划分决定其深度的学理性。本课程"四个专题"囊括内容极为丰富,并配有专门的《要点》安排教学,其内容在引导学生知其然的同时,知其所以然,这对本课程的教学内容提出了相应的学理要求。马克思表示,"理论只要彻底,就能说服人"。② 这恰好表达了学理性与政治性的共存状态,我们要强化学理对政治的阐述,用学术讲政治,用彻底的理论说服学生。比如,在对比国内外形势与政策时,既要做到正面说理,传播和弘扬社会主义核心价值观,还要以理性的高度剖析错误思潮和言论的本质所在,研判和分析它的危害性,为学生提供透彻的理论阐释和正确的价值导向。

二是坚持价值性和知识性相统一,赋能该课程向外输出价值。课堂教学输出包括两类:学科知识和主流价值观。在传授知识方面,围绕中心任务,精准设置教学内容,凸显知识性。该课程在塑造学生价值观的同时,不可忽视其知识性,要在加强价值观教育的过程中满足学生对知识的渴求。当前该课程要以习近平新时代中国特色社会主义思想的学习为核心,结合"四史"等,对输出内容抛光打磨,提高知识含金量,引导学生正确分析形势与政策。在塑造价值观方面,把握时代大势,牢牢占领思想阵地,突出价值性。"宣传思想阵地,我们不去占领,人家就会占领。"③在意识形态领域,马克思主义、社会主义思想的削弱,则意味着资产阶级思想的加强。我国特殊的国情、悠久的历史、博大的文化决定了形势与政策教育绝不能脱离中国特色社会主义这一最大实际,要明白我们的"形势与政策"课"姓马""姓社""姓党",我们要培养的是德智

① 习近平.高举中国特色社会主义伟大旗帜 为全面建设社会主义现代化国家而团结奋斗:在中国共产党第二十次全国代表大会上的报告[N].人民日报,2022-10-26.

② 马克思恩格斯选集:第1卷[M].北京:人民出版社,1995:9.

③ 习近平关于社会主义文化建设论述摘编[M].北京:中央文献出版社,2018:30.

体美劳全面发展的社会主义建设者和接班人,而不是社会主义破坏者和掘墓人。坚持价值性与知识性相统一是灵魂与载体的契合。比如,在开设港澳台工作形势与政策专题时,讲清"一国两制"理论知识是基础,讲透"台独""港独"背后的本质是根本,讲好中华民族气节、推进祖国统一是最终目标。

(二)坚持"八个相统一",深入解读理论性

《意见》明确规定"形势与政策"课教学内容,但用"两个重点讲授""四个专题"来划分,极力彰显其课程内涵稳定性与教材内容变动性之间的矛盾。坚持"八个相统一"与解读这门课的理论性、破解上述矛盾有何关联?

第一,坚持建设性和批判性相统一,盘活该课程定量与变量的关系。就定量而言,该课程的指导思想、教育方针、教学专题等是相对稳定的,是建设性的根本体现。本课程的首要任务是坚持并传导主流意识形态,引导教育对象在"旗帜方向"上毫不动摇地坚持和发展中国特色社会主义,用马克思主义立场观点方法分析"四个专题"的形势与政策,引导学生正确看待、辩证认识、理性分析现实问题,这是相对稳定的。就变量而言,尽信书,不如无书。"马克思的整个世界观不是教义,而是方法。它提供的不是现成的教条,而是进一步研究的出发点和供这种研究使用的方法。"①针对实时更新的教学内容,我们要有批判精神,掌握其思想精髓而非照本宣科、本末倒置。比如,结合地域特色变通开展形势与政策教育,对于少数民族地区的学校,要结合少数民族的人文历史、风俗习惯、思维方式和语言特点,增进少数民族地区学生对伟大祖国、中华民族、中华文化、中国共产党、中国特色社会主义的认同;同时要讲清楚党统筹全国一盘棋援疆、援藏的客观事实与温情故事,使学生在涉疆涉藏问题上保持头脑清醒;对于港澳台生源较多的学校,要结合"一国两制"的来龙去脉,重点加强爱国主义教育,着重加强对各种意识形态、社会思潮和舆论的辨别和引导,深化学生对新时代以来祖国取得的历史性成就、发生的历史性变革的认识,加强学生对中国特色社会主义、对中国共产党和对国家的认同和热爱。简言之,坚持建设性和批判性相统一,有利于纾解该课程定量与变量的关系,使学生在眼花缭乱的事件中,对理论了然于胸,透视其理论性。

第二,坚持理论性与实践性相统一,实现这门课由"知"到"行"的转变。"知情意行"是一个完整的教育闭环,该课程的目的不仅是帮助学生树立正确的形势观与政策观,更是要指引学生形成与之相适应的行为,这要求本课程要实

---

① 马克思恩格斯文集:第 10 卷[M].北京:人民出版社,2009:691.

现理论与实践的双重建构。一方面,教学过程坚持以理论为本。习近平强调,"办好我们的高校,必须坚持以马克思主义为指导,全面贯彻党的教育方针"。[①]该课程要坚持以马克思主义理论为根本,进行理论观察、现实分析。比如,在《要点》(2022 年上辑)"正确理解共同富裕的科学内涵,把握实现共同富裕的战略目标和实践途径,坚定实现共同富裕的信心"板块中用"人民群众是历史的创造者"原理,阐释共同富裕的重要社会意义;在推动习近平新时代中国特色社会主义思想"三进"过程中,用"社会存在决定社会意识"原理,讲析其历史必然性和现实合理性。另一方面,评价反馈坚持以实践为纲。"全部社会生活在本质上是实践的。"[②]实践是检验真理的唯一标准,亲历社会实践是学生对本课程从正确认知到政治认同转变的必要环节。"大思政课我们要善用之",把学校小课堂与社会大课堂结合起来,在理论和实践的融合中,引导学生把人生抱负落实到脚踏实地的行动中。特别是要挖掘中国特色社会主义新发展、新成就中的国家盛事、社会大事、民生要事,将鲜活事例转化为教学案例,拓宽这门课的延展面。比如,通过"同上一堂奥运课",引导学生积极关注北京冬奥会、冬残奥会的举办,感受中国特色社会主义制度的优越性;在台海形势、俄乌冲突等最新国内外时政中,以主流媒体时评为教学资源,让学生进行辩论、播报等,引导学生透过现象把握本质、正确认识世界和中国发展大势,笃信国家立场。

(三)坚持"八个相统一",深情呈现亲和力

所谓"形势与政策"课的亲和力,是其对学生所具有的亲近、吸引的潜在功能,以及学生对该课程产生的亲近感、趋同感。亲和力可以促进本课程教学目标的达成、教学内容的贯彻和教学效果的实现,增强其亲和力应从坚持统一性和多样性、主导性和主体性相统一实现突破,使这门课被学生真心喜爱,让其终身受用。

一是坚持统一性和多样性相统一,遵循固本培元要求。统一性与多样性的关系是固本培元逻辑理路的外在表现。从固本层面出发,该课程的政治属性内在规定了它对一定阶级利益的诉求和阶级意志的表达,因此它的教学目标集中体现特定的价值取向和实践预期。《意见》要求,"将'形势与政策'课纳入思想

---

① 习近平.把思想政治工作贯穿教育教学全过程 开创我国高等教育事业发展新局面[N].人民日报,2016-12-09.

② 马克思恩格斯选集:第 1 卷[M].北京:人民出版社,1995:56.

政治理论课管理体系,由学校思想政治理论课教学科研二级机构统一组织开课、统一管理任课教师",这说明该课程的教学目标、课程设置、教材使用、教学管理等方面有统一要求。从培元层面出发,应坚持贴近实际、贴近生活、贴近群众的原则,集中突出在时间和空间双重维度上的贴近。在时间维度上贴近时代,这是该课程鲜明的自身属性,高校要根据教育部每学期印发的《要点》安排教学。比如,《要点》(2022年上辑)根据时代发展,"基因式"地融入了党的十九届六中全会精神、2022年全国两会、北京冬奥会、北京冬残奥会等教学板块,利用时间上的贴近激发学生兴趣。在空间维度上贴近地域、民族和高校特色。各地区有自身特色、高校有校本特点,应坚持特殊性原则,各有侧重地选择教学内容、教学载体和教学方式等,致力于打造"一省一策""一校一案"。比如,华南理工大学在"形势与政策"课的教学设计和创新实践中,在课程特点的规范下聚焦该课程改革创新,形成两方面的创新成果:一是结合命运与共的时代特征、粤港澳地域特色、理工科校本特点进行教学设计创新的1.0;二是符合学生进阶性思维逻辑的虚拟仿真实验教学创新2.0。总之,要重视差异性,做到"因地制宜、因时制宜、因材施教",在"贴近"的过程中增强其亲近感、亲和力。

二是坚持主导性和主体性相统一,彰显以人为本原则。习近平强调:"思政课的本质是讲道理,要注重方式方法,把道理讲深、讲透、讲活,老师要用心教,学生要用心悟,达到沟通心灵、启智润心、激扬斗志。"[①]课程教学是由"教"与"学"共同构成的双向互动过程,积极发挥教师主导性作用与学生主体性作用,实现教学相长的同时增添这门课的亲和力。首先,办好"关键课程","关键在教师"。亲其师,信其道,践其行。该课程教师需具备更宽广的视野、更厚重的知识面,用更前沿的时与事、更深刻的道与理引导学生,要熟练地掌握最新的形势与政策专业性知识,坚持内容与形式并重,提升自身的人格魅力、语言魅力、情感魅力进而吸引学生。比如,在"深入学习贯彻党的十九届六中全会精神"板块,教师要用丰厚的学识、精彩的设计将理论娓娓道来,赢得学生情感认同。其次,办精"关键课程",主体在学生。学生主体性要体现以学生为主,将"形势与政策"课教学与满足学生成长发展期待相联系,教学过程要符合学生的认知水平和规律。例如,聚焦热点以及学生实际需要,采用小组研学、情景展示、课题研讨、课堂辩论等方式教学,让学生在接受知识的过程中有参与

---

① 习近平.把思想政治工作贯穿教育教学全过程 开创我国高等教育事业发展新局面[N].人民日报,2016-12-09.

感、获得感、幸福感。"一艘穿行在暴风雨中的航船,要想行稳致远,关键靠拥有绝对权威的优秀船长掌舵领航。"教师应发挥好"舵手"作用,要彰显通俗,但应避免用形式的娱乐性消解该课程本质的意识形态属性,进而避免走向庸俗、媚俗。

(四)坚持"八个相统一",深刻揭示针对性

"形势与政策"课是做人的工作,其出发点与落脚点均在人,根据每个人自由而全面发展的需求,在教学方法上各有侧重。坚持灌输性和启发性相统一、显性教育和隐性教育相统一完美诠释这门课"怎么教"的问题。

第一,坚持灌输性和启发性相统一,统合传授知识与担当使命的教育功能。灌输与启发统合了思政课的教学方法,在"形势与政策"课中如何使用上述方法增强针对性?一要灌输核心理论知识。"工人本来也不可能有社会民主主义的意识,这种意识只能从外面灌输进去。"[①]灌输性的"形势与政策"课是用党的最新理论成果武装学生头脑,坚持我国社会主义性质和方向的重要保障,需要继续坚持。比如,在开设全面从严治党形势与政策、我国经济社会发展形势与政策专题时,要将"四个全面""五位一体"等知识原原本本地灌输到学生的头脑中,保证其接受的核心知识是准确无误的。二要启发担当使命意识。启发性的"形势与政策"课不仅能激发学生的积极性和求知欲,而且能提升学生明辨是非的能力,引导学生正确认识时代责任和历史使命。比如,在港澳台工作形势与政策专题,应讲好两岸人民一家亲的故事,引导学生充分认识民族复兴、国家统一是大势所趋、大义所在、民心所向。在"科技自立自强是国家发展的战略支撑"板块,启发学生深刻意识到当代青年正处在中华民族发展的最好时期,既面临建功立业的人生际遇,也面临时代使命。生逢盛世,当不负盛世。新时代青年要肩负历史使命,自觉承担起科技创新、中华民族伟大复兴的历史重任,"在青春的赛道上奋力奔跑,争取跑出当代青年的最好成绩"![②]

第二,坚持显性教育和隐性教育相统一,契合"理直气壮"与"潜移默化"教学方式。在显性教育与隐性教育统一中要对内容有区分度,厘清该课程内容建设的边界范围,处理好与相近课程、相关课程之间的辩证关系。一方面,坚持显性教育,理直气壮地开好该课程。当前,我们正经历世界百年未有之大变

---

① 列宁选集:第1卷[M].北京:人民出版社,1995:317.

② 习近平.坚持党的领导传承红色基因扎根中国大地 走出一条建设中国特色世界一流大学新路[N].人民日报,2022-04-26.

局、中华民族伟大复兴战略全局以及经济社会新发展格局,国内外形势诡波云谲,理直气壮地守好"形势与政策"课堂责任田,对于进行伟大斗争、建设伟大工程、推进伟大事业、实现伟大梦想具有重要战略意义,特别是在帮助学生分析国内外形势、保持头脑清醒上有不可替代的作用。扎根中国大地办教育,"形势与政策"课就要用习近平新时代中国特色社会主义思想铸魂育人,培养堪当民族复兴大任的时代新人。另一方面,坚持隐性教育,潜移默化地润泽此课程。习近平指出,"要坚持显性教育和隐性教育相统一,挖掘其他课程和教学方式中蕴含的思想政治教育资源,实现全员全程全方位育人"。① 教育之道在于既要有惊涛拍岸的声势,也要有润物无声的效果,充分挖掘其他课程所包含的隐性形势与政策教育元素和资源,使其与该课程的育人目标、过程和效果相融相通、同频共振,在所有课程中发挥合力育人的功能。同时,也应将形势与政策教育渗透到教书育人的各个过程,形成纵向贯通、横向联通的教育格局。

第四节　"形势与政策"课助力大中小学思政课一体化建设

思想政治理论课是引导学生以德立身、立志成才,主动将爱国情、强国志、报国行融入实现中国梦的奋斗之中的关键课程。站在坚持和发展中国特色社会主义、建设社会主义现代化强国、实现中华民族伟大复兴的高度,习近平明确提出:"在大中小学循序渐进、螺旋上升地开设思政课非常必要","要把统筹推进大中小学思政课一体化建设作为一项重要工程,推动思政课建设内涵式发展"。② "形势与政策"课作为高校思政课至关重要的组成部分,在助力大中小学思政课一体化建设中的作用日益彰显,理应为推进思政课一体化建设、落实立德树人根本任务、增进时代新人价值引领作出相应贡献。

---

① 习近平.用新时代中国特色社会主义思想铸魂育人 贯彻党的教育方针落实立德树人根本任务[N].人民日报,2019-03-19.

② 习近平.用新时代中国特色社会主义思想铸魂育人 贯彻党的教育方针落实立德树人根本任务[N].人民日报,2019-03-19.

一、"形势与政策"课助力大中小学思政课一体化建设的作用诠释

习近平在全国高校思想政治工作会议上强调:"做好高校思想政治工作,要因事而化、因时而进、因势而新。"①立足新时代的要求与定位,"形势与政策"课应坚持因事而化推动理论武装、因时而进强化价值引领、因势而新研判形势政策,在吐故纳新中助推大中小学思政课一体化建设。

(一)因事而化推动理论武装,擦亮大中小学思政课一体化建设的政治底色

习近平强调,"坚持以马克思主义为指导,是当代中国哲学社会科学区别于其他哲学社会科学的根本标志,必须旗帜鲜明加以坚持"。② 与高校本科其他5门思政课一样,马克思主义理论和马克思主义中国化的三个理论飞跃成果是"形势与政策"课的理论之基、思想之源。马克思曾告诫我们:"理论只要说服人,就能掌握群众;而理论只要彻底,就能说服人。"③"形势与政策"课基于理论武装时效性、释疑解惑针对性、教育引导综合性等特点,要阐明典型的"事"及其蕴含的"理",在思学生所思、解学生所惑的基础上,丰富他们的理论体系,提高理论自觉。

中国特色社会主义是党领导人民经过长期探索取得的根本成就。着重讲授党的理论创新成果,讲清楚习近平新时代中国特色社会主义思想的时代要求与精神实质;重点讲解新时代坚持和发展中国特色社会主义的生动实践,充分展示贯彻落实党的理论创新成果的一系列成绩与新鲜事件,是新时代"形势与政策"课实现内涵式发展必须重点把握的内容和主题。一方面,以具有代表性的事进行理论教育,使大学生坚定"四个自信"。比如,课程中全面从严治党专题涉及伟大建党精神,以隆重庆祝中国共产党成立100周年、成功召开党的十九届六中全会为背景,在展现党百年奋斗所取得的伟大成就中诠释伟大建党精神,引导学生厚植爱党爱国爱社会主义情感。我国经济社会发展专题涉

---

① 习近平.把思想政治工作贯穿教育教学全过程 开创我国高等教育事业发展新局面[N].人民日报,2016-12-09.

② 习近平.在哲学社会科学工作座谈会上的讲话[N].人民日报,2016-05-19.

③ 马克思恩格斯选集:第1卷[M].北京:人民出版社,2012:9.

及经济社会高质量发展、共同富裕等内容,引导学生理解其科学内涵,明确中国式现代化特征,继而更好地认识中国特色社会主义制度的独特优势。另一方面,用有力的事讲政治,深化大学生理论认知。国际局势波诡云谲,西方资本主义国家对中国的诽谤、污蔑、打击从未停止过。事实是回击质疑和偏见的最有力武器。面对突如其来的新冠疫情,全国人民勠力同心,共同抗击疫情,走在了世界前列,并向世界伸出援手、提供中国治理方案、分享经验,尽显大国担当。2022年冬奥会的成功举办既展现了我国强大的综合国力,也向外国展示了我国的防疫水平、大国风范……这些事实和成就都是"形势与政策"课教学中回应"中国威胁论""中国崩溃论"的鲜活素材。在用具体事件向大学生阐释理论时,把理论学深、学透,把握中国特色社会主义为什么"好"的精神实质。

理论学习是一个持续过程。大中小学思政课一体化从不同学段学生学习能力的差异性出发,遵循他们认知规律策划教学内容。小学阶段处于润心育苗工作的播种期,主要以启蒙性学习为主,通常采用"故事链"教学方式,启发、促进小学生接受新知识;中学阶段正值润心育苗工作的拔节期,重视初中生体验式学习,加强高中生常识性学习,普遍采用"案例链"教学方式,引导中学生理解为什么,逐渐形成道德、法治、公民等意识;大学阶段正是润心育苗工作的孕穗期,侧重理论性学习,大多运用"问题链"教学方式,启迪大学生明理行道。"形势与政策"课作为大学生必修的一门思政课,以事说理、以理论事,融思想性、政治性、学理性于一体,在助推大中小学思政课一体化建设中发挥了引导学生夯实马克思主义理论功底、强化理想信念等作用。

(二)因时而进强化价值引领,增强大中小学思政课一体化建设的主体担当

"形势与政策"课是高校思想政治工作的重要一环,既要坚持学理阐释、学深悟透中央精神,又要关照来自不同专业、具有多样化需求的大学生的价值困惑点,凸显思想的引领性和教育对象的针对性。青年学生思想独立、思维活跃,但心智尚未完全成熟,"三观"正处于形塑期,需要吸收丰富养分。正如习近平在学校思政课教师座谈会上指明的:"青少年阶段是人生的'拔节孕穗期',最需要精心引导和栽培。"[①]"形势与政策"课作为大学生正确认识国内外时局演变、树立马克思主义形势政策观的前沿阵地,对涵养大学生的责任担当

① 习近平.用新时代中国特色社会主义思想铸魂育人 贯彻党的教育方针落实立德树人根本任务[N].人民日报,2019-03-19.

意识发挥着重要的作用。如今,世界百年未有之大变局和中华民族伟大复兴战略全局相互交织、激荡,共同营建了新时代"形势与政策"课改革创新发展的时空场域。基于空间维度,百年未有之大变局下,世界处于大发展大变革大调整时期,以云计算、大数据、人工智能为代表的科技革命日新月异,正在深刻影响着人们的生产生活方式。同时,新冠疫情肆虐全球、地缘政治冲突加剧了国际格局的不稳定,逆全球化思潮抬头,意识形态领域的斗争也愈加激烈。准确把握世界大局的"变"与"不变",让大学生认清国际格局变更带来的机遇和挑战,树立理性思维、坚定政治方向、明确价值取向是该课程提升育人实效的应有之义。基于时间维度,明晰"中华民族的伟大复兴,绝不是轻轻松松、敲锣打鼓就能实现的"①,要深刻领会其长期性、艰巨性、复杂性。中国共产党已经带领中国人民走过百余年风雨历程,迎来了"第二个百年"奋斗征程,踏上实现更大突破的新赶考之路。前进道路上,实现中国梦,我们面临的困难和挑战丝毫不亚于前。将这门课置于中华民族伟大复兴战略全局,可引导学生坚定实现中国梦的信念,指引学生前进方向,自觉承担起时代责任与历史使命。

"形势与政策"课已被纳入学校教学计划,要求本专科生在校学习期间"开课不断线"。"'开课不断线'五个字看似简单,落实起来却颇显艰辛,对人、财、物、时间和信息等提出了全方位的要求。"这也就意味着家庭、学校、社会以及个人要共同努力,形成协同育人合力。"形势与政策"课教学也要让懂"形势的人讲形势,懂政策的人讲政策"。办好这门课的关键在教师,教师要在践行政治要强、情怀要深、思维要新、视野要广、自律要严、人格要正的统一要求基础之上,教会学生分析形势与政策,树立正确历史观、大局观、角色观,积极地将责任内化于心、外化于行。除教师之外,家庭与社会作为推动"形势与政策"课建设的协同体,应通过对学生日常思想状况的观察,及时进行正确的价值引导。

大中小学思政课一体化建设要按照立德塑魂的总体目标,在大中小学合理布局、衔接有度。重在启蒙小学生的道德情感,初步形成对中华民族、中国共产党、中国特色社会主义的情感认同,具有做社会主义建设者和接班人的美好愿望;重在打牢初中生的思想基础,逐步形成民族自豪感和社会责任感,强化做社会主义建设者和接班人的思想意识;重在提升高中生的政治素养,逐渐坚定中国特色社会主义的政治方向,形成做社会主义建设者和接班人的政治

---

① 习近平.决胜全面建成小康社会夺取新时代中国特色社会主义伟大胜利[M].北京:人民出版社,2017:15.

认同;重在增强大学生的使命担当,强化实践认同,争做社会主义建设者和接班人。"形势与政策"课因时而进强化价值引领是放眼于"两个大局"所勾勒的时空背景,通过发挥教师主导性、调动大学生积极性,编织与家庭和社会联系网,在此过程中,提升了思政课一体化育人新高度。

(三)因势而新研判形势政策,优化大中小学思政课一体化建设的总体环境

"形势与政策"课不仅是一门思政课,还是一门方法课,"使学生掌握马克思主义的方法论和认识论,并运用马克思主义的理论和观点透析纷繁复杂的社会现实,从而提高分析政策的水平,增强政治觉悟,坚定社会主义的信念"。首先,"形势与政策"课是了解国内外经济、政治、社会等复杂多变环境的重要途径。具体而言,一是阐释全面从严治党形势与政策,显现日臻完善的风清气正的政治生态;二是讲解我国经济社会发展形势与政策,展现高质量发展的经济社会格局;三是解读港澳台工作形势与政策,介绍"一国两制"方针,体现国家完全统一大势;四是分析国际形势与政策,正确呈现艰难复苏的世界经济之路、合作共赢的社会之道。其次,环境与科学的方法论形成休戚相关。运用马克思主义立场观点方法分析形势热点和阐释政策,增强学生的历史思维和辩证思维是"形势与政策"课应有之义。当今国际环境的形成、热点问题的发生蕴含着深厚的历史渊源。学会用辩证的观点看待问题、分清利害,增强对国家政策的认同是该课程教会学生的又一大方法论。比如这门课程经济板块所提及的内容,通过深入分析我国经济发展的新态势,让学生认识到所面临的风险挑战明显增多,要发挥经济韧性足、经济结构不断优化的优势,爬坡过坎、顶住压力、踔厉奋发。总的来说,要让学生学会用辩证唯物主义观点看待曲折反复的形势,加深对国家利民政策的认识。

"思政课一体化究其实质是打造思政课的共同体",以习近平新时代中国特色社会主义思想的学习为一体化圆心,以小学阶段奠定基础、初中阶段稳中有进、高中阶段承前启后、大学阶段提质增效的贯通衔接为一体化半径,重点突出、主题聚焦、内容丰富,通过恰当方法向学生讲授知识,培育其高尚的家国情怀,共同画好大中小学思政课一体化的同心圆,切实提高思政课育人效能。"'形势与政策'课是引导和帮助大学生坚守政治立场、研判国际形势、掌握国家政策的主要课程。"这一论述体现了该课程的广度和深度,"广"体现在要解读形势与政策,知晓当代社会发展环境;"深"体现在要引导学生善用马克思主义的立场、观点分析形势,植养正确的方法论,构建思政课教学生态圈。从这

个方面来说,"形势与政策"课基于"势"研判形势政策,通过描述外在社会环境、塑造积极的内在思想环境,净化思政课一体化建设的总体环境,昭示思政课一体化建设从知识性教学向价值观教育转变的本质。

二、"形势与政策"课助力大中小学思政课一体化建设的契机把握

思政课一体化建设是新时代中国特色社会主义教育培根铸魂的一项系统工作,而"形势与政策"课处于这项系统工作循序渐进的末端处、螺旋上升的顶端处。以史为镜、审时度势、深入把握这门课在助力大中小学思政课一体化建设中的契机,不仅有利于将此课程打造为思政课的精品课,而且为系统推进思政课一体化建设,为党育人、为国育才开了一剂良方。

(一)以史为鉴:党继承和发扬重视形势与政策教育的优良传统

高度重视和发展"形势与政策"课(以前称"形势和任务""形势教育"),加强形势与政策教育是中国共产党的传统和优势。新中国成立以后,毛泽东提出了"思想政治工作是经济工作和其他一切工作的生命线"①的论断,对知识分子、青年学生提出了加强思想政治、时事政治学习的要求。改革开放以来,邓小平指出:"要加强各级学校的政治教育、形势教育、思想教育。"②1987 年,国家教委正式确定"形势与政策"作为大学生必修的一门思想教育课程。1994年,江泽民在全国教育工作会议上突出了加强理论教育、思想教育、政治工作的目的,提出,"各地区、各部门的主要领导同志要经常同师生座谈,作形势报告"。③ 2004 年,《关于进一步加强高等学校学生形势与政策教育的通知》强调,"形势与政策课是高校思想政治理论课的重要组成部分,是对学生进行形势与政策教育的主渠道、主阵地,是每个学生的必修课程,在大学生思想政治教育中担负着重要使命,具有不可替代的重要作用"。2005 年,胡锦涛出席全国加强和改进大学生思想政治教育工作会议,为思政课建设提出新要求。他十分重视形势政策教育,指明加强和改进大学生思想政治教育,要"开展基本

---

① 《十一届三中全会以来重要文献选读》上[M].北京:人民出版社,1987:337.
② 邓小平文选:第 2 卷[M].北京:人民出版社,1994:369.
③ 江泽民文选:第 1 卷[M].北京:人民出版社,2006:372.

国情和形势政策教育"。① 同年,中共中央宣传部教育部《关于进一步加强和改进高等学校思想政治理论课的意见》下发,要求本专科生都要学习"形势与政策"课。进入新时代,习近平强调做好高校思想政治工作,要教育引导学生正确认识世界和中国发展大势,正确认识中国特色和国际比较,正确认识时代责任和历史使命,正确认识远大抱负和脚踏实地。② 2018 年教育部《意见》指明,"重点对新时代高校'形势与政策'课'谁来开、怎么开、教什么、用什么教、谁来教、怎么教、怎么评、怎么管'等八个方面提出了明确要求",为新时代办好这门课提供基本遵循。

从课程成立之初到现在,党中央扎根历史,坚持继承性和发展性的有机统一,为"形势与政策"课程规范化建设和创新性发展提供大力支持。习近平在学校思政课教师座谈会上点明:"党中央对教育工作高度重视,对思想政治工作、意识形态工作高度重视,始终坚持马克思主义指导地位,大力推进中国特色社会主义学科体系建设,为思政课建设提供了根本保证。"③明确指出了党中央高度重视思政课的优势及其在思政课建设中的领导地位。面临新形势新任务新挑战,我们党需进一步发扬这一优良传统,在举旗定向中办好"形势与政策"课,为助益思政课一体化建设提供政治保障。

(二)立足当下:第一时间推动党的理论创新成果"三进"

"改革开放以来,党的理论创新每前进一步,进教材、进课堂、进头脑的任务就要跟进一步。"党的十九大以来,及时、准确、深入地推动习近平新时代中国特色社会主义思想进教材、进课堂、进学生头脑是教育界的一件大事。"三进"工作实现从教材到课堂再到学生头脑的转移是循序渐进、螺旋上升的过程,随着时代变化发展,根植于马克思主义理论的"三进"具体内容也发生了时代性的变化。丰硕的实践成果与有益的历史经验,对于当下指导"形势与政策"课推动党的理论创新成果"三进"具有现实而深远意义。

传播党的理论创新成果,推进"三进"工作是学校思想政治工作解决培养什么人、怎样培养人、为谁培养人根本问题的重要举措,又是大中小学思政课

---

① 十六大以来重要文献选编[M].北京:中央文献出版社,2006:180.

② 习近平.把思想政治工作贯穿教育教学全过程 开创我国高等教育事业发展新局面[N].人民日报,2016-12-09.

③ 习近平.用新时代中国特色社会主义思想铸魂育人 贯彻党的教育方针落实立德树人根本任务[N].人民日报,2019-03-19.

一体化坚守的基本遵循。"形势与政策"课具有鲜明的意识形态属性,作为对大学生讲授党的基本理论、基本路线、基本方略的主渠道,应紧跟党的理论创新步伐。该课程思想性、政治性十足的特点要求第一时间推动党的理论创新成果"三进",引导大学生增强"四个意识"、坚定"四个自信"、做到"两个维护",争做德智体美劳全面发展的时代新人。"'大思政课'我们要善用之,一定要跟现实结合起来。"①"形势与政策"课的时效性和针对性的特点决定了它尤其注重"跟现实结合起来",针对大学生思想的变化和特点,在回应时代之问中增强对党的理论创新成果的宣传和解释,让饱含鲜明政治特征与富有学理性的理论创新最新成果真正进入学生头脑、走进学生生活,铺好思政课一体化建设中政治性与学理性相结合层层深入的道路。

(三)开创未来:将"形势与政策"课打造为思政课的示范课

将这门课打造为思政课的示范课,增强对其他思政课的示范引领效应,是发挥课程助力大中小学思政课一体化建设的一种有效途径。任何事物的发展都由其事物内在的矛盾性决定并按照自身运动的规律向前发展。要坚持辩证观点把握客观实际,找准解决问题的办法。新时代,推动该课程规范化建设,使其成为学生真心喜欢、真正受用的"爆课"还存在一些误区亟待澄清。比如,以该课程学科归属感不强为由,认为不用强化马克思主义意识形态教育,保持价值中立即可。此外,该课程师资结构复杂、不稳定,教学管理不够规范等问题仍待改进。

思政课是落实党的教育方针,落实铸魂育人任务的核心课程。提升学生对思政课的满足感和获得感,继续打好思政课一体化高质量发展攻坚战,是思政课行稳致远的时代呼吁。毋庸置疑,"形势与政策"课近年来在育人实效、师资建设、教学设计、学科研究等方面取得了一定成效。例如,该课程如何成为北京大学思政课的"顶流"? 该校通过更新授课方式和课程资源共享两种尝试,把丰富多彩的社会生活搬到课堂上,让学生做到知情信意行统一。怎样更好地发挥"形势与政策"课独特的育人作用,更好地实现其在大中小学思政课一体化建设中的作用,是当下值得进一步思考的问题。

---

① "大思政课"我们要善用之(微镜头·习近平总书记两会"下团组"·两会现场观察)[N].人民日报,2021-03-07.

三、"形势与政策"课助力大中小学思政课一体化建设的实践进路

2022年4月,习近平在中国人民大学考察时强调,"希望人民大学绵绵用力,久久为功,止于至善,为全国大中小学思政课教育提供更多'金课'。也鼓励各地高校积极开展与中小学思政课共建,共同推动大中小学思政课一体化建设"。① 充分落实习近平对思政课一体化建设的要求,发挥高校马克思主义学院对中小学思政课建设的辐射作用,助力"形势与政策"课在统筹推进大中小学思政课一体化建设中的作用实现,可以从课程属性、学生认知规律、师资建设、教学保障等方面推陈出新。

(一)把握课程本质和特有属性,落实大中小学思政课立德树人根本任务

"形势与政策"课与小学、初中开设的"道德与法治"课和高中开设的"思想政治"课都是思政课,具有向学生理直气壮进行思想教育、塑造灵魂的本质属性。相对于其他思政课,该课程时效性、针对性、综合性较强。

立足建设国家一流本科课程的战略高度,基于课程属性,发挥"形势与政策"课在增进思政课一体化的政治底色中的作用,回归育人本位,需要做到以下几点。一是坚守课程本质。此课程具有意识形态性、综合育人性、无可替代性,任何时候都要旗帜鲜明讲政治、循循善诱讲理论、由浅入深育新人。在马言马、在马爱马、在马信马,这门课应当坚守政治立场,为中小学思政课提高政治站位立标杆、做示范。二是发挥课程引领功能。"形势与政策"课是高校落实立德树人根本任务的关键课程之一,同时又是推进大中小学思政课一体化的牵头羊之一,需要与其他课程形成协同作用,在"守好一段渠"的同时助力中小学思政课建设,充分提高价值导向和思想引领作用,与中小学协同共进、科学育人。三是贯彻一体化教学理念。"形势与政策"课贯穿本专科学习全周期,又紧贴社会热点,增加了教学难度。深挖其中蕴藏的思想魅力,既要以惊涛拍岸的气势教化学生坚定政治方向,又要以润物无声的效果触动学生的情感世界,从而达到与中小学思政课目标纵向衔接的目的。

---

① 习近平.坚持党的领导传承红色基因扎根中国大地 走出一条建设中国特色世界一流大学新路[N].人民日报,2022-04-26.

（二）遵循学生认知规律，以教学内容和方法的改革实现育人过程有效衔接

推动大中小学思政课顺利进行与有序进阶，需要坚持辩证唯物主义认识论的指导。一方面，坚持按照实践到认识的过程设计教学内容。"教学内容是完成思政课目标任务的核心要素。"思政课一体化按照"小学讲情怀、中学讲道理、大学讲逻辑"的思路来编排具体教学内容，始终紧密围绕马克思主义理论与中国特色社会主义实践。"形势与政策"课可以运用马克思主义理论知识服务大中小学思政课内容的顶层设计，增进其内容的科学性、丰富性。另一方面，强调再实践到再认识的过程，加强教辅的编写。教材体系的建设与教学内容有着密切联系。"形势与政策"课教师可以发挥理论优势，编制出创新型、引导性的思政课教学辅助材料，为中小学生学习产生正迁移的效果赋能。

瞄准大中小学思政课讲道理这一本质，注重方式方法，这是习近平 2022年在中国人民大学观摩思政课现场教学所强调的重点之一。成熟有型、特色鲜明的教学方法对于提升课程教学的吸引力与感染力，提高"抬头率""点头率"及增强学生获得感起到事半功倍的效用。一方面，充分利用互联网技术。中小学思政课可以借鉴"形势与政策"课的有益经验，灵活运用"慕课""翻转课堂"等教学形式进行线上线下混合式育人。另一方面，优化话语体系。不同于小学思政课以具体形象、中学思政课以知识建构为主的教学方式，大学思政课倾向于理论阐释和实践感悟，着力点在于理论与实践相结合。因此，"形势与政策"课教师可以与中小学思政课教师开展集体备课，就教学话语与表达方式展开探讨。比如，运用学生乐于接受的网络话语和时代话语，在不同教学情景下辅之或坚定或柔和或平实的话语进行教学互动，使教学内容与方法相得益彰。

（三）考虑教师来源多样化，促进教师互动交流和综合素质提升

大中小学思政课教师具有共同价值追求，是思政课一体化建设引导学生"扣好人生第一粒扣子""拧紧价值总开关"的核心力量。习近平强调，"办好思想政治理论课关键在教师，关键在发挥教师的积极性、主动性、创造性"[①]。鉴于大中小学思政课教师队伍的特殊性与复杂性，有效发挥"形势与政策"课在思政课一体化建设中强化价值引领、增强主体担当的作用，加强教师之间的互

---

① 习近平.用新时代中国特色社会主义思想铸魂育人 贯彻党的教育方针落实立德树人根本任务[N].人民日报,2019-03-19.

动交流和综合素质提升是关键。

首先,大中小学思政课教师要增强一体化基础上的阶段性教学责任与意识。"形势与政策"课教师既有由思政课教师构成的专职教师,又有从专家学者、单位负责人、党政干部、先进模范人物、高校辅导员等群体中遴选的兼职教师。该课程教师可积极依托科研及实践优势,面向全学段调研,多听取中小学思政课教师意见建议,从理论高度攻关思政课教学难点,为中小学思政课教学提供理论支撑。在此过程中,中小学思政课教师既可以开展资料收集、实地访谈、经验推广等基础性工作,又可以与大学思政课教师进行思想碰撞,产生智慧火花,深化教学工作。其次,学校要理顺教学沟通机制,搭建合作平台。由于大中小学思政课教师处于不同学段,肩负着不同教学任务,他们之间存在一定的交流藩篱,理当开展"形势与政策"课教师与中小学教师之间的跨学段集体备课,引导教师明确自身定位,从而坚定政治信仰、加强理论学习、提高教学能力和研究水平,构建中小学教师能"后顾"、"形势与政策"课教师能"前瞻"的良好格局。

(四)充分认识课程特点,规范教学管理和整合教学资源

"形势与政策"课教学内容变化快,备课难度大、耗时多,开课不断线等特点对它优化思政课一体化建设总体环境的作用发挥提出了较大挑战。基于此,我们要具备守正创新的意识和破釜沉舟的勇气,为推动思政课一体化建设完善教学保障。

第一,规范教学管理,让思政课"统"起来。坚持各级党委对"形势与政策"课的领导,高校党委宣传部门要以"形势与政策"课程的教学先进做法为中小学思政课的教学管理工作提供参考,承担思政课一体化教学设计的重任,在深化思政课改革创新的过程中走在前列。教务部门、马克思主义学院等积极配合做好教学管理工作。第二,整合教学资源,让思政课"活"起来。例如,"形势与政策"课负责人或骨干教师可通过统合社会资源,对接当地主流时政栏目。一边推出"一省一策"的特色思政课节目,一边为中小学拓展思政课教学场所提供机会,实现大中小学思政课的共建共享共荣。第三,改革教师考核和评价机制,让思政课"优"起来。《意见》指明:"研制科学的考核标准,计算教师工作量要充分考虑该课程难度大、变化快、备课耗时多的特点。"高校应领会和研究《意见》,综合考察教师的教学效果和科研成果,鼓励"形势与政策"课教师将理论研究成果运用于中小学思政课堂,实现思政课教师考核和评价的动态化、一体化,构建思政课教师人才梯队的衔接共同体。

第二章

"形势与政策"课的价值引领

　　"敬教劝学,建国之大本;兴贤育才,为政之先务","思政课是落实立德树人根本任务的关键课程"。①"形势与政策"课作为思政课的重要组成部分,要帮助学生深入了解世情、国情、党情、民情,深刻理解党的理论创新与实践创新最新成果,肩负着培养担当民族复兴大任时代新人的重要使命。本章聚焦党的十九届六中全会精神、党的二十大精神、习近平在福建的探索与实践故事及习近平对福州大学建设发展的 14 次关怀、思政课的国家安全意识教育等,由宏观到微观,旨在阐明"形势与政策"课程建设的出发点与落脚点,厘清这门课价值引领的理与路,使其在用习近平新时代中国特色社会主义思想培根铸魂中的作用进一步彰显。

　　"党的十九届六中全会精神融入'形势与政策'课":将全会精神融入"形势与政策"课,是促进党的理论创新成果第一时间进教材、进课堂、进学生头脑的需要,是发挥课程功能、凸显课程特点的体现。深刻领会"两个确立""两个维护",认知历史性成就、历史性变革,体认四次实践飞跃、三次理论飞跃,把握融入价值旨意。专注"两个重点讲授""四个正确认知""四个专题",抓住融入关键视点。基于整体又谋划部分,通过对"四个专题"的布局设计,实现全会精神的全过程全方位融入。

　　"党的二十大精神融入'形势与政策'课":将党的二十大精神融入"形势与政策"课,首先要突出着眼点,可从引导学生体悟非凡成就、把握历史主动、讲好使命担当三个方面着手;教师在结合党的二十大报告相关内容的基础上,进一步聚焦全面从严治党、我国经济社会发展、港澳台工作、国际"四个专题"开

---

① 习近平.思政课是落实立德树人根本任务的关键课程[J].求是,2020(17).

展课程教学;此外,还要抓牢党的二十大精神融入"形势与政策"课的推进点,从理论武装加强融入力度、释疑解惑延展融入深度、综合引导拓宽融入广度三个维度进行全面把握。

"在'形势与政策'课中讲好习近平在福建的故事":故事教学法是新时代思政课改革创新的一大亮点,将习近平在福建的故事融入"形势与政策"课是在回应现实要求中蓄力,进而提升课程的思想性、理论性和亲和力、针对性,引导大学生增强"四个意识"、坚定"四个自信"、做到"两个维护",推动习近平新时代中国特色社会主义思想"三进"。同时,把课程中相对稳定的"四个专题"作为着力点,实现理论故事化或故事理论化;从多重维度、互动角度和价值深度上发力,在把故事讲清楚的基础上,把故事讲好、讲透,体现课程的政治引导功能。

"习近平在厦门、宁德的实践中彰显出的四种思维":习近平曾在福建工作十七年半。他曾深有感触地说,"厦门是我的第二故乡","厦门给了我人生许多历练","宁德是我魂牵梦绕的地方","下党,是我一辈子都忘不了的地方"。习近平在两地任职期间的思想及实践,内蕴着丰富的马克思主义思想方法和工作方法。结合《习近平在厦门》《习近平在宁德》两本访谈实录,分析习近平在厦门、宁德的探索和实践中所蕴含的战略思维、辩证思维、求实思维、民本思维,并以此为启发,为新时代新福建建设建言献策。

"领会习近平 14 次关怀福州大学建设重要论述精神":习近平在福建工作时就十分重视高等教育,这在他 14 次关怀福州大学建设发展的实践中得以充分彰显。他强调高校要突出人才培养职能、夯实科学研究职能、做强社会服务职能、激活文化传承创新职能。缕析习近平 14 次关怀福州大学建设发展的重要论述精神,是哲学意蕴和教育工作目标的互联贯通,体现了系统思维,注重完善人格、培育人才;呈现了创新思维,积极开发人力;映现了战略思维,致力造福人民;展现了历史思维,实现凝聚人心。该论述精神,是福建高校实现内涵式发展得天独厚的条件,也是新时代建设中国特色、世界一流大学的重要遵循,具有强烈的时代价值。

"深化高校本科思政课的国家安全意识教育有效性":"学校是意识形态工作的前沿阵地,可不是一个象牙之塔,也不是一个桃花源"。我们党立志于中华民族千秋伟业,就要立足后继有人这个根本大计,大力培养厚植国家安全意识的时代新人。基于文献分析以及对本科 6 门思政课特点的考察对比,探索增强大学生国家安全意识教育的着力点、切入点、发力点。深化本科思政课的国家安全意识教育有效性,要抓住时代发展、理论创新以及落实立德树人根本任务的现实契机。找准本科 6 门思政课的内容切入点,从三方面发力:激发两大主体作用,确保教育质量上乘;依托三大平台构建,谋求教育层次分明;汇聚四大资源力量,促进教育融通共建。

第一节 注重理论武装时效 把准理论创新成果

一、党的十九届六中全会精神融入"形势与政策"课

百年岁月峥嵘,在第一个百年奋斗目标圆满完成之际与全面建设社会主义现代化国家新征程开启之时,党的十九届六中全会审议并通过了《中共中央关于党的百年奋斗重大成就和历史经验的决议》(简称《决议》)。当前和今后一个时期,学习好、贯彻好习近平重要讲话精神和全会精神是教育系统的重大政治任务。将党的十九届六中全会精神(简称"全会精神")融入"形势与政策"课是落实重大政治任务的一大举措。该课程是第一时间推动党的理论创新成果进教材、进课堂、进学生头脑的重要渠道。重要渠道效用的真正发挥要以彰显课程的特点为必要条件,使其极具理论武装时效性、释疑解惑针对性和教育引导综合性,担负起教学重任。从该课程的特点和功能来看,全会精神的融入既彰显了课程特点,又凸显了课程功能。立足研究全会精神融入"形势与政策"课,对捍卫"两个确立"、做到"两个维护",贯彻落实立德树人根本任务具有重要理论和实践价值。

(一)全会精神融入"形势与政策"课的价值旨意

全会提出了"十三个方面历史性成就、历史性变革""马克思主义中国化的新的飞跃"等新思想新观点新论断,是马克思主义中国化理论创新和理论创造的成果,全会精神植根理论成果的融入,拓新了"形势与政策"课深湛的理论精粹。对"两个确立""两个维护"的准确领会、历史性成就和历史性变革的充分认知、四次实践飞跃和三大理论飞跃的深切体认,对于把握教育主渠道,引导学生坚定"四个自信"、领略实践和理论真谛具有深远而重大的意义。

1.准确领会"两个确立""两个维护",把握教育主渠道

百年党史显明,坚强的领导核心和科学的理论指导,是关乎党和国家前途命运、事业成败的根本性问题。《决议》指出,"党确立习近平同志党中央的核

心、全党的核心地位,确立习近平新时代中国特色社会主义思想的指导地位"①,对新时代党和国家事业发展、对推进中华民族伟大复兴历史进程具有决定性意义。党的十八大以来,习近平推进各个领域的纵深改革,形成了多方面的重要论述。《决议》全面回顾总结了中国特色社会主义新时代取得的历史性成就、发生的历史性变革,涉及经济、政治、文化、社会、生态等领域。这些成就的取得、变革的发生,根本在于以习近平同志为核心的党中央的坚强领导,根本在于习近平新时代中国特色社会主义思想的科学指引。聚焦教育层面,就是要始终以培养什么人、怎样培养人、为谁培养人的根本问题为依归,全面贯彻党的教育方针,落实立德树人根本任务,培养德智体美劳全面发展的社会主义建设者和接班人。在今天,没有什么比培养社会主义建设者和接班人更重要,没有什么比这个方面出问题更危险。教育领域安全的长效保障与成就的继续创造,理所应当以"两个确立"贯穿课程为必要条件。

新的赶考路,要让广大青年学生深刻领悟"两个确立"的重大政治意义、理论意义、实践意义,增强对"两个确立"的政治认同、思想认同、情感认同,做到"两个维护",抓牢教育主领域,融入课程教学毋庸置疑是最直接显效的途径。2022年,习近平在省部级主要领导干部学习贯彻党的十九届六中全会精神专题研讨班开班式上讲道,"要用好学校思政课这个渠道"②,即务须做好思政课全会精神的贯彻落实工作。相较于其他思政课而言,高校"形势与政策"课在第一时间推动全会精神"三进"工作上责任更加重大。教育部办公厅印发的《高校"形势与政策"课教学要点》(2022年上辑)强调,要讲清楚"两个确立"的决定性意义,引导学生增强做到"两个维护"的自觉性,这也折射出该课程极具时效性、针对性和综合性的特点,是把握教育主渠道的题中应有之义。

2.充分认知历史性成就、历史性变革,坚定"四个自信"

《决议》提出,党中央立足国内国际"两个大局",解决了许多长期想解决而没有解决的难题,办成了许多过去想办而没有办成的大事,取得了历史性成就、发生了历史性变革。概括来说,包括十三个方面:坚持党的全面领导、全面从严治党、经济建设、全面深化改革开放、政治建设、全面依法治国、文化建设、社会建设、生态文明建设、国防和军队建设、维护国家安全、坚持"一国两制"和推进祖国统一、外交工作。

历史性成就与历史性变革通常连在一起,历史性成就是对功绩的凸显,变

---

① 中共中央关于党的百年奋斗重大成就和历史经验的决议[N].人民日报,2021-11-17.
② 习近平.更好把握和运用党的百年奋斗历史经验[J].求是,2022(13).

革则侧重于更深层次的致使事物发生变化的因素,主要表现为理念、意识或治理方式等方面,如发展理念、发展方式的深刻变革、全面依法治国的深刻变革等。无论是成就还是变革,指向的都是党和国家事业,都是党团结带领人民在实现伟大复兴道路上推进中国特色社会主义过程中发生的。对成就和变革的总结是坚定道路自信、理论自信、制度自信、文化自信的需要。习近平在庆祝中国共产党成立 95 周年大会上明确了"四个自信",在后来的许多重要讲话中对此进行了深入阐述与强调。全会第二次全体会议指出,"学习和总结党的历史,就要从中增强道路自信、理论自信、制度自信、文化自信,咬定青山不放松,风雨无阻向前进"。① "四个自信"源于中华民族源远流长的璀璨文明,源于中国共产党成功的实践探索,更源于党和国家事业取得的成就和变革。全会精神融入"形势与政策"课根植于党的百年奋斗历程,不仅是对伟大成就的领略,更是对伟大变革的晓悟,是新时代坚定"四个自信"的生动写照。

3.深切体认四次实践飞跃、三次理论飞跃,领略实践和理论的真谛

在纪念马克思 200 周年诞辰大会上,习近平用三次"伟大飞跃"概括了中国共产党的奋斗历程。《决议》用四次"伟大飞跃"进一步精准概括。在系统总结民族复兴伟大事业四次飞跃的基础上,第一次提出了习近平新时代中国特色社会主义思想实现了马克思主义中国化新的飞跃,将其与毛泽东思想、中国特色社会主义理论体系一起并列为马克思主义中国化新的飞跃。这不仅使四大实践创新飞跃与三大理论创新飞跃匹配起来,更强调了习近平新时代中国特色社会主义思想从"开辟了马克思主义中国化的新境界"到"实现了马克思主义中国化新的飞跃",进一步确立了习近平新时代中国特色社会主义思想在当前和未来全面建设社会主义现代化国家新征程的指导地位。

将实践飞跃与理论飞跃匹配、理论和实践结合,闪耀着马克思主义基本原理的光芒。在马克思主义看来,只有把理论和实践结合起来,才能达到真理性的认识。马克思、恩格斯和列宁着眼于教育领域,对理论和实践结合都有相关论述,中华优秀传统文化中的知行观也为理论与实践教育融合提供了思想渊源。全会精神融入"形势与政策"课,就是引导学生巩固学习马克思主义基本原理,领略理论与实践的真谛,学会融会贯通,形成真理性认知,并以此科学分析形势与领悟政策。需要注意的是,这是一个不断学习通悟的过程,并非一蹴而就。该课程在教学管理上"开课不断线"的自身特性为真理性认知的孕育提

---

① 习近平.以史为鉴、开创未来 埋头苦干、勇毅前行[J].求是,2022(1).

供了沃壤,贯穿"形势与政策"课全过程的全会精神融入成为润泽沃壤的雨水,使真理性认知这棵春苗在沃壤和雨水中发荣滋长。

(二)全会精神融入"形势与政策"课的关键视点

结合"形势与政策"课的特点,要推进全会精神融入,关键视点是聚焦"两个重点讲授",厚植"四个正确认识",围绕"四个专题",抓好理论成果和精神实质的融入。将全会提出的新思想新观点新论断,以及蕴含的精神实质等丰富的内容与课程对接,致力于结合实践进行合理的教学布局,引导学生认知体悟和躬行实践。

1.聚焦"两个重点讲授",保证理论成果融入的一以贯之

2018年4月,《意见》强调了"两个重点讲授",一是重点讲授党的理论创新最新成果,二是重点讲授新时代坚持和发展中国特色社会主义的生动实践。《决议》作为新时代马克思主义纲领性文件,蕴含了丰富的马克思主义中国化理论创新和理论创造成果,是"形势与政策"课讲授的重点内容。

第一,重点讲授三次理论飞跃。在新民主主义革命时期、社会主义革命和建设时期,我们党把马克思主义基本原理同中国具体实际相结合,创立了毛泽东思想,实现了马克思主义中国化的第一次历史性飞跃。改革开放和社会主义现代化建设新时期,形成中国特色社会主义理论体系,实现了马克思主义中国化新的飞跃。这次全会通过的《决议》第一次提出,"习近平新时代中国特色社会主义思想是当代中国马克思主义、二十一世纪马克思主义,是中华文化和中国精神的时代精华,实现了马克思主义中国化新的飞跃"。[①] 这一系列表述强化了习近平新时代中国特色社会主义思想的理论地位,在"形势与政策"课的教学中,应一以贯之地把握其理论定位。第二,重点讲授十三个方面历史性成就及变革。《决议》第一次从十三个方面总结了党的十八大以来党和国家取得的历史性成就和发生的历史性变革。十三个方面是中国特色社会主义生动实践取得成果的全局性写照,是拥护"两个确立"的重要现实逻辑。其内容涵盖"形势与政策"课"四个专题",是需要分专题在课程中讲授的另一重点。第三,重点讲授"两个确立"。"两个确立"的重大论断,是在把中国特色社会主义新时代的伟大成就放在党的百年奋斗历程中全面衡量和科学总结的基础上作出的,具有充分的理论逻辑、历史逻辑、现实逻辑。中华民族伟大复兴的航船要想行稳致远,就要依靠坚强的领导核心掌舵领航,将"两个确立"转化为思想

---

① 中共中央关于党的百年奋斗重大成就和历史经验的决议[N].人民日报,2021-11-17.

自觉、政治自觉、行动自觉,切实抓好理论灌输。对"两个确立"决定性意义的深入阐述,不仅要靠系统理论学习阐述理论依据,更要靠浸润式学习把握磅礴力量。另外,《决议》关于"十个明确"、五大历史意义、十大历史经验和三个方面的新要求等表述同样是最新理论成果,对这些内容的讲授亦不容忽视,但需注重其内容占比。理论成果的融入是对"形势与政策"课"两个重点讲授"的贯彻,为课程内容的丰富提供了深湛的理论和精粹的思想。

2.厚植"四个正确认识",强调精神实质融入的灵活贯通

《意见》中"准确把握教学内容"这点具体指出,"引导学生正确认识世界和中国发展大势,正确认识中国特色和国际比较,正确认识时代责任和历史使命,正确认识远大抱负和脚踏实地"。如何正确认识? 基本的理论内容认知是前提,分析理论内容的方法是其次。也就是说,理论内容在知悉后要运用科学的方法论认识内容,意味着认识中国与世界、历史和时代、理想与实践,不只是知晓内容,更要运用科学的方法论分析内容。《决议》蕴含丰富的辩证唯物主义和历史唯物主义的方法论,是精神实质所在。方法论的融入使"形势与政策"课拥有稳固的支撑,有利于学生找到"正确认识"的突破口。

"总结党的百年奋斗重大成就和历史经验,要坚持辩证唯物主义和历史唯物主义的方法论,用具体的、历史的、客观全面的、联系发展的观点。"《决议》对四个历史时期的主要矛盾和主要任务的分析全面贯彻了唯物辩证法中矛盾的观点以及唯物史观的社会矛盾理论、历史动力理论等。另外,《决议》对"十个坚持"历史经验的总结也充分贯彻了辩证唯物主义和历史唯物主义方法论。实践决定认识、否定之否定、对立统一等都在概括为"十个坚持"的历史经验中熠熠生辉。例如,"十个坚持"中"坚持理论创新"这一条经验,在中国革命、建设、改革的过程中坚持用马克思主义指导实践,并在实践过程中形成了一个个新的理论成果,实现了马克思主义中国化的一次次历史性飞跃。始终坚持实践与认识的辩证关系原理,于新实践中不断推动马克思主义中国化实现新的飞跃。另外,重要历史经验中的"坚持自我革命",是中国共产党把否定之否定原理运用在党的建设上取得的。所以,在专题讲授中不仅要讲具体内容,更要讲内容所蕴含的方法论。融入厚植"四个正确认识",立足精神实质,旨在引导学生灵活运用科学的方法论分析实际问题。

3.围绕"四个专题",抓好整体与部分融入的有机结合

整体与部分的辩证关系是唯物辩证法"联系"中的重要部分。整体与部分的存在互为条件、相互依托,整体由部分组成,同时又受部分制约。要使整体产生"1+1>2"的效果,就要各部分以有序、合理、优化的结构形成整体。《意

见》指出,要开设好全面从严治党专题、我国经济社会发展专题、港澳台工作专题和国际专题。该课程是由"四个专题"构成的统一整体,"四个专题"侧重不同方面,引导学生积极探索中国之问、世界之问、人民之问和时代之问。全会精神融入是整体的融入,同时也是立足"四个专题"的部分融入,只有实现部分融入的有序、合理、优化,才能使全会精神整体的融入实现"1+1+1+1>4"的效果。

2022年4月,教育部高校思政课教学指导委员会组织专家研制了党的十九届六中全会精神融入各门思政课的教学建议。立足《决议》的历史定位,落实思政课立德树人根本任务,对"思想道德与法治""中国近现代史纲要""马克思主义基本原理""毛泽东思想和中国特色社会主义理论体系概论""习近平新时代中国特色社会主义思想概论""新时代中国特色社会主义理论与实践""中国马克思主义与当代"7门课程提出了细致翔实且行之有效的教学建议。该教学建议从总体要求、重点内容、具体章节融入建议三个方面进行了详尽阐述,对每门课的建议都做到了整体要求和部分嵌入的有机结合。例如,在"马克思主义基本原理"课的教学建议中首先定调了总体要求:坚持守正创新的原则、坚持先学后教的原则、坚持全面性和重点性结合的原则、坚持内容融合和精神涵养相统一的原则。同时,强调了十三个重点内容,在总体要求的引领下就每章每节提出了具体融入建议。基于"形势与政策"课与其他思政课的共同属性,该教学建议具有贯穿这门课程的相通性,这无疑为该课程如何融入全会精神提供了经验借鉴,即整体融入与部分融入的有机结合。因此,"形势与政策"课不能把全会精神作为在原有课程基础上的机械叠加,应将融入厚植整体并注重部分,如此才能充分掌握全会的精神实质和核心要义。

(三)全会精神融入"形势与政策"课的专题布局

全会精神融入"形势与政策"课是对高校思政课落实立德树人根本任务的遵循。通过对四个专题的具体融入进行布局设计,使《决议》的核心要义、精神实质与课程的教学内容、教学实践紧密结合,推动该课程在构建全员全过程全方位育人大格局中展现更大作为。

1.全面从严治党专题

《意见》指出,要开设好全面从严治党形势与政策专题,重点讲授党的政治建设、思想建设、组织建设、作风建设、纪律建设以及贯穿其中的制度建设的新举措新成效。《决议》在融入此专题时,要从总体要求把握百年奋斗重大成就和历史经验中党的建设具体内容,贯穿伟大建党精神,激发精神力量,引导学生牢记"两个确立",增强"四个意识",坚定"四个自信",做到"两个维护"。从历史纵向角度结合三次理论飞跃和四次实践飞跃,厘清党的建设历程,知悉在坚持党的全面领导和全面从严治党上取得的历史性成就、发生的历史性变革。重点聚焦于《决议》关于党的十八大以来全面从严治党重大举措和成效的相关论述,以及第十个明确中对新时代全面从严治党的总要求和具体部署。为使内容更具时效性、针对性、可读性,可在讲述中穿插典型案例和最新案例、关键数据和实时数据。从案例及数据中,彰显以习近平同志为核心的党中央以极大的政治勇气和历史担当书写了新时代新篇章。此外,本专题的学习本身也是一次党史学习教育。《决议》号召大力弘扬伟大建党精神,需立足百年奋斗历程形成的"坚持真理、坚守理想,践行初心、担当使命,不怕牺牲、英勇斗争,对党忠诚、不负人民"的伟大建党精神。通过将全会精神融入该专题,用党的历史、实践砥砺学生弘扬伟大建党精神,增强做中国人的志气、骨气和底气。

2.我国经济社会发展专题

《意见》指出,开设好我国经济社会发展形势与政策专题,重点讲授党中央关于经济建设、政治建设、文化建设、社会建设、生态文明建设的新决策新部署。此专题的融入,应引领学生感悟深刻且宏阔的时代之变与世纪疫情的叠加之态。世界多极化、经济逆全球化、社会信息化、文化多样化深入发展,大量经济、政治、文化、社会、生态文明的实践问题和理论问题亟待解答,《决议》总结历史、立足当下、放眼未来,是实现中华民族伟大复兴的行动指南。具体融入内容而言,在经济建设方面,《决议》中第七个明确是新增加的内容,即"明确必须坚持和完善社会主义基本经济制度,使市场在资源配置中起决定性作用,更好发挥政府作用,把握新发展阶段,贯彻创新、协调、绿色、开放、共享的新发展理念,加快构建以国内大循环为主体、国内国际双循环相互促进的新发展格局,推动高质量发展,统筹发展和安全",强调了中国特色社会主义基本经济制度和经济建设的新布局。另外,经济方面还有关于"防止资本无序扩张""两个毫不动摇"等方面的内容,融入中要阐释经济发展态势,引导学生增强对我国经济发展的信心。在政治建设上,将"在政治建设上"与"在全面依法治国"紧密贴合,融入关于"全面深化改革总目标"和"全面推进依法治国总目标"的重要论点,引导学生感悟全过程人民民主。在文化建设方面,充分认识取得的成就与发生的变革,突出我国意识形态领域发生的全局性、根本性转变,强调"推动中华优秀传统文化创造性转化和创新性发展",深悉习近平新时代中国特色社会主义思想的新内涵和政治定位。在社会建设方面,融入关于"在社会建设上"的内容,基于脱贫攻坚战、全面建成小康社会阐释共同富裕的科学内涵,融全会精神于"形势与政策"课教学要点中,把握实现共同富裕的战略目标和实践途径。在生态文明建设方面,融入有关"在生态文明建设上"的内容,"保护生态环境就是保护生产力,改善生态环境就是发展生产力"[①]的观点,阐释气候变化问题实质,充分认知中国提出碳达峰碳中和目标的责任担当。

3.港澳台工作专题

《意见》要求,开设好港澳台工作形势与政策的专题,重点讲授坚持"一国两制",推进祖国统一的新进展新局面。此专题《决议》的融入,追溯党的百年奋斗历程,融会贯通全会精神的精神实质,从起点、发展、归宿中讲清讲透讲好热点、难点、疑点,引导学生认识港澳台形势,认清解决台湾问题、实现祖国完全统一的历史必然性。融入《决议》关于邓小平就祖国统一重大问题的初步回答,"一国两制"的伟大创举,讲述起点。融入关于党的十八大以来在坚持"一国两制"和推进祖国统一上的重大举措和成效的相关论述,讲述发展和归宿。结合重大成就中"在坚持'一国两制'和推进祖国统一上"的内容,讲清楚全面准确贯彻"一国两制"方针的必要性,坚守"爱国者治港""爱国者治澳"的政治原则,持续探索台湾方案,推进祖国统一进程。针对台海局势,着重讲述以习近平同志为核心的党中央推动两岸融合发展、推进祖国统一的重要内容,使"两个确立"的深厚意蕴与磅礴力量在无形中得到有力彰显。港澳台工作的讲授要避免空洞的说事与无根据的说理,要以热点时事说全会精神之理,这样才能做到"以理说事""以理服人",使学生不只看到其表,还能深入其里。

4.国际专题

《意见》强调,开设好国际形势与政策专题,重点讲授中国坚持和平发展道路、推动构建人类命运共同体的新理念新贡献。2022年,习近平在中国人民大学考察时指出,"世界百年未有之大变局加速演进,世界进入新的动荡变革期,迫切需要回答好'世界怎么了''人类向何处去'的时代之题"。[②] 国际局势风云变幻,外部环境的深刻变化带来了前所未有的挑战,不确定、不稳定、不和谐因素增加,霸权主义、保护主义伺机抬头,气候变化、疫情肆虐、网络安全问题凸显。立足于"两个大局"的《决议》,是中国之思,更是时代之思、世界之思,融入此专题助力学生用新思想新理论新方法看待国际问题,理解时代、理解世界、理解中国。讲授推进人类命运共同体的实践,融入关于"党领导人民成功

---

① 中共中央关于党的百年奋斗重大成就和历史经验的决议[N].人民日报,2021-11-17.

② 习近平.坚持党的领导传承红色基因扎根中国大地 走出一条建设中国特色世界一流大学之路[N].人民日报,2022-04-26.

走出中国式现代化道路,创造了人类文明新形态"的内容,基于马克思主义基本原理的视角讲述人类历史发展重大问题,保证最新理论成果的融入。再者,融入关于"坚持胸怀天下""坚持人民至上"的历史经验。用疫情下中西方对比,讲清楚人类共同价值和西方所谓的"普世价值"的区别。聚焦融入关于党的十八大以来外交工作上的重大举措和成效的相关论述,结合抗疫外交、发展外交、多边外交帮助学生深入理解中国特色大国外交的规律。此专题教学过程中需嵌入学生感兴趣的、热议的国际重大事件,与融入内容实时结合,用理论解析事实,用事实确证理论,引导学生深刻认知问题实质,增强时势审视能力和辨别淆乱信息的能力。

二、党的二十大精神融入"形势与政策"课

中国共产党第二十次全国代表大会于 2022 年 10 月 16 日至 22 日在北京召开。党的二十大报告高屋建瓴、气势磅礴、催人奋进,是一篇马克思主义的纲领性文献,是全面推进中华民族伟大复兴的思想宝典和政治宣言。学习和贯彻党的二十大精神是当前和今后一个时期全党全国的首要政治任务,也是教育界的重大教学任务。"形势与政策"课作为高校思政课的重要组成部分,肩负着宣传党中央大政方针,及时、准确、深入地推动习近平新时代中国特色社会主义思想进教材、进课堂、进学生头脑的使命任务。将党的二十大精神融入"形势与政策"课是铸魂育人效果提升的应有之义与现实逻辑,可从着眼点、聚焦点、推进点三个方面着手,分别考察党的二十大精神融入该课程的逻辑理路、专题布局和实践进路。

(一)突出党的二十大精神融入"形势与政策"课的着眼点

党的二十大精神内容丰富、博大精深。提高党的二十大精神融入"形势与政策"课的效益,教师可着眼于引导学生体悟非凡成就、把握历史主动、明确使命担当,进而切实坚定"四个自信",深刻领悟"两个结合",坚决做到"两个维护"。

1.体悟非凡成就,切实坚定"四个自信"

党的二十大报告全面系统地总结了新时代十年来对党和人民事业具有重大现实意义和深远历史意义的三件大事,从十六个方面总结了新时代十年发生的伟大变革,涉及经济、政治、文化、社会、生态文明等各个方面。"新时代十年的伟大变革,在党史、新中国史、改革开放史、社会主义发展史、中华民族发

展史上具有里程碑意义。"①

中国特色社会主义进入新时代以来,以习近平同志为核心的党中央带领全党全国各族人民,全面贯彻习近平新时代中国特色社会主义思想,全面贯彻党的基本路线、基本方略,"采取一系列战略性举措,推进一系列变革性实践,实现一系列突破性进展,取得一系列标志性成果,经受住了来自经济、政治、意识形态、自然界等方面的风险挑战考验,党和国家事业取得历史性成就、发生历史性变革,推动我国迈上全面建设社会主义现代化国家新征程"。② 这无疑为我们切实坚定"四个自信"提供了重要的实践依据、现实支撑和精神动力。将党的二十大精神融入"形势与政策"课,教师要生动讲述新时代中国取得的非凡成就,带领学生深度感知和倍加珍惜来之不易的今天,并为更加美好的明天而踔厉奋发。这是把坚定"四个自信"贯穿于"开课不断线"教学全过程的内在要求,可有效引领学生领略中国这头东方雄狮的飒爽英姿,切实坚定"四个自信",昂首挺胸地阔步在中国特色社会主义的康庄大道上。

2.把握历史主动,深刻领悟"两个结合"

习近平在庆祝中国共产党成立 100 周年大会上首次提出了"两个结合",强调要"坚持把马克思主义基本原理同中国具体实际相结合、同中华优秀传统文化相结合"。③ 始终坚持"两个结合",体现了马克思主义理论逻辑、党的百年奋斗历史逻辑、新时代党和国家事业奋进新征程实践逻辑的高度统一,是"马克思主义行,中国化时代化的马克思主义行"的核心要义,也是不断书写马克思主义中国化时代化新篇章的必然要求和内在理路。

党的二十大报告指出,"全面建设社会主义现代化国家,是一项伟大而艰巨的事业,前途光明,任重道远"。④ 愈是艰险的道路,愈加需要先进的理论指引前进方向。实践没有止境,理论创新也没有止境。新征程上,我们要始终坚持"两个结合",继续推进实践基础上的理论创新,形成与时俱进的理论成果,更好地指导中国实践。"形势与政策"课教师在授课过程中要重点解读"两个结合",指引学生把握马克思主义扎根中国大地的理论发展脉络,感受马克思

① 习近平.高举中国特色社会主义伟大旗帜 为全面建设社会主义现代化国家而团结奋斗:在中国共产党第二十次全国代表大会上的报告[N].人民日报,2022-10-26.

② 习近平.高举中国特色社会主义伟大旗帜 为全面建设社会主义现代化国家而团结奋斗:在中国共产党第二十次全国代表大会上的报告[N].人民日报,2022-10-26.

③ 习近平.在庆祝中国共产党成立 100 周年大会上的讲话[N].人民日报,2021-07-02.

④ 习近平.高举中国特色社会主义伟大旗帜 为全面建设社会主义现代化国家而团结奋斗:在中国共产党第二十次全国代表大会上的报告[N].人民日报,2022-10-26.

主义中国化时代化的理论成果与时代脉搏。习近平新时代中国特色社会主义思想是"两个结合"的最新理论成果,教师对其形成的理论逻辑进行讲解不可或缺,要引导学生把握其蕴含的世界观与方法论,把牢"六个必须坚持",学深、学透辩证唯物主义与历史唯物主义;引导学生在推进中华民族伟大复兴的历史征程中,始终坚持自信自立,把握历史主动,自觉运用马克思主义的立场、观点与方法分析现实生活中的各类问题,这也是该课程的教学目标引擎所在。

3.讲好使命担当,坚决做到"两个维护"

新时代我们取得的一切成就与变革,根源就在于有以习近平同志为核心的党中央为我们党和国家的事业领航掌舵,在于习近平新时代中国特色社会主义思想的实践伟力。历史与实践反复证明,确立习近平同志党中央的核心、全党的核心地位,确立习近平新时代中国特色社会主义思想的指导地位,是全党全军全国各族人民的正确选择,是实现中华民族伟大复兴最可靠、最值得依赖的政治保障。多年前,"党内和社会上不少人对党和国家前途忧心忡忡"。正是有了以习近平同志为核心的党中央的坚强领导,有了习近平新时代中国特色社会主义思想的科学指引,中国特色社会主义这艘巍巍巨轮才能破浪前行、行稳致远,才能够经受住风高浪急甚至惊涛骇浪的重大考验,渐渐驶向中华民族伟大复兴的光辉彼岸。

新征程上我们面临的风险挑战前所未有,奋进新征程要求青年人全面认识和深刻体悟"两个确立"的决定性意义,接过历史的接力棒,明晰自身的时代责任与历史使命,续写崭新的时代篇章。党的二十大报告寄语青年,"怀抱梦想又脚踏实地,敢想敢为又善作善成"。① 将党的二十大精神融入"形势与政策"课,要结合青年耳熟能详的故事等,讲好青年一代的使命担当,引导青年人牢固树立"四个意识",深化"两个维护"的政治自觉、思想自觉与行动自觉,争做有理想、敢担当、能吃苦、肯奋斗的新时代好青年,让青春在全面建设社会主义现代化国家的火热实践中绽放绚丽之花。

(二)强化党的二十大精神融入"形势与政策"课的聚焦点

"形势与政策"课教学内容丰厚、覆盖面广,每个学期都要依照全面从严治党、我国经济社会发展、港澳台工作、国际"四个专题"实施教学。实现党的二十大精神有效融入该课程,教师要聚焦"四个专题",讲好、讲深、讲透党的二十

---

① 习近平.高举中国特色社会主义伟大旗帜 为全面建设社会主义现代化国家而团结奋斗:在中国共产党第二十次全国代表大会上的报告[N].人民日报,2022-10-26.

大报告中的相关内容,助力学生形成系统化的知识体系和价值观念。

1.聚焦全面从严治党专题

开设好全面从严治党形势与政策的专题,重点讲授党的政治建设、思想建设、组织建设、作风建设、纪律建设以及贯穿其中的制度建设的新举措新成效。"党找到了自我革命这一跳出治乱兴衰历史周期率的第二个答案,自我净化、自我完善、自我革新、自我提高能力显著增强"①,这不仅揭示了中国共产党历经百年风雨依旧风华正茂的奥秘所在,也充分彰显了党一以贯之地推进自我革命,确保自身永远不变质、不变色、不变味的强大政治决心。党的二十大报告提出"五个必由之路",其中之一就是"全面从严治党是党永葆生机活力、走好新的赶考之路的必由之路"。聚焦全面从严治党专题,"形势与政策"课教师要讲好中国共产党在伟大的自我革命中取得的阶段性成就;讲好"第一个答案""第二个答案"之间一脉相承的理路;讲好中国共产党以"得罪千百人、不负十四亿"的定力继续推进反腐败斗争的决心和恒心;讲好推进新时代党的建设新的伟大工程的路径逻辑。党的二十大报告关于新时代推进伟大自我革命的庄严宣誓,既高瞻远瞩,又求真务实,处处闪耀着马克思主义的真理光芒,同时还具有强烈的现实针对性。将党的二十大精神融入全面从严治党专题,不仅要让学生学习领会党的建设新的伟大工程的战略部署,增强对马克思主义执政党的信心、对中国特色社会主义道路的信念,还要引导学生在专题学习中深入领略以习近平同志为核心的党中央的非凡政治勇气、政治智慧与政治担当。

2.聚焦我国经济社会发展专题

开设好我国经济社会发展形势与政策的专题,重点讲授党中央关于经济建设、政治建设、文化建设、社会建设、生态文明建设的新决策新部署。在经济建设方面,党的二十大报告指出,高质量发展是全面建设社会主义现代化国家的首要任务。在专题授课中,教师要引导学生深刻把握高质量发展的内在逻辑与重大意义,准确理解高质量发展的丰富内涵与现实要求,并通过我国国内生产总值、居民人均可支配收入都翻了一倍多等数据的直观展示,不断增强对我国经济发展的信心。在政治建设方面,融入党的二十大报告关于"全过程人民民主"的重要论述,让学生准确把握中国特色社会主义政治发展道路的基本内涵以及重要意义。在文化建设方面,讲述党的二十大报告作出的关于进一步推进文化自信自强、铸就社会主义文化新辉煌的战略部署时,引导学生增强

---

① 习近平.高举中国特色社会主义伟大旗帜 为全面建设社会主义现代化国家而团结奋斗:在中国共产党第二十次全国代表大会上的报告[N].人民日报,2022-10-26.

文化自信、文化自觉与文化担当。在社会建设方面,作为中国式现代化五大特征和本质要求之一,党的二十大报告把逐步实现全体人民共同富裕写入党章,这也将畅通年轻人向上流动的通道,给青年建功立业提供更好机会和平台。在该专题的学习中,引导学生深入理解新时代实现共同富裕的重大意义、战略目标以及实践途径十分必要。在生态文明建设方面,介绍党的二十大报告"推动绿色发展,促进人与自然和谐共生"的相关内容,从统筹产业结构调整、污染治理、生态保护、应对气候变化等多元角度,系统阐述人与自然和谐共生的中国式现代化。比如,在美国和欧洲一些国家出现放弃碳中和动向的背景下,我国还要坚守这一目标吗?教师可以从四个角度阐述:一是我们党讲究实事求是、说到做到,既然承诺了就要兑现;二是我国是一个资源高度紧缺的人口大国,节能减排最符合国情;三是高质量发展要求节能减排,提高资源使用效率;四是我国在实现既定目标上已具备更强的条件和能力,新能源汽车的迅猛发展就是一大例证。讲好该专题,还要重点阐述学生高度关注的就业择业、住房、医疗等民生问题,找准党的二十大报告与学生现实关切的连接点、契合点,化"高大上"为"接地气",让广大青年了解国计民生、响应时代召唤、践行使命担当,推动党的二十大精神"带着热气"进课堂,在学生的头脑和心灵中落地生根。

3.聚焦港澳台工作专题

开设好港澳台工作形势与政策的专题,重点讲授坚持"一国两制"、推进祖国统一的新进展新局面。聚焦港澳台工作专题,"形势与政策"课教师要引导学生正确认识"一国两制"的重要性和长期性,全面了解"港人治港"、"澳人治澳"、高度自治方针的必要性,透彻体悟实现祖国完全统一的历史必然性。党的二十大报告强调坚持和完善"一国两制",不仅体现了"一国两制"政策的前瞻性、连续性,还彰显了该政策与时俱进的实践性。在开展该专题的授课时,教师可结合香港特区"修例风波"等时事热点话题,讲述在党中央的坚强领导下,香港局势实现由乱到治的重大转折。通过生动具体的案例,让学生切身体会"一国两制"鲜明的当代内涵和时代特色——"一国"是根本,"一国"的原则愈坚固,"两制"的优势才能愈加显著。针对台湾问题,教师要重点介绍党的二十大报告指出的"坚决反对外部势力干涉""决不承诺放弃使用武力"等,结合佩洛西窜台等事件,引导学生充分认识中国共产党粉碎外部势力干涉和极少数"台独"分裂分子及其分裂活动的坚强决心和强大能力,深入领会党中央捍卫国家领土和主权完整的强大战略定力和战略主动,客观认识"和平统一"与"武力统一"的辩证关系,准确认识台海局势。此外,教师还要详尽阐释我们为争取和平统一前景作出的不懈努力,指引学生深切感悟我们为台湾同胞谋福祉的不变初心以及推进祖国统一进程的必胜信心。

4.聚焦国际专题

开设好国际形势与政策的专题,重点讲授中国坚持和平发展道路、推动构建人类命运共同体的新理念新贡献。党的二十大报告多次强调推动构建人类命运共同体,并将其作为中国式现代化的本质要求之一。"形势与政策"课教师要深入阐述构建人类命运共同体的核心要义与时代价值,讲清楚这是对"三个世界划分"理论的继承和发展,引导学生深入领悟其中蕴藏的中国智慧、中国力量、中国担当。聚焦国际专题,教师在解读党的二十大报告文本相关论述的基础上,还要充分挖掘国际时事中富含的教育资源。比如,通过剖析疫情防控中中国的态度与实际行动、结合中国在国际事务中展现出来的大国责任与担当,让同学们在一个个鲜活翔实的案例、数据中理解领会中国所奉行的和平外交政策的时代内涵。讲好这一专题,"形势与政策"课教师要注重结合俄乌冲突等国际时政热点阐述,在对国际形势分析的过程中引导学生提升自身的政治敏锐性、政治鉴别力以及政治洞察力。此外,面对国内国际错综复杂的局面,教师要讲好"务必敢于斗争、善于斗争"的精神秉性和内涵底蕴。当今世界霸权主义和强权政治依旧存在,保护主义、单边主义不断抬头,以美国为首的西方国家试图干涉我国内政,对我国进行遏制、封锁和极限施压。"敢于斗争、善于斗争"是我们得以立足国际纷繁复杂局势中必不可少的性情品格与阳刚血性。在专题讲授中,教师要引导学生自觉强化斗争意识,发扬斗争精神,掌握斗争本领,增强自身的志气、骨气、底气,不信邪、不怕鬼、不怕压,义无反顾地进行具有许多新的历史特点的伟大斗争,依靠顽强斗争打开事业发展新天地。

(三)抓牢党的二十大精神融入"形势与政策"课的推进点

区别于其他思政课程,"形势与政策"课需要根据形势和政策发展要求及学生特点有针对性地进行教学设计、设置教学内容。推进党的二十大精神有效融入该课程,可从理论武装、释疑解惑、综合引导三方面入手,加强融入力度、延展融入深度、拓宽融入广度,助力党的二十大精神更好"三进"。

1.理论武装以加强融入力度

"力"指人与动物筋肉的效能,"力度"指力量大小的程度、力量的强度。从教育层面来看,理论武装不仅是加强党的二十大精神融入"形势与政策"课力度的有效手段,而且为该课程建设提供了重要的理论支撑和实践指向。理论是行动的先导,马克思主义是我们党和国家必须始终长期坚持的指导思想,是我们认识世界、把握规律、追求真理、改造世界的强大思想武器。习近平新时代中国特色社会主义思想作为马克思主义中国化时代化的最新理论成果,赋予了马克思主义新的时代内涵,开辟了马克思主义中国化时代化的新境界,是当代中国的马克思主义、二十一世纪的马克思主义。

对学生进行理论武装是该课程取得良好教学效果的重要法宝。西方敌对势力凭借着其强大的政治经济军事等实力,向我国大肆兜售西方的价值观念、意识形态和思维方式,宣扬"普世价值"观,蚕食青少年的头脑与心灵,试图动摇马克思主义在我国意识形态领域内的指导地位,强烈冲击了社会主流意识形态。教师要引导学生清醒地认识到,"他们是挂羊头卖狗肉,目的就是要同我们争夺阵地、争夺人心、争夺群众,最终推翻中国共产党领导和中国社会主义制度"。① 面对西方各种消极腐朽社会思潮的入侵,对大学生进行理论武装比以往任何时候都更加必要、更加迫切。将党的二十大精神融入"形势与政策"课,教师要用科学的理论武装学生的头脑,让学生领略科学理论的强大感召力、生命力与亲和力,通过纵比和横比,摆事实、讲道理,使学生准确把握"中国之路"的成功密钥、"中国之治"的内在机理、"中国之理"的内涵要义,这也是落实第一时间推动党的理论创新成果进教材、进课堂、进学生头脑的实践理路。

2.释疑解惑以延展融入深度

"深"指从表面到底部或从外面到里面的距离大,与"浅"相对。将党的二十大精神融入"形势与政策"课不能浮于表面、流于形式,要深入其理、透彻解答学生在学习过程中产生的各种困惑,延展课程深度。大学生正处于价值观形成的"拔节孕穗期",心智尚不健全,思维较为活跃,最需要精心引导和栽培。该课程教师要以"蒙以养正,圣功也"的育人理念开展教学。在学习过程中,学生经常会比较国内外情况,在此过程中难免产生疑问,通常涉及深层次的理论与实践问题,而学生的这些疑问正是教师要重点解决的问题,也是进行价值引领的良机。

将党的二十大精神融入"形势与政策"课,对于学生可能提出的尖锐敏感的问题,教师要主动、正面回应,立足动态变化的世情、国情、党情、民情,结合中华民族发展史、中国共产党党史、中华人民共和国史、改革开放史和世界社会主义发展史,善于利用国内外的各类事件、案例、素材等,引导学生既不崇洋媚外,也不僵化保守,客观认识当代中国、看待外部世界,在批判鉴别中站稳政治立场,增进民族情怀,培育世界眼光。例如,对于国内外疫情防控政策的差

---

① 习近平.习近平关于社会主义文化建设论述摘编[M].北京:人民出版社,2017:27.

异,教师要立足中国的基本国情、因时因势动态调整等现实情况,讲清楚产生差异的内在原因,率领学生深入领会中国特色社会主义制度的优越性,体会党和国家"人民至上、生命至上"的工作指向。通过生动、具体的纵横比较与案例分析,把道理讲清楚、讲明白,解答学生的各类疑难困惑,将灌输式教育与启发式教育相结合,让该课程活起来、动起来,不断提高"到课率""抬头率""点头率",让知识真正入脑入耳入心。此外,"授人以鱼,不如授人以渔",教师在阐述道理的同时,还要注重将分析问题的方法传授给学生,培养学生"透过现象看本质"的本领能力,引导学生在信息化浪潮中明辨是非、慎思笃行,自觉运用马克思主义的立场、观点与方法分析问题,进而把该课程打造为有深度、有内涵的课程。

3.综合引导以拓宽融入广度

"广"指面积、范围宽阔,与"狭"相对。教师可从党的二十大精神内容融入的全面系统性以及实现学生知行统一这两个维度切入,不断拓宽融入广度,实现对学生的综合引导。讲授党的二十大精神,教师不能将其高高地悬挂起来,仿佛空中楼阁,虚无缥缈,否则只能是"台上唾沫飞,台下打瞌睡"。教师应用通俗易懂、生动活泼、学生喜闻乐见的话语与形式讲授党的二十大精神,使党的二十大精神"接地气""冒热气""聚人气",精彩纷呈地呈现在课堂上,浸润并启迪学生的思想与心智。

一方面,综合引导体现在教学内容的全面性、系统性。党的二十大报告内容丰富,将其精神有效融入"形势与政策"课,要求教师在深入解读党的二十大报告文本的基础上,结合社会实践中的具体案例、热点话题阐述,深入浅出地讲明白深奥的道理,让学生正确认识国内外形势。例如,西方敌对势力凭借其先进的传媒技术,在我国大搞舆论战,教师要深入剖析此类事件发生的内在机理——敌对势力试图打一场没有硝烟的"意识形态战",污名化、抹黑中国,煽动青年、蛊惑民众,力求在我国搞"颜色革命"。该课程作为开展意识形态教育的主阵地之一,要对学生综合引导,使其在鱼龙混杂的言论中能够始终保持清醒的头脑和坚定的政治立场,不被别有用心的人牵着鼻子走。

另一方面,综合引导体现为实现学生"知"与"行"的统一。"形势与政策"课的主要任务就是大力宣扬社会主流意识形态,引导大学生准确理解党的基本理论、基本路线、基本方略,并内化为学生的价值体系。马克思指出,"哲学家们只是用不同的方式解释世界,而问题在于改变世界"。[①] 这就启发着我

---

① 马克思恩格斯选集:第 1 卷[M].北京:人民出版社,2012:140.

们,教育不能仅仅停留在完善学生认知的层面上,而是要使学生落实到行动上来。该课程教师在讲授党的二十大精神的时候,还要注重引导学生在学深悟透近平新时代中国特色社会主义思想的基础上,自觉地将其中内含的立场观点与方法落实到实践中,将其作为自己的行动指南、实践导向,知行统一,着力实现个人理想与中国梦的有机统一,在实现中华民族伟大复兴的历史进程中跑好属于我们这代人的这一棒。

第二节 讲好习近平在福建的故事 奋进新的赶考之路

一、在"形势与政策"课中讲好习近平在福建的故事①

"形势与政策"课是每个大学生的必修课程,是思想政治理论课的重要组成部分,能够帮助学生深入了解世情、国情、党情、民情,深刻理解党的理论创新与实践创新的最新成果。习近平曾指出,讲中国故事是时代命题,讲好中国故事是时代使命。他在学校思想政治理论课教师座谈会上进一步强调,"会讲故事、讲好故事十分重要"。② 把故事融入"形势与政策"课是新时代思想政治理论课改革创新的内在要求,习近平在正定、福建、浙江、上海等地从政的故事是中国故事的重要组成部分,在形势与政策教育中融入深化习近平在福建工作十七年半的故事这一课题意义重大。可从蓄力点、着力点、发力点等维度,分别思考习近平在福建的故事融入"形势与政策"课的价值意蕴、专题设计、教师作为。

(一)习近平在福建的故事融入"形势与政策"课的蓄力点

"形势与政策"课相对于高校其他思想政治理论课而言,具有用最新理论成果武装头脑、有针对性地释疑解惑、进行综合教育引导等特殊要求。习近平

---

① 本部分主要内容已发表于《教育与考试》2022 年第 4 期,原题为《习近平同志在福建的故事融入高校"形势与政策"课的思考》,略有调整。

② 习近平.思政课是落实立德树人根本任务的关键课程[J].求是,2020(17).

在福建的故事融入形势与政策教育,就是在回应现实要求中蓄力,提升课程的思想性、理论性和亲和力、针对性,引导大学生增强"四个意识"、坚定"四个自信"、做到"两个维护",推动习近平新时代中国特色社会主义思想进教材、进课堂、进学生头脑。

1.提升"形势与政策"课思想性、理论性和亲和力、针对性的要求

形势是发展的,相关政策也是变化的,"形势与政策"课的教学内容具有永无止境的动态性,教材语言多为严谨规范的理论表述,且偏重国家、社会视角的宏大叙事,难以激发学生的学习兴趣,往往使得学生对当前形势政策的认识水平同课程的教学目标之间存在一定的差距。再者,"形势与政策"课的教学对象是全体本科生,大班化教学可能出现一个班兼有文、理、工、艺等不同学科背景的学生。以"00后""05后"为主的大学生学习认知方式发生了巨大变化,如获取知识的快餐式、碎片化、直观化等,缺乏对时事政治的感知,这给抽象的思想政治理论教育带来了严峻的挑战。而传统教学方式呈现单一化、填鸭式、低效率等特点,使得"摸鱼者""低头族"等大量存在,教学互动效果不够理想。如何让学生在客观认识国内外发展形势的基础上正确理解党和国家的大政方针,是形势与政策教育的重点所在。故事教学法与"形势与政策"课的教学内容、对象和效果具有高度的内在契合性,讲故事"能在讲述者和受众之间迅速建立一种情感上的联系,产生思想上的共鸣",促进高校立德树人根本任务的有效落实。在教材内容的"骨架"上充实故事的"血肉",做到既有意思又有意义,能改变一些学生长期认为的"形势与政策"课索然无味的刻板印象。习近平在福建的故事是不可或缺的优质教学内容资源,是润物无声的重要教学载体,将其融入形势与政策教育有利于助推教材体系向教学体系转化,符合大学生思想品德形成和发展的内在规律,不论来自哪个专业的学生,都不会排斥听故事。习近平在福建的故事不为广大青年学生所熟知,"形势与政策"课以此设置特殊的教学情境,引导学生从多角度出发学习探究,可增强教学的新鲜感、亲和力和针对性,使学生主动从"低头"到"抬头"再到"点头",实现教学体系向价值体系升华,真正提升课程的思想性和理论性。

2.引导大学生增强"四个意识"、坚定"四个自信"、做到"两个维护"的要求

当前,先进文化和落后文化、东方文明和西方文明相互激荡,多元社会思潮"渐欲迷人眼",给大学生树立正确价值观带来了极大的冲击。同时,西方反华势力从未放弃过"颜色革命",企图借助科技优势和我国争夺网络意识形态主阵地,没有改变同我国争取青少年一代的战略重点。事实证明,在风谲云诡的大环境下,大学生的思想能保持稳定与"形势与政策"课是密不可分的,新时

代对本课程教学提出了新的、更高的要求。列宁曾明确反对"简单生硬地把政治灌输给尚未准备好接受政治的正在成长的年轻一代"，[①]大学生年纪尚轻，对事物的认知需要从具体上升到抽象、从感性上升到理性。故事教学法兼顾理论性和通俗性，具有生动的实践母版。因此，将习近平在福建的故事融入形势与政策教育，是实现灌输性与启发性相统一的应有之义。马克思指出，"每一个社会时代都需要有自己的伟大人物，如果没有这样的人物，它就要创造出这样的人物来"。[②]习近平在福建工作了十七年半，在经济、政治、生态等方面进行了一系列开创性实践，这些具体的从政经历充分彰显了他对我国社会形势的高瞻远瞩。"形势与政策"课从习近平在地方从政的微观层面讲好中国故事，能够加深学生对领袖的爱戴之情和崇敬之意，进而引起学生对中国共产党之"能"以及国家和民族前途命运的关注，深化对当前形势政策的理解与把握，不断提高政治判断力、政治领悟力、政治执行力，切实增强"四个意识"、坚定"四个自信"、做到"两个维护"，努力成长为合格的社会主义建设者和接班人。

3.推动习近平新时代中国特色社会主义思想进教材、进课堂、进学生头脑的要求

"形势与政策"课"是第一时间推动党的理论创新成果进教材、进课堂、进学生头脑，引导大学生准确理解党的基本理论、基本路线、基本方略的重要渠道"。但正如毛泽东所指出的，"感觉到了的东西，我们不能立刻理解它，只有理解了的东西才能更深刻地感觉它"。[③]在形势与政策教育中引入故事教学法，将教学理论内容与故事背后的实践相结合，有利于学生更加深刻地理解和把握马克思主义中国化、时代化的最新理论成果。新冠疫情暴发以来，一大批"90后""00后"在关键时刻挺身而出，勇担时代重任，反映了习近平新时代中国特色社会主义思想铸魂育人的显著成效。在一定意义上，福建是习近平新时代中国特色社会主义思想的重要孕育地和实践地。习近平曾先后在福建厦门、宁德、福州、省委省政府担任重要领导职务，在造福一方的同时，留下了许多宝贵的精神财富。加之习近平在福建的故事现存有大量的文献资料，因此，这些故事是"形势与政策"课用理论武装学生头脑的生动教材和重要载体。在课堂教学过程中，把习近平在福建的故事与习近平新时代中国特色社会主义思想结合起来，有利于深入阐释党的指导思想的理论渊源和发展逻辑，阐析

---

① 列宁全集：第 35 卷［M］.北京：人民出版社，1985：29.

② 马克思恩格斯选集：第 1 卷［M］.北京：人民出版社，2012：502.

③ 毛泽东选集：第 1 卷［M］.北京：人民出版社，1991：286.

"中国共产党为什么能,中国特色社会主义为什么好,归根到底是马克思主义行,是中国化时代化的马克思主义行",①使学生在学习中自觉往深里走、往心里走,做到真学、真懂、真信、真用。

(二)习近平在福建的故事融入"形势与政策"课的着力点

"形势与政策"课教学内容涉及面广,灵活多变,但也明确开辟了全面从严治党、我国经济社会发展、港澳台工作、国际"四个专题",具有相对稳定性。因此,习近平在福建的故事融入形势与政策教育应以这四个方面作为着力点,在新时代、新问题的背景下进行研究,通过找准习近平在福建的故事与课程内容的契合点,实现理论故事化或故事理论化,使教学过程言之有物,让学生从中汲取智慧力量。

1.全面从严治党专题中的故事融入

开设好全面从严治党形势与政策的专题,强调重点讲授党的政治建设、思想建设、组织建设、作风建设、纪律建设以及贯穿其中的制度建设的新举措新成效。党的十八大以来,党全面领导东西南北中,勇于自我革命跳出历史周期率,反腐败斗争取得压倒性胜利,党风政风焕然一新。习近平在福建的故事从三个侧面体现出中国共产党人的坚强党性。习近平初到厦门时,用"不要立志做大官,而要立志做大事"来勉励自己。他每到一地都坐小板凳与群众亲切交谈,当地人因长期泡茶茶杯有一层黑茶渍,他端起村支书递来的黑茶杯就喝,一下子拉近干群关系。② 习近平在宁德期间,提出变老百姓的"上门"为干部的"下基层",在调研中解决现场办公遇到的问题。

习近平始终牢记政府前面的"人民"二字,任福州市委书记期间,提出"马上就办""真抓实干""一栋楼办公"等工作理念,这种办事效率当时在全国也是罕见的。到省委省政府工作后,习近平将系列工作经验推广至全省,福建人都亲切叫他"百姓省长"。总之,在故事讲述中向学生生动诠释党的性质宗旨,加深学生对党"是什么"的认识以及对党"要干什么"的认同,尤其学生中相当一部分未来会成为"关键少数"的党员,以此提醒他们不忘入党誓词,在日常生活中立清白之身、做干净之事,为建设长期执政的马克思主义政党发挥积极作用。

---

① 习近平.高举中国特色社会主义伟大旗帜 为全面建设社会主义现代化国家而团结奋斗:在中国共产党第二十次全国代表大会上的报告[N].人民日报,2022-10-26.

② 习近平在厦门[M].北京:中共中央党校出版社,2020:155.

2.我国经济社会发展专题中的故事融入

开设好我国经济社会发展形势与政策的专题,强调重点讲授党中央关于经济建设、政治建设、文化建设、社会建设、生态文明建设的新决策新部署。比如,讲到经济建设时,党的十八大以来,习近平到全国各地贫困地区看望慰问困难群众,多次以"闽东精神"激励各级领导干部全面打赢脱贫攻坚战,带领中国人民走出了一条中国特色减贫之路,使中国经济社会发生了历史性变革。闽东曾是福建最贫苦的地方,是全国18个集中连片贫困地区之一。习近平到任后不负闽东人的期望,高站位地提出"弱鸟先飞""水滴石穿""扶贫先要扶志"等思想,并以久久为功的精神取得了良好的经济政绩。习近平在福建省委任职时,专程赴闽东典型的贫困户调研,躬身钻到茅草房里,踏着摇晃的木板走到连家船里,跟群众促膝嘘寒问暖。在他的推动下,2000多户茅草房户甩掉了"草帽子",连家船民也实现了世代上岸的愿望。总之,在福建从思想脱贫到经济脱贫的精彩缩影中,向学生说明习近平的心始终牵挂着群众脱贫,他坚持从基层了解群众的所思所盼。借此让学生体会"精准扶贫""乡村振兴"等顶层设计离不开社会调查研究,实质性地推进共同富裕的系列举措也有其深厚的理论依循,引导学生宏观把握我国经济社会发展态势,做到学以致用。

讲到生态文明建设时,党的十八大以来,生态文明建设被纳入"五位一体"总体布局,"绿水青山就是金山银山""山水林田湖草是一个生命共同体",森林是水库、钱库、粮库和碳库等理念深入人心。福建是习近平生态文明思想的重要孕育地,习近平在此工作期间就十分注重经济效益和生态效益的协调发展,开创了全国生态省建设和林权制度改革的先河。当时,长汀是福建水土流失面积最大的县,习近平到省政府工作后多次到长汀调研,将长汀水土流失治理列为全省15个为民办实事的项目之一,还带领省里的干部植树造林。如今,长汀经验已成为以点带面推动全国环境治理的重要参考。总之,在故事中向学生展示习近平在生态文明建设方面的高屋建瓴,用人物、情节来助推学生理解和把握相关决策部署,有条件的可结合实体化教育基地,开展以生态环境保护为主题的大学生社会实践活动,让学生在做中学,生发投身美丽中国建设的自觉与行动。

3.港澳台工作专题中的故事融入

开设好港澳台工作形势与政策的专题,强调重点讲授坚持"一国两制"、推进祖国统一的新进展新局面。党的十八大以来,港澳台工作总体趋势行稳致远,这在一定程度上,可从习近平在福建的故事中看到其智慧光芒。

从宏观上融入,习仲勋是党统战工作的卓越领导人,习近平耳濡目染,在福建期间非常重视港澳台代表人士的统战工作,倡导并参加每年在深圳召开的港澳地区政协委员座谈会,开拓创新地把工作做到前沿,为解决"统一战线不统一"的老大难问题积累了成功经验。① 总之,在教学过程中以习近平在福建的相关故事作为课堂导入或内容补充,在学生中营造奋发图强、报效祖国的氛围。

从微观上融入,福建与台湾一水之隔,当前正在打造台胞台企登陆第一家园。习近平在福建省委省政府工作期间使海峡两岸的人文往来发生了重大变化。2001 年 1 月,两门(厦门和金门)与两马(马尾与马祖)实现"小三通",首次将一个中国原则写入交流协议,从此拉开了闽台人员直接往来的序幕。2002 年上半年,马祖连月不雨,主动提出由大陆给他们供应淡水。习近平随即切实推动工作,不久"金航二号"送水船在马尾货运码头连接 5 条输水管,约 5 小时后,满载着 2300 吨自来水的送水船抵达马祖,让台胞喝上了来自祖国大陆的甘泉。② 总之,可以 2022 年"九二共识"30 周年为契机,讲述习近平在福建把对台工作做到台胞心里去的系列故事,尤其突出那些令人震撼的故事细节,向学生讲述过去和现在全国上下推进祖国统一的决心,进而坚定学生未来为祖国统一大业贡献力量的信心。

4.国际专题中的故事融入

开设好国际形势与政策的专题,强调重点讲授中国坚持和平发展道路、推动构建人类命运共同体的新理念新贡献。党的十八大以来,在国际合作与激烈的竞争中,我国全面推进中国特色大国外交,向世界展示了一个真实、立体、全面的中国,这与习近平在福建时坚持面向世界的故事一脉相承。在国际合作方面,习近平任福建省省长时开启了菌草技术援外工作,第一站是巴布亚新几内亚。习近平以"立足政治,立足全局,立足长远"为指导思想,会见了规模还赶不上我国一个较大乡镇的巴布亚新几内亚东高地省省长。当时,东高地省还停留在刀耕火种阶段,中国特有的"以草代木"技术为当地减贫致富开辟了一条可持续发展的新路,更有菌草迷们用菌草给儿女命名以寄托美好憧憬。③ 现在,菌草技术援外工作已成为中国同巴布亚新几内亚外交的一段佳话,菌草技术也已推广到全球 100 多个国家和地区,给许多发展中国家人民带去了希望。总之,在故事中向学生讲述中国一贯不吝共享可学习、可推广的中

① 习近平在福建[M].北京:中共中央党校出版社,2020:194-200.
② 习近平在福建[M].北京:中共中央党校出版社,2020:212.
③ 习近平在福建[M].北京:中共中央党校出版社,2020:172-179.

国智慧和中国方案,如今的"一带一路"倡议、在抗击新冠疫情中向150多个国家和地区组织提供医疗物资援助、努力实现碳达峰碳中和等,展现大国的责任与担当,从而增强学生做中国人的志气、骨气、底气,使之成为构建人类命运共同体的有生力量。

在国际竞争方面,世纪之交,国际上首次出现"数字地球"的概念,但人们对于"数字化"普遍缺乏认知,时任福建省省长的习近平就已敏锐捕捉到信息化发展的未来趋势。他着眼抢占信息化战略制高点,亲自挂帅,虚心征求专家学者意见,突破重重困难为"数字福建"建设开好局、定好调,这也成为"数字中国"战略的重要思想源头和实践起点。① 经过多年探索攻坚,在当前世界各国都积极倡导信息技术应用的激烈竞争中,我国的电子政务、数字经济、智慧社会等均有效打破信息"孤岛",取得突出成就。总之,通过在故事中贯穿国内外纵横对比,培养学生的全球化意识和战略眼光,正视我国的优势和差距,帮助学生树立正确的民族观、国家观,从而激励学生从学好自身专业做起,自觉担当中华民族伟大复兴的伟大使命。

(三)习近平在福建的故事融入"形势与政策"课的发力点

上好"形势与政策"课的关键在教师,广大教师要讲好习近平在福建的故事,更要向习近平学习讲故事。《习近平讲故事》一书就充分体现了习近平的旁征博引,直抵民心、亮相世界。习近平在福建的故事融入形势与政策教育要求教师从多重维度、互动角度和价值深度上发力,在把故事讲清楚的基础上,把故事讲好、讲透。

1.从多重维度讲清故事

"形势与政策"课的特性决定了教师要以马克思主义认识论和方法论为指导,进行习近平在福建的故事融入要树立多种思维,既讲事实又讲形象,既讲情感又讲道理。

第一,辩证思维。形势与政策教育多通过宏大叙事建构主流意识形态,把"小人物"与"大事情"、"大人物"与"小事情"相统一讲给学生听,有时会产生意想不到的效果。教师要站在中华民族伟大复兴战略全局的高度讲清楚个体人物在中华民族发展进程中的角色地位和使命担当。特别地,对某一环境、某一情节或某一细节进行深入刻画,引导学生认识"平凡铸就伟大",于无形中引发情感共鸣。同时,教师还要用辩证唯物主义处理好习近平在福建的故事与在

---

① 习近平在福建[M].北京:中共中央党校出版社,2020:225-227.

正定、浙江、上海故事之间的关系,自觉用习近平在福建的阶段性从政经历观照党的十八大以来所取得的历史性成就和发生的历史性变革,了解当前形势政策变化与领袖深谋远虑之间的深刻关联。

第二,历史思维。故事是对发生过的事实片段的整合和缩写,由于时空差异和时代变迁,为了拉近与学生的距离进行隔空对话,历史性地还原故事显得至关重要。"形势与政策"课教师要以历史逻辑为根本遵循,结合社会热点、重要纪念日等契机营造故事语境,讲清楚习近平在福建的工作生活背景和心路历程,通过故事"活化"增强"代入感",使学生感悟正是不同阶段的历练才铸就习近平卓尔不群的领袖魅力。同时,教师还要用历史分析法对习近平在福建的故事作出相对客观的评价,使当前国家发展战略和重大决策部署更加明朗展现,为学生结合当前形势政策进行连续性、深层次的审视与思考提供发展空间。

第三,创新思维。"形势与政策"课是不断与时俱进的,会在每年春、秋两季开学前印发教材和教学要点。但是,改革创新形势与政策教育过程中的故事教学法并不意味着那些陈年旧事就变成了陈词滥调,教师要借助现代化教学手段对习近平在福建的故事进行"旧事新说"。如运用多媒体播放与故事有关的图片、音乐、舞蹈、话剧、影视等,电视剧《山海情》就是根据习近平在福建工作期间启动的对口帮扶宁夏的真实事件改编而成,《爱拼会赢》则生动诠释了"晋江经验"。通过新形式再现习近平在福建的故事的新内容,以此加深学生的红色记忆,引导学生传承红色基因,在形势多变、价值多元的现实社会中站稳政治立场、明确自身定位。

2.从互动角度讲好故事

"形势与政策"课教学是在教师与学生双重主体之间展开的,具有很强的实践互动性。在习近平在福建的故事融入过程中,绝对的叙事者和纯粹的倾听者是不存在的,而是表现为二者之间的交往活动,师生要适时进行角色互换,避免上演"独角戏"。

一方面,"形势与政策"课要讲好习近平在福建的故事需要全员参与,共同构建大思政格局。专职教师要变"我们想说"为"学生想听",就需要在叙事话语上下功夫,消解学生与"形势与政策"课之间的疏离感。习近平率先垂范,生动讲述县委书记焦裕禄、老干部张富清及"半条被子"的故事等。专职教师要不断提高自身的综合素质,根据学生的个性差异整合习近平在福建的故事,叙述时少说官话、套话和空话,引用新时代大学生喜闻乐见的网络流行语,将内蕴在故事中的情感通过声调、语速、表情、动作等进行传递,把教学内容更好地传达给学生。此外,还要请领导干部、习近平在福建的故事亲历者等走上"形势与政策"课的讲台,作为兼职教师队伍的补充。习近平在福建任职期间,曾多次带头到学校作形势与政策报告、设专题讲座、开座谈会等,帮助学生正确领会党和国家的大政方针;与习近平在福建共事的老同志有很多,不少人至今仍是习近平的牵挂,让老同志继续发光发热,邀请他们与学生"面对面",是让故事富有感染力、体现时代价值的最直接方式。

另一方面,鼓励学生既做习近平在福建故事的倾听客体,更做讲好故事的参与主体,利用朋辈优势提高故事融入的内隐性效果。教师在讲述典型人物事迹时往往采用仰视视角,着力表现"高大上"的形象。让学生讲故事可以实现换位思考,以朋辈群体间的平视视角还原典型人物,并从不同学科专业出发为故事提供丰富的素材,增强故事的感染力。在讲故事前,教师可通过"专题化"或"章节块"划分教学内容,学生自由组建故事融入的研究性学习小组。习近平在福建的故事在网络上随时随地可查,教师要做好学生课前故事准备的导向工作,传授搜集和整理故事资料的正确方法。在讲故事过程中,教师要在有限的课堂里赋予学生讲好故事的时间和空间,可以通过成果展示、故事宣讲、角色扮演等方式,提高学生的课堂参与度。学生通过讲好故事自主建构教学内容,增强情感体验,历练讲好中国故事的能力,实现全面发展。在讲完故事后,教师要将学生所讲的故事和教材理论内容进一步串讲梳理,在融会贯通的基础上适度拓展延伸,启发学生讨论与故事相关的社会时事热点或最新思想观点,坚持目标导向。教师还要及时对学生的叙事表现进行点评反馈,和学生交流讲好故事的心得体会,并将习近平在福建的故事融入实践,进行更具普适性的理论升华,贡献优秀教学案例。如福州大学"形势与政策"课教师积极引导学生了解和领悟习近平曾 14 次深入福大、关心学校发展的故事,以此激励福大学子努力成为时代新人,具有一定的典型示范作用。

3.从价值深度讲透故事

习近平强调,"不要为了讲故事而讲故事,要把'道'贯通于故事之中"。[①]如果一堂课变成"故事汇",一味追求"入耳"效应而搁置"入脑入心"效果,就会出现故事融入与教学目标"两张皮"的现象。因此,"形势与政策"课教师要找准习近平在福建的故事融入的出发点和落脚点,在带领学生"走进"故事的同时,讲深、讲透故事背后的价值意蕴,使学生明理增信、崇德力行。

首先,讲深故事,明理增信。坚定政治方向,旗帜鲜明地批驳错误立场观

---

① 习近平关于社会主义文化建设论述摘编[M].北京:中央文献出版社,2017:213.

点是形势与政策教育的本质规定。教师结合学生的经验世界,循循善诱引导学生在故事中思考,实现学思践悟同步,使批判不至于沦为低效的空喊口号,让学生坚定"四个自信"。例如,西方国家向来无端攻击中国人权状况,因此学生当中不免产生思想困惑,"形势与政策"课教师要练就见问则喜的真本领。故事的背后是活生生的实践事实,教师可通过引导学生学习习近平在福建为民办实事的故事,进而把握世纪大疫情与百年大变局背景下人民生命至上的首要原则,由果溯因明白党的十八大以来以习近平同志为核心的党中央之所以能挺立时代潮头、中国特色社会主义之所以能不断前进,一个重要原因就是党的领袖是脚踏实地从基层做起,经受住了长期实践的检验,"我将无我,不负人民"的铮铮誓言是一以贯之的。

其次,讲透故事,崇德力行。心理学研究表明,人是最富有模仿性的动物,而榜样则是模仿行为发生的关键。青少年正处于"拔节孕穗期",故事教学法与榜样示范法相结合,是"形势与政策"课的重要教学手段,要求教师讲透故事,避免神化其中的榜样人物,给学生树立一个可亲近、可学习的榜样形象。习近平在福建工作期间,就展现出求真务实、严于律己的工作作风,心系民生、"功成必定有我"的历史担当,甘于奉献、"功成不必在我"的广阔胸襟,着眼未来、科学把握大势的远见卓识,超前谋划、大刀阔斧的改革创新精神……教师要透视领袖的可贵品格及其时代价值,发挥典型示范作用,让学生形成精神共振,激发爱国情、报国志、强国行,自觉地将个体属性和社会属性合二为一,在实现中华民族伟大复兴的伟大事业中书写人生华章。

二、习近平在厦门、宁德的实践中彰显出的四种思维[①]

根据两部采访实录《习近平在厦门》《习近平在宁德》的记载,1985 年 6 月至 1990 年 4 月,习近平先后在厦门、宁德任职,成为厦门经济特区初创时期的重要领导者、拓荒者,下决心带领闽东百姓摆脱贫困,创造了弥足珍贵的思想财富、精神财富和实践成果,是广大党员干部尤其是领导干部牢记初心、践行使命的楷模。他曾深有感触地说,"厦门是我的第二故乡","厦门给了我人生许多历练","宁德是我魂牵梦绕的地方","下党,是我一辈子都忘不了的地方"。习近平在两地任职期间的思想及实践,内蕴着丰富的马克思主义思想方法和工作方

---

① 本部分主要内容已发表于《福建日报》(2020 年 2 月 24 日理论周刊·求是),原题为《树牢四种思维 践行初心使命》,略有调整。

法,彰显出战略思维、辩证思维、求实思维、民本思维等科学思维,是践行初心使命、开创新时代新福建建设新篇章的重要法宝。

(一)体现了战略思维

战略问题是一个政党、一个国家的根本性问题。战略思维突出高瞻远瞩、统揽全局,从总体和长远把准事物发展脉络及方向。习近平在两地的工作历程闪烁着战略智慧光芒。例如,提出"我们应当非常重视和珍惜,好好保护"厦门的发展,"这要作为战略任务来抓好"。主持制定《1985—2000 年厦门经济社会发展战略》,这是中国最早的地方政府十五年经济社会发展战略规划,也是在全国最先提到生态问题、离岸金融及把厦门作为贯彻"一国两制"实施对台政策的试验区等。2002 年部署"提升本岛,跨岛发展"战略,将厦门的发展进一步上升到国家的窗口作用、龙头地位。2017 年金砖国家领导人会晤助推厦门发展迈上新台阶。又如,在宁德聚焦"扶贫先扶志",树立"弱鸟先飞"意识,培育"滴水穿石"精神,引领闽东人实现"三大梦想"。"中国扶贫第一村"赤溪以锲而不舍的干劲,30 多年间历经"输血""换血""造血"的嬗变,堪称由思想脱贫到经济脱贫的精彩缩影,"滴水穿石"的效果日益显著。抓林业建设,不仅仅是考虑绿化荒山,更是作为闽东人民摆脱贫困的一个重要出路;不但从经济效益角度看待林业建设,而且从根本上以稳定的政策体制提高群众植树造林的积极性。主张"森林是水库、钱库、粮库",成为"两生"思路(生态红线、生态省)及"两山"理念的理论源头。

(二)展现了辩证思维

辩证唯物主义是中国共产党人的世界观和方法论。辩证思维力求驾驭唯物辩证法,既讲两点论,又讲重点论,在联系发展中透彻把握事物,于对立统一中动态剖析事物。习近平在两地任职的经历折射出辩证思维。在发展观上,倡导特区经济发展、社会稳定、生态平衡相结合,要把老祖宗留下来的东西保护好,为厦门的子孙后代保护和创造美好环境;既要多种茶种果,也要森林绿化,"做到山下开发,山上'戴帽'","不要光为特区自己想,要注意内联外引,要想想其他的地区"。提倡宁德"经济大合唱",把党的建设、党委领导作为推动经济发展总指挥;认为"闽东走什么样的发展道路关键在农业、工业这两个轮子怎么转,我们穷在'农'上,也只能富在'农'上",发展农业"要注重生态效益、经济效益和社会效益的统一"。在政绩观上,表示"我来厦门工作,用孙中山先生'不要立志做大官,而要立志做大事'来勉励自己","要发财就不要来当干部,要当干部就不要想发财";推崇寿宁知县冯梦龙,强调"当年一个封建朝代的官员都能跋涉半年来到这里,我们共产党的干部更要勇于担当,挑战困难";对标焦裕禄,呼唤更多"焦裕禄式的干部来做事";要求"几任干部一本账、一任接着一任干、任任干给群众看"。

(三)呈现了求实思维

实事求是是中国共产党一以贯之的思想路线。求实思维表现为一切从实际出发,理论联系实际,在实践中检验及发展真理。习近平在两地任职的历程显示出求实思维。饱览历史:刚到厦门即借阅《厦门地方史讲稿》《厦门志》,熟稔民俗民情;到宁德每地皆调阅当地县志,深入认识县情。广结善缘:走访过很多老干部,虚心学习经验、广泛听取意见;普通大学生乃至地委大会上"放炮"的乡党委书记等均成了"座上宾"。做实调研:几乎跑遍厦门,最穷最偏海拔最高的军营村就去过两次;兼任集美大学校董会主席期间,不挂虚名,3年共7次莅校调研。建议厦门股票发行"进行充分的调研,论证清楚之后再做",经过3年缜密考证才发行首只股票;希望大学生撰写毕业论文"实事求是,才能提出切实可行的分步办法";到"英雄三岛"调研,当晚就召集联合办公会,一一列出问题、突出分工协同、厘清完成时限,而后专门过问。在宁德则从基层调研起步,一个来月跑遍下辖9个县市、13个乡镇、18个村、12家工厂电站,观路面、望屋面、看桌面,听真话、察实情、出真知,指出"事关地区发展战略全局的决策,要充分考虑到国情省情区情,不要把近期内难以实现的发展目标超前化","当前重要的是抓好中短期的工作"。

(四)凸显了民本思维

人民是历史的创造者,人民是真正的英雄。我们党一经诞生,就把为中国人民谋幸福、为中华民族谋复兴确立为自己的初心使命。民本思维凸显以人民为中心的发展思想。习近平在两地的任职实践便是生动例证。为民办实事,如关心支持厦门航空的创建和发展,使其成为中国民航唯一连续保持33年盈利的航空公司;推进筼筜湖整治,有效解答"筼筜湖何时不再黑臭"的市民之问,"筼筜渔火"更加耀眼;扎实开展宁德造福工程,及时解决"连家船""茅草房"等问题。与百姓"零距离",拉家常、问寒暖、深交流,到同安端起村支书递来的黑茶杯就喝,到福安、屏南时与群众同吃"糯米糍"、艾叶冲茶蛋。工作上高要求、生活上"最低标准",任职宁德后不换车、司机、办公室,住在职工宿舍、吃在职工食堂。狠刹干部违建私房歪风,提出"反腐败必然要涉及具体的人,如果我们在一个人身上丧失原则,我们就会在几百万人心上失去信任";制定"宁德廉政17条",实行"两公开一监督"、廉政责任制,从根本上铲除大吃大喝、公车私用、贪污受贿索贿等腐败现象,使党风政风焕然一新。"四下基层""把别人找我们,变成我们上门去",甚至连地委班子都"不在办公室交接,到基层去",其精神内核在于转变干部作风、密切联系人民群众的为民情怀。

上述四种思维,为践行初心使命、加快推进新时代新福建建设提供了有益启迪。应坚持高质量发展落实赶超,持续焕发机制改革活力、赓续驱动产业动能支撑、承继培植绿色发展生机,加快建设机制活、产业优、百姓富、生态美的新福建。锚定目标不放松,抓住重点、纾解难点、关注焦点、展示亮点,绘制路线图、锁定时间表,挂图作战、无缝监督,层层传导压力、压实责任,深化"功成不必在我"的精神境界和"功成必定有我"的历史担当。扣紧优势不懈怠,充分集结红色圣地、绿色宝地、两岸福地等地缘特色,集聚经济特区、自贸区、综合试验区、海丝核心区等政策优势,为实现生态环境高颜值及经济发展高素质的有机统一增添引擎。传承经验不松劲,深度实施红色基因传承工程,建立牢记初心使命的长效机制,大力推行"三四八""四下基层""四个万家"机制,让"马上就办、真抓实干"精神落地有效,创新发展"宁德模式""三明经验""晋江经验""长汀经验",为把新福建宏伟蓝图变成美好现实平添动力。植根人民不动摇,激发人民的首创精神,寻求最大公约数、画好最大同心圆,全力完善供给体系,着力解决好民生大事难事急事烦心事,在增强人民群众获得感幸福感安全感上下更大功夫。

三、领会习近平14次关怀福州大学建设重要论述精神①

教育是国之大计、党之大计。党的十八大以来,党中央高度重视教育工作尤其是高等教育蓝图的擘画,习近平作出了"建设中国特色、世界一流大学"等重要论述。1990年至2002年,习近平先后担任福州市委书记、福建省委常委、福建省委副书记、福建省代省长、福建省省长,其间12次躬身关心福州大学建设。离开福建后,他依然牵挂福州大学,在建校50周年时发来贺信;2010年,时任国家副主席的习近平来校视察工作。在习近平14次关怀福州大学建设发展过程中,形成了一系列重要论述和实践探索,不仅为福州大学推进"双

---

① 本部分发表于《福州大学学报(哲学社会科学版)》2022年第5期,原题为《扎实办好中国特色社会主义高校——习近平关心福州大学建设的哲学意蕴与时代价值》,略有调整。

一流"建设、实现东南强校目标提供了方法论指导,而且赋予了今天我们扎实办好中国特色社会主义高校、加快推进教育现代化、建设教育强国以精神智慧和科学指南。

(一)习近平关怀福州大学建设发展的总体回顾

随着社会发展进步,高校职能不断完善且呈现出由单一转向多元的态势。2015年教育部颁布的《统筹推进世界一流大学和一流学科建设总体方案》提出,"推动一批高水平大学和学科进入世界一流行列或前列,加快高等教育治理体系和治理能力现代化,提高高等学校人才培养、科学研究、社会服务和文化传承创新水平",这简洁明确地概括了高校的四项基本职能。回顾习近平14次关怀福州大学建设发展历程,有助于我们清晰地掌握他对高校职能的科学认识和独到思考。

1.突出人才培养职能,完善培养目标

"培养什么人"是教育的首要问题。"我国是中国共产党领导的社会主义国家,这就决定了我们的教育必须把培养社会主义建设者和接班人作为根本任务,培养一代又一代拥护中国共产党领导和我国社会主义制度、立志为中国特色社会主义奋斗终身的有用人才。"[1]在逐步演化变迁的高校职能中,人才培养始终处于第一位。2018年9月10日,习近平在全国教育大会上提出"培养德智体美劳全面发展的社会主义建设者和接班人"[2],这一育人目标的形成经历了长期探索。

1999年12月27日,习近平率省直有关部门和福州市领导来到福州大学视察调研并听取学校办学工作报告。他充分肯定了该校贯彻省委六届十次全会精神所取得的成效,就深化教育改革提出五点要求,第一点便是抓好素质教育,深化教学改革。高校改革要培养适应社会主义市场经济需要的人才,提高学生素质,使他们在德、智、体、美等方面得到全面发展,具有较强的适应性和解决实际问题的能力。[3] 2002年4月23日,习近平在福州大学为在榕高校学生作题为"当前福建经济社会发展情况和国内外形势"的省情报告。他指出高

---

① 习近平.坚持中国特色社会主义教育发展道路 培养德智体美劳全面发展的社会主义建设者和接班人[N].人民日报,2018-09-11.

② 习近平.坚持中国特色社会主义教育发展道路 培养德智体美劳全面发展的社会主义建设者和接班人[N].人民日报,2018-09-11.

③ 习近平在福大师大调研时要求:继续深化教育改革,加快科研成果转化[N].福建日报,1999-12-30.

校是人才的摇篮,青年是祖国的希望,并以一副"智叟何智只顾眼前捞一把,愚公不愚哪管艰苦移二山"的对联勉励青年学子应忠于祖国、胸怀大志、放眼世界,努力把自己的青春贡献给中华民族实现复兴的伟大事业。① 2010 年 9 月 4 日,习近平到福州大学视察工作,在图书馆与大学生亲切交谈,寄语同学们要勤于学习、敏于求知,努力成长为德智体美劳全面发展的中国特色社会主义建设者和接班人。这是习近平首次公开提出"德智体美劳全面发展",比他在全国教育大会上强调的"要努力构建德智体美劳全面培养的教育体系,形成更高水平的人才培养体系"②整整早了 8 年。

2.夯实科学研究职能,抢占科技高地

科学研究作为高校第二项重要职能,对于实施科教兴国战略意义非凡。德国学者威廉·冯·洪堡认为,大学"立身之根本在于探究深邃博大之学术,并使之用于精神和道德的教育"。该论述凸显了学术对教育的重要性,对我们认识高校职能、推动教育改革具有启发意义。2022 年第 2 期《求是》杂志刊发了习近平《不断做强做优做大我国数字经济》重要文章,在文章中他表示,"长期以来,我一直重视发展数字技术、数字经济",③并强调"2000 年我在福建工作期间就提出建设'数字福建'"。在抢占科技高地尤其是数字化建设方面,福建特别是福州大学是习近平关于"数字中国"理念的发祥地。

1998 年初,国际社会提出"数字地球"概念,它是以数字化、可视化、网络化形式构建地球信息模型,通过网络相互查询协作、共建共享,习近平对此高度关注。1999 年 12 月 7 日,他会见刚当选为国际欧亚科学院院士的福州大学王钦敏教授时表示,省政府将继续制定、完善激励科技人员的机制,促进更多的科研成果转化为生产力,实现"科教兴省"。此后,科技发展越发受到习近平的关注。2000 年 10 月 12 日,他在时任福州大学副校长兼信息学院院长王钦敏"'数字福建'项目建议书"上作出长篇批示,表示建设"数字福建"意义重大,省政府应全力支持。实施科教兴省战略,必须抢占科技制高点。2002 年 3 月 1 日,他在福建空间信息工程中心调研,听取王钦敏副校长关于该中心承担的省政务信息共享平台和信息资源改造项目进展情况汇报,高度关注科学研

---

① 习省长为我们作省情报告:习近平与大学生朋友们(三十四)[N].中国青年报,2022-04-01.

② 习近平.坚持中国特色社会主义教育发展道路 培养德智体美劳全面发展的社会主义建设者和接班人[N].人民日报,2018-09-11.

③ 习近平.不断做强做优做大我国数字经济[J].求是,2022(2).

究创新工作。党的十八大以来,党中央高度重视发展数字经济,将其上升为国家战略。习近平关心福州大学科学研究和"数字福建"的工作实践,为福建的信息化、数字化、精细化建设打好地基,也为"数字中国"乃至科技创新积淀了丰富的经验。

3.做强社会服务职能,促进校地合作

高校是人才培养和科学研究的主要阵地,目的是更好地促进经济社会发展。因而,其社会服务职能便脱颖而出,即"高等学校从国家设学目的、目标出发,根据自身所具备的功能、能力和资源,在办学实践中主动满足社会对高等教育的各种需求的过程"。习近平14次关怀福州大学的建设发展,多次突出强调社会服务职能,并亲自出面为福州大学"商借"校长,真正做到了增进校地合作,加强"产学研"深度融合,促进科技更好服务社会。

1990年9月27日,习近平在走访福州大学时提出要"加强校地合作,促进科研协作",希望福州大学能为福州市科技特别是高科技开发工作多作贡献,并表示准备设立相应的机构,负责联系、协调与高校的科技协作工作。1994年5月5日,习近平在福州大学调查指导工作时指出,"学校和地方要多通气,多联系,使社会上一些问题不会波及学校","市政府要定期为学校解决实际困难"。1995年5月12日,习近平参加福州大学与福州市共建协议签约仪式,协议包括:福州大学协助福州制定"九五"科技发展规划、参与福州科技园区建设、为福州培养急需人才和开展各项社会教育;福州市为福大提供各类生产教学基地、协助整顿校园内外环境以及多渠道筹集社会资金支持办学等。他希望,"在双方的共同努力下福州市和福州大学的共建关系能够进一步巩固和发展,推动福州地区'产学研'一体化进程,促进福州市和福州大学的振兴和发展"。1999年12月27日,习近到来福州大学视察调研,要求继续深化教育改革,使教育更好地为经济建设和社会发展服务,继续做好基础学科建设的同时,要进一步密切与地方经济建设的结合,重视应用科学的研究与开发,加强与地方、企业的联系,使科研成果尽快转化为生产力,服务经济建设主战场。2002年8月,习近平高度重视、关心福建科技创新和福州大学的建设发展,并亲自出面向清华大学"商借"一位人才即吴敏生教授来福州大学担任校长。2008年11月,他向福州大学庆祝建校五十周年大会致贺信,贺信中表示,学校坚持"理工结合,走开放办学之路",发挥优势,锐意改革,为福建经济建设、社会发展和科技进步培养了大量人才,做出了重要贡献。2010年9月4日,习近平在视察福州大学时肯定了学校"利用福州大学新区搞海西高新技术产业园区,像北京中关村一样,搞产学研结合"的做法。在福州大学发展进程中,他关于高校服务社会职能的论述督促该校在回应社会发展新需求时不断完善教育目标,在"产学研"融合、科技成果转换等方面均取得优异成绩。

4.激活文化传承创新职能,重视氛围营造

上述三大职能是高校从"象牙塔""桃花源"走向社会"圆心"历史演变的外在表现。二十世纪三十年代末,美国出现了新传统派教育思想,其中很多学者都主张教育要以传递民族文化为己任,要培养人的智慧和理性,同时还应该塑造"完人",文化传承创新逐步成为高校的第四项职能。习近平对文化发展的关切,体现在他讲话时的引经据典,以及对文物的保护利用和对文化遗产的保护传承等,也深刻表现在他对高校激活文化传承创新职能的期待和对积极营造社会氛围的重视。

1999 年 11 月,习近平亲切会见了全国十大"杰出专业技术人才奖章"获得者、中国工程院院士、福州大学校长魏可镁。他在对魏可镁院士的爱国精神、勇攀科学高峰的拼搏精神表示敬意的同时,盛赞魏可镁院士在科学研究、学校管理、学科建设、人才培养以及促进科技成果转化为生产力等方面做出的显著成绩。希望各级党委和政府要做好魏可镁院士先进事迹宣传,努力营造尊重知识、尊重人才的良好社会氛围,号召全省专业技术人员和干部向他学习。革命精神的弘扬也是文化传承创新的具体表现。2002 年 4 月 23 日,习近平在福州大学为在榕高校学生作省情报告时,引用大量的古今中外名言勉励青年学子,寄语广大青年要继承和发扬"五四"革命传统,立足八闽、胸怀祖国、放眼世界。积极打造高品质的校园文化,激发文化的育人作用是习近平教育理念的重要构成部分。2016 年 12 月 7 日至 8 日,他在全国高校思想政治工作会议上指出,"要更加注重以文化人以文育人,广泛开展文明校园创建,开展形式多样、健康向上、格调高雅的校园文化活动,广泛开展各类社会实践"。无论是科学家精神的宣扬还是革命精神的弘扬,都凸显了习近平对校园文化氛围乃至全社会氛围营造的关切,是"随风潜入夜,润物细无声"的文化浸润教育理念的生动实践。

(二)习近平关怀福州大学建设发展重要论述精神的哲学意蕴

习近平 14 次关怀福州大学建设发展的重要论述精神,为新时代建设中国特色社会主义高校提供了宝贵的思想财富和实践源泉,彰显出系统思维、创新思维、战略思维、历史思维等科学思维。奋进新征程,我们要深耕上述四种思维,"以凝聚人心、完善人格、开发人力、培育人才、造福人民"的工作目标为牵引,"培养德智体美劳全面发展的社会主义建设者和接班人,加快推进教育现代化、建设教育强国、办好人民满意的教育"。①

1.体现了系统思维,注重完善人格、培育人才

习近平强调:"必须从系统观念出发加以谋划和解决,全面协调推动各领域工作和社会主义现代化建设。"②党的十九届五中全会将"坚持系统观念"作为"十四五"时期经济社会发展必须遵循的原则之一,为我国经济社会高质量发展提供了方法论指引。人才培养同样是一项系统性工程和整体性建构,成人和成才分别是完善人格和培育人才的通俗化体现,二者是递进式结构。高校应通过加强前瞻性思考、战略性布局来完善人格,坚持把立德树人作为根本任务;通过加强全局性谋划、整体性推进来培育人才,形成更高水平的人才培养体系。

一方面以突出性视角为基点,注重完善人格。习近平关于福州大学人才培养目标的论述,实现了从"德智体美"向"德智体美劳"的完善,其中"德"始终居于首位,说明了"德"在育人过程中的突出性、关键性作用。高校立身之本在于立德树人,人才培养要围绕"德"这一关键点、核心点、统领点展开,牢牢把握德育是整个教育的先导和引领这一根本点。"身死而名不朽"有三立——立德、立功、立言,立德是居于最高层次的不朽,这体现着古人"尊德性"教育理念的同时,也凸显了以"德"为中心的人才培养体系具有高度前瞻性和战略性意义。在全国高校思想政治工作会议上,习近平指出"要坚持把立德树人作为中心环节,把思想政治工作贯穿教育教学全过程";③在北京大学师生代表座谈会上,他强调"要把立德树人成效作为检验学校一切工作的根本标准";④在全国教育大会上,他进一步强调"要把立德树人融入思想道德教育、文化知识教育、社会实践教育各环节,贯穿基础教育、职业教育、高等教育各领域,学科体系、教学体系、教材体系、管理体系要围绕这个目标来设计,教师要围绕这个目标来教,学生要围绕这个目标来学"。⑤ 这些论述充分印证了习近平对立德树

① 中共中央关于制定国民经济和社会发展第十四个五年规划和二〇三五年远景目标的建议[N].人民日报,2020-11-04.

② 中共中央关于制定国民经济和社会发展第十四个五年规划和二〇三五年远景目标的建议[N].人民日报,2020-11-04.

③ 习近平.把思想政治工作贯穿教育教学全过程 开创我国高等教育事业发展新局面[N].人民日报,2016-12-09.

④ 习近平.在北京大学师生座谈会上的讲话[N].人民日报,2018-05-03.

⑤ 习近平.坚持中国特色社会主义教育发展道路 培养德智体美劳全面发展的社会主义建设者和接班人[N].人民日报,2018-09-11.

人的高度重视,时间跨度体现了他成功运用系统思维对该项任务进行了前瞻性思考和战略性布局。新时代育人体系要坚持以"德"统领"智体美劳"的协调发展,所立之德应坚持明大德、守公德、严私德的和谐统一。所树之人应是"德智体美劳"全面发展的时代新人,坚持以德育人和以德立身有力结合,完善人格。

另一方面以整体性视角为基度,注重培育人才。系统思维自诞生之日起,就为认识和处理复杂性问题提供了新的全局性和整体性视角。所谓新,在于系统内部各要素之间的协调关系,呈现出高度关联性、密切协同性、强大整合性,从而实现合力最大化。这种整合突破以往的简单线性相加,是共同发力基底上由非线性作用形成的协同合力值。2010年,习近平在福州大学首次公开提出努力培养德智体美劳全面发展的中国特色社会主义建设者和接班人,该论述深刻体现出他系统思维的同时,也标志着其育人理念的成熟完善。育才造士,为国之本。"五育并举"的培育理念是在以立德树人为核心的前提下,促进智育、体育、美育和劳育发展。习近平强调:"要树立健康第一的教育理念,开齐开足体育课;坚持以美育人、以文化人,提高学生审美和人文素养;要在学生中弘扬劳动精神,教育引导学生崇尚劳动、尊重劳动。"①教育理念的内涵式发展致力于个人性和社会性的统一,教育既是品质和德行的涵养与培育,更是知识和技能的传授和习得。人才培育所需要素是"德智体美劳"的协同,而培育人才的目的是为实现中华民族伟大复兴贡献力量。

2.呈现了创新思维,积极开发人力

"创新是引领发展的第一动力"。创新思维是一种因时因地制宜、知难而进、开拓创新的科学思维。教育部提出,"科学研究是指为了增进知识包括关于人类文化和社会的知识以及利用这些知识去发明新的技术而进行的系统的创造性工作"。新时代大学的科学研究应具备创新思维,在基础研究和应用研究上共同发力、齐抓共管,为开发人力奠定科研基础。

在基础研究方面,既要做显功,也要做潜功。"基础研究是科技创新的源头"。美国学者伯顿·克拉克认为,我们不能抛弃科学研究的"纯学术",因为越纯粹的东西越具有原创价值,更接近于科研的本质。"基础研究是推动原始创新、构筑科技和产业发展'高楼'的基石"。②习近平在福州大学多次强调:

---

① 习近平.坚持中国特色社会主义教育发展道路 培养德智体美劳全面发展的社会主义建设者和接班人[N].人民日报,2018-09-11.

② 习近平.在科学家座谈会上的讲话[N].人民日报,2020-09-12.

要制定、完善激励科技人员的机制,引导全社会形成崇尚科学的氛围,重点扶持一批优势学科;特别是对一流学科及其带头人的关注表现出他对科学研究尤其是对源头和底层问题的牵挂。2018年,教育部印发了《高等学校基础研究珠峰计划》,标志着我国对基础研究的重视和认识上升到新的高度。据统计,2020年我国研发人员总量连续8年稳居世界首位,但基础研究人员占比仅有8.2%,最优秀青年学生立志投身基础研究的氛围尚待进一步营造,重大原始创新人才培养力度尚待加强。高校是进行科学研究、科技创新、向国家输送人才的核心阵地。站位新时代,习近平强调,"基础研究一方面要遵循科学发现自身规律,以探索世界奥秘的好奇心来驱动,鼓励自由探索和充分的交流辩论;另一方面要通过重大科技问题带动,在重大应用研究中抽象出理论问题,进而探索科学规律,使基础研究和应用研究相互促进"。① 高校在实施"基础学科深化建设行动"的同时,要培养和造就一大批潜心做基础研究的高水平战略人才,使他们成长为基础研究的主力军和重大科技突破的生力军。

在应用研究方面,既要提高供给,也要面向需求。恩格斯指出:"社会一旦有技术上的需要,这种需要就会比十所大学更能把科学推向前进。"② 习近平对"数字福建"的巨大贡献、强调推动福州地区"产学研"一体化进程、加快科研成果转化、实现"科教兴省"等,均体现了他对应用科学研究和开发的高度重视。应用研究作为一种实用研究,归属于现实生活、实践范畴,追求社会功用,因此决定了其要坚持需求导向和问题导向,以国家社会急迫需要和长远需要为牵引,从现实难题中凝练目标。回归实践,我国应用型人才供给中低端"产能过剩",而高端科技人才较为匮乏;传统意义上较为满足,而与时俱进较为缺乏。习近平在党的十九大上明确提出,"深化科技体制改革,建立以企业为主体、市场为导向、产学研深度融合的技术创新体系,加强对中小企业创新的支持,促进科技成果转化"。③ 2021年,他在清华大学考察时再一次强调,要坚持"以产生一流学术成果和培养一流人才为目标的大学创新体系,勇于攻克'卡脖子'的关键核心技术,加强产学研深度融合,促进科技成果转化"。④ 以"产学研"为一体的创新体系,可以提炼出更精准的社会需求,从而助推应用研究

① 习近平在清华大学考察时强调 坚持中国特色世界一流大学建设目标方向 为服务国家富强民族复兴人民幸福贡献力量[N].人民日报,2021-04-20.

② 马克思恩格斯文集:第10卷[M].北京:人民出版社,2009:668.

③ 习近平在中国共产党第十九次全国代表大会上的报告[N].人民日报,2017-10-28.

④ 习近平在清华大学考察时强调 坚持中国特色世界一流大学建设目标方向 为服务国家富强民族复兴人民幸福贡献力量[N].人民日报,2021-04-20.

发展。新时代高校要切实推动"产学研"深度融合,强化以国家需求和实际问题为导向的应用研究,让广大青年成为社会主义现代化建设中的受益者、助力者、先行者。

3.映现了战略思维,致力造福人民

习近平强调,"战略问题是一个政党、一个国家的根本性问题。战略上判断得准确,战略上谋划得科学,战略上赢得主动,党和人民事业就大有希望"。① 从 1990 年至 2010 年,习近平 14 次关怀福州大学建设发展,无论是时间的跨度还是内容的深度,无不体现了他对青年的关注、对青年工作的关心,以及对青年和国家、民族命运与共的前瞻思考。党的十八大以来,他对青年工作的定位是这一论述精神的接续发展,具体表现为始终站在中国特色社会主义事业后继有人的战略高度,关心青年成长成才、谋划青年工作发展,勉励广大青年学子勇做走在时代前面的奋进者、开拓者、奉献者,致力造福人民。

青年是实现中国梦的奋进者。当代青年成长和奋斗时间段与"两个一百年"之间的战略机遇期高度重合。在党的十八大后的首个五四青年节,习近平在中国航天科技集团公司中国空间技术研究院参加主题团日活动时指出,"中国梦是我们的,更是你们青年一代的,中华民族伟大复兴终将在广大青年的接力奋斗中变为现实";②2017 年,他在给莫斯科大学中国留学生的回信中指出,"实现中华民族伟大复兴的中国梦离不开一代代青年的接力奋斗";2022 年,他在庆祝中国共产主义青年团成立 100 周年大会上强调,"在实现中华民族伟大复兴的征程上,中国共产党是先锋队,共青团是突击队,少先队是预备队"。③ 党的十八大以来,习近平对青年的寄望与他 2002 年在福州大学勉励青年学子"把自己的青春贡献给中华民族实现复兴的伟大事业"一脉相承、交相呼应,体现出他对青年工作高瞻远瞩的战略部署。

青年是奋进新征程的开拓者。一代人有一代人的历史际遇,习近平多次寄语青年要用自身的活力、闯劲,在新征程上逢山开路、遇水架桥,在急难险重的关头冲锋在前。2018 年,习近平在给中国劳动关系学院劳模本科班学员的回信中强调,"希望你们珍惜荣誉、努力学习,在各自岗位上继续拼搏、再创佳

---

① 习近平在省部级主要领导干部学习贯彻党的十九届六中全会精神专题研讨班开班式上发表重要讲话[N].人民日报,2022-01-12.

② 中国有梦 青春无悔:习近平五四青年节参加主题团日活动侧记[N].人民日报,2013-05-06.

③ 习近平.在庆祝中国共产主义青年团成立 100 周年大会上的讲话[N].人民日报,2022-05-11.

绩,用你们的干劲、闯劲、钻劲鼓舞更多的人,激励广大劳动群众争做新时代的奋斗者"。2022年,他在考察中国人民大学时勉励同学们,"坚定中国特色社会主义道路自信、理论自信、制度自信、文化自信,在全面建设社会主义现代化国家新征程中勇当开路先锋、争当事业闯将"。[①] 征途漫漫,中华民族伟大复兴绝不是轻轻松松、敲锣打鼓就能实现的,在新的征程上,中国青年应牢记总书记嘱托,不断跨越新的"雪山""草地",攻克新的"娄山关""腊子口"。

青年是建功新时代的奉献者。平凡造就伟大。新时代青年要把平凡的岗位作为成就人生的舞台,用艰辛努力推动时代向前、国家向强、民族向上。习近平曾这样评价"90后""00后","过去有人说他们是娇滴滴的一代,但现在看,他们成了抗疫一线的主力军,不怕苦、不怕牺牲"。"毕业后到人民最需要的地方去,以仁心仁术造福人民特别是基层群众","到基层和人民中去建功立业,让青春之花绽放在祖国最需要的地方","把个人的理想追求融入党和国家事业之中,为党、为祖国、为人民多作贡献"。在北京大学首钢医院实习的西藏大学医学院学生、河北保定学院西部支教毕业生群体代表、在新疆基层工作的中国石油大学(北京)克拉玛依校区毕业生等都收到了习近平的回信。梳理习近平对青年的殷殷寄语和嘱托,可知他始终运用战略思维谋划青年工作,"奋进者、开拓者、奉献者"核心点都是青年与祖国命运与共,青年要把个人的"小目标"融入祖国的"大蓝图"中,造福人民。

4.展现了历史思维,实现凝聚人心

习近平在河北正定工作时曾说过,"一个热爱中华大地的人,他一定会爱她的每一条溪流,每一寸土地,每一页光辉的历史"。党的十八大以来,习近平高度重视对历史的研究学习与历史思维的培养。重视历史、研究历史、借鉴历史,可以使我们更好地回望昨天、寄望今天、展望明天。在习近平关怀福州大学建设发展的重要论述精神中,关于弘扬爱国精神、革命精神等思考,折射出他深刻的历史思维。

一方面,注重氛围营造,体现高度的历史自觉。"中国特色社会主义是全面发展、全面进步的伟大事业,没有社会主义文化繁荣发展,就没有社会主义现代化。"[②]党的十八大以来,习近平在坚定文化自信上,始终强调要重视对中

---

① 习近平.坚持党的领导 传承红色基因 扎根中国大地 走出一条建设中国特色世界一流大学新路[N].人民日报,2022-04-26.

② 习近平.高举中国特色社会主义伟大旗帜 为全面建设社会主义现代化国家而团结奋斗:在中国共产党第二十次全国代表大会上的报告[N].人民日报,2022-10-26.

华民族历史的认知和运用。他在会见福州大学魏可镁院士时指出要弘扬爱国精神、拼搏精神和无私奉献精神,体现了他积极主动从历史中汲取智慧的高度历史自觉。2014 年,他在澳门大学参加"中华传统文化与当代青年"主题沙龙时表示,"我本人也是一个中华文化的热烈拥护者、忠实学习者",并寄语青年"要通过学习树立对五千多年文明的自豪感,树立文化的自信、民族的自豪感",创造新的历史。如今,以张孤梅同志等为代表的老一辈艰苦奋斗的创业精神、以卢嘉锡先生为代表的严谨求实的治学精神、以魏可镁院士为代表的勇于拼搏的奉献精神,共同构成"福大三种精神",深刻地影响着一批批福大学子,发挥了凝心聚力的作用。

另一方面,赓续红色血脉,彰显强烈的历史担当。习近平勉励福州大学青年学子用高度的历史担当来继承和发扬"五四"革命传统,涵育红色基因,忠于祖国和人民。2021 年是中国共产党百年华诞,全党如火如荼地开展党史学习教育,广大高校在用好红色资源、搞好红色教育上下功夫,努力把红色资源优势转化为党史学习教育的实际成效。同年 3 月,习近平到福建考察时表示,"福建是革命老区,党史事件多、红色资源多、革命先辈多,开展党史学习教育具有独特优势"。① 2022 年,习近平在中国人民大学考察时再次强调,"一定要把这一光荣传统和红色基因传承好,守好党的这块重要阵地。要加强校史资料的挖掘、整理和研究,讲好中国共产党的故事,讲好党创办人民大学的故事,激励广大师生继承优良传统,赓续红色血脉"。② 建设中国特色、世界一流的大学,高校要以红色基因为底色,打造若干凝聚人心、赓续红色血脉的校园文化品牌活动和高质量文艺作品。

(三)习近平关怀福州大学建设发展重要论述精神的时代价值

我国高等教育虽然起步较晚,但是发展势头良好。为了顺应历史潮流,提升综合国力,党中央、国务院在"985 工程""211 工程"基础上,于 2016 年 2 月启动了"双一流"建设战略,加快世界一流大学和一流学科的建设。习近平关怀福州大学建设发展重要论述精神不仅是福建高校的宝贵财富,而且对当前我国实施"双一流"建设战略具有深远的指导意义,启发着我们要致力于在服

---

① 习近平在福建考察时强调在服务和融入新发展格局上展现更大作为 奋力谱写全面建设社会主义现代化国家福建篇章[N].人民日报,2021-03-26.

② 习近平.坚持党的领导传承红色基因扎根中国大地 走出一条建设中国特色世界一流大学新路[N].人民日报,2022-04-26.

务国家的历史进程中成就一流大学和一流学科新高度,实现从高等教育大国向高等教育强国的跨越。

1.遵循思想政治工作规律、教书育人规律、学生成长规律,深化一流人才培养

习近平在全国高校思想政治工作会议上强调,"做好高校思想政治工作,要因事而化、因时而进、因势而新。要遵循思想政治工作规律,遵循教书育人规律,遵循学生成长规律,不断提高工作能力与水平"。[①] 高校深化一流人才培养,实际上是运用系统思维对上述三种规律的统筹协调。"我国高等教育肩负着培养德智体美劳全面发展的社会主义事业建设者和接班人的重大任务,必须坚持正确政治方向。只有培养出一流人才的高校,才能够成为世界一流大学。"

首先,遵循思想政治工作规律深化一流人才培养,核心在于立德树人。马克思主义认为,共产主义的目标包括"教育、训练和培养出全面发展的、受到全面训练的人",而理想信念是成为全面发展的时代新人的基本前提。人才培养首先要通过思想政治工作坚定学生的理想信念,在这一问题上"必须坚持党的领导,牢牢掌握党对高校工作的领导权,使高校成为坚持党的领导的坚强阵地"。习近平在深刻把握青年工作历史地位、现实作用、职责使命的基础上,创造性地提出"扣扣子"、拧紧"总开关"、抓住"牛鼻子"等论述,生动阐述了"思想引领"的重要性。这体现了他坚持把立德树人作为中心环节以及在人才培养中关于"立德"的前瞻性思考。

其次,遵循教书育人规律深化一流人才培养,核心在于久久为功。教书育人实质是"育才"与"育德"的有机统一。十年树木,百年树人,深刻阐释了人才培育的周期之长、过程之艰。遂尔,这项工程要在教育工作中蓄势筑基,懂得抓住机遇、超前布局的智慧,以更高远的历史站位、更宽广的国际视野、更深邃的战略眼光,对加快推进教育现代化、建设教育强国作出总体部署和战略设计,坚持把优先发展教育事业作为推动党和国家各项事业发展的重要先手棋。将深化一流人才培养作为中国特色社会主义高校的首要职能既是习近平对教书育人规律的科学运用,也折射出他对人才培养周期的全局性谋划。

最后,遵循学生成长规律深化一流人才培养,核心在于全面发展。随着时代变迁,我国教育理念经历了从"德智体"到"德智体美"再到"德智体美劳"的成长历程,也可以理解为"三好"—"四有"—"五育"的进阶,这标志着我国教书

---

① 习近平.把思想政治工作贯穿教育教学全过程 开创我国高等教育事业发展新局面[N].人民日报,2016-12-09.

育人呈现出更加全面的发展规律。新时代新形势,改革开放和社会主义现代化建设、促进人的全面发展和社会全面进步对教育和学习提出了新的更高的要求。当代大学生成长成才有其自身的特殊规律,但就成长目标要求来讲,理论上应是德育、智育、体育、美育、劳育的有机统一,这是一个综合性系统。高校人才培养要懂得正视人发展的多维性和全面性,将"德智体美劳"作为整体理念,帮助学生摆脱马克思提出的"人的依赖"和"物的依赖"关系桎梏,实现全面发展。

2.坚持教育同党和国家事业发展要求相适应、同人民群众期待相契合、同我国综合国力和国际地位相匹配,强化一流科学研究

习近平在全国教育大会上强调,"坚持把优先发展教育事业作为推动党和国家各项事业发展的重要先手棋,不断使教育同党和国家事业发展要求相适应、同人民群众期待相契合、同我国综合国力和国际地位相匹配"。[①] 创新是一个国家、民族发展的重要动力,在国与国竞争白热化的今天,推进高校创新型科学研究的过程中应坚持什么原则备受关注。

第一,坚持同党和国家事业发展要求相适应。党的十九大确立了我国到2035年跻身创新型国家前列的战略目标,党的十九届五中全会提出了坚持创新在我国现代化建设全局中的核心地位,把科技自立自强作为国家发展的战略支撑。随着科学研究范式的深刻变革、学科交叉的融合发展、科学技术和国家发展前途的交织交融,高校的科学研究职能备受期待。强化一流科学研究,高校要"率先推进学科专业调整……强化人才培养和科技创新的学科基础,推进新工科、新医科、新农科、新文科建设,积极回应社会对高层次人才需求"。比如,及时结合"十四五"时期经济社会发展的重点任务调整科学研究方向的侧重点,有意识地关注云计算、物联网、大数据、区块链等数字化技术,塑造物联化、互联化、智能化的新型科技,自觉履行高水平科学研究自立自强的职责使命,使其同党和国家事业发展要求相适应。

第二,坚持同人民群众期待相契合。习近平在中国科学院第二十次院士大会、中国工程院第十五次院士大会、中国科协第十次全国代表大会上提出,"希望广大院士做胸怀祖国、服务人民的表率"。[②] 高校科学研究要瞄准人民群众期待,积极推进国家急需学科以及关系国计民生、影响长远发展的战略性科学研究。特别是在现代化经济体系建设、现代服务业发展,互联网金融、数

---

① 习近平.坚持中国特色社会主义教育发展道路 培养德智体美劳全面发展的社会主义建设者和接班人[N].人民日报,2018-09-11.

② 两院院士大会中国科协第十次全国代表大会在京召开[N].人民日报,2021-05-29.

字经济、养老服务管理等专业的发展方兴未艾之时，面向社会发展新要求、人民群众新需求积极拓新科研领域，是高校科学研究"输血造血"使命担当的写照。比如，聚焦全球气候变化问题，加强高效能源存储、低碳能源系统的研发；围绕新冠疫情防控、生物医药产业发展的瓶颈，强化生命科学、医学、科技伦理等方面的研究。

第三，坚持同我国综合国力和国际地位相匹配。当今世界百年未有之大变局加速演进，科技创新成为国际战略的博弈点，围绕科技制高点的竞争空前激烈。《国家创新指数报告 2020》显示，中国国家创新指数综合排名世界第 14位，虽然较上年提升 1 位，但是与国家的经济和人口体量相当不匹配，科研创新任务仍任重而道远。比如，俄乌冲突中，美西方国家对俄罗斯实施广度和深度均史无前例的严厉制裁，制裁清单警示我们：科技创新必须摆在国家发展的突出位置，要掌握科技话语权。高校创新型科学研究是帮助我国进一步增强综合国力的关键因素。新时期，要把科技成果应用在提高国际竞争力、实现现代化伟大事业中，把论文写在祖国的大地上，从而赋能我国科学研究从"量"到"质"的转化、从"跟跑"向"领跑"的突围。

3.秉持为人民服务、为中国共产党治国理政服务、为巩固和发展中国特色社会主义制度服务、为改革开放和社会主义现代化建设服务，优化一流社会服务

习近平在全国高校思想政治工作会议上指出，"我国高等教育发展方向要同我国发展的现实目标和未来方向紧密联系在一起，为人民服务，为中国共产党治国理政服务，为巩固和发展中国特色社会主义制度服务，为改革开放和社会主义现代化建设服务"。① 高校优化一流社会服务职能，应树牢战略思维、提高站位，将其置于中华民族伟大复兴的进程之中发挥作用。

首先，以服务人民为视角。坚持党办的大学让党放心，人民的大学不负人民。全心全意为人民服务是中国共产党的宗旨，坚持以人民为中心发展教育事业，实现教育为人民服务是习近平关于教育的重要论述的重要主线，是我国教育改革发展必须坚持的。据统计，2021 年我国义务教育巩固率达 95.4%、高等教育毛入学率达 57.8%、在学总规模达 4430 万人，居世界第一。未来，高等教育应更加凸显人民性原则，让更多青年公平享有接受更高质量教育的机会，使其从思想上先脱贫，进而阻断贫困的代际传递，切实恪守我国高等教育为人民服务的原则。

---

① 习近平.把思想政治工作贯穿教育教学全过程 开创我国高等教育事业发展新局面[N].人民日报,2016-12-09.

其次,以服务中国共产党治国理政为视阈。习近平在全国教育大会上就教育改革发展提出了"九条坚持",首先就是"坚持党对教育事业的全面领导"。坚持高等教育为中国共产党治国理政服务体现了教育的政治性和党性原则,回答了"为谁培养人"这个根本问题。高等教育作为阶级社会的产物,本身具有强烈的国家属性和意识形态性,是为统治阶级服务的。我国是中国共产党领导的社会主义国家,我国的教育是党领导下的教育,学校是党领导下的学校,要求我们的教育事业必须为中国共产党治国理政服务,我们的学校必须培养德智体美劳全面发展的社会主义建设者和接班人,而不是社会主义破坏者和掘墓人。

再次,以服务巩固和发展中国特色社会主义制度为视野。坚持这一点实质上是不忘教育报国初心,不断增强制度自信。建设中国特色、世界一流水平的大学,履行好高校的使命,最重要的就是在事关办学方向的问题上站稳立场,始终保持头脑清醒,增强政治定力,牢固树立"四个意识",更加自觉地坚持社会主义办学方向不动摇,把正确的政治方向、价值导向贯穿立校办学、育人育才全过程。从而,培养一代又一代拥护中国共产党领导和我国社会主义制度、立志为中国特色社会主义奋斗终身的有用人才。

最后,以服务改革开放和社会主义现代化建设为视维。习近平在给南京大学留学归国青年学者的回信中表示:"生逢伟大时代是人生之幸,留学归国青年要心系'国家事'、肩扛'国家责'……为全面建设社会主义现代化国家、实现中华民族伟大复兴的中国梦积极贡献智慧和力量!"我国高等教育发展方向同我国的现实目标和未来前景紧密联系在一起,党的十九届五中全会强调要加快建设教育强国,让教育更好地为中华民族伟大复兴服务。现阶段高校要服务国家急需,强化其在国家创新体系中的地位和作用,"想国家之所想、急国家之所急、应国家之所需,面向世界科技前沿、面向经济主战场、面向国家重大需求、面向人民生命健康",[①]发挥好高校培养急需高层次人才的关键作用。

4.符合我国独特的历史、独特的文化、独特的国情,活化一流文化发展

习近平在全国高校思想政治工作会议上指出,"我国有独特的历史、独特的文化、独特的国情,决定了我国必须走自己的高等教育发展道路,扎实办好中国特色社会主义高校"。[②] 文化的发展实质是一种精神文明再生产的活动:

---

① 习近平.加快建设科技强国,实现高水平科技自立自强[N].人民日报,2022-05-01.

② 习近平.把思想政治工作贯穿教育教学全过程 开创我国高等教育事业发展新局面[N].人民日报,2016-12-09.

从历史维度看,是代际传递或薪火相传;从现实维度看,是文化基因或价值诉求。新时代文化发展要在高度历史自觉中牢牢掌握历史主动,在历史与现实接榫中盘活文化资源。

首先,我国独特的历史,决定一流文化发展要从历史的厚度蓄力。一流的大学需要以一流的文化为内核,建设一流大学文化不是高等教育内涵式发展的附庸物,而是贯穿其发展的整个过程,影响深远。我国历史独特之处在于五千多年绵延不断、赓续传承,是我们打造一流文化的强大底气。随着时间的积淀,中华民族悠久的历史呈现出典籍著作形于外、民族性格质于内、基本精神慧于心等特点,深深扎根在民族记忆和基因之中,浸润了中华文化,滋养了中华民族,反哺了中国精神。在建设一流文化的过程中要坚持与历史教育相结合,传承先贤的思想精华,夯实校园文化的精神厚度。

其次,我国独特的文化,决定一流文化发展要从内容的广度着力。"加强大学文化建设,增强文化自觉和制度自信,形成推动社会进步、引领文明进程、各具特色的一流大学精神和大学文化。"①中华文化兼具源远流长和博大精深的特点,具有较强的包容性、兼容性。在独特的文化指引下,一流文化建设应破除"千校一面"的现象,致力于打造"一省一策""一校一案"的特色文化品牌,特别是民族地区、革命老区、改革实验区均要积极发挥本地特色。比如,喀什大学成立"拉齐尼精神学社",更好地传播"一个牧民就是一个战士""终身守护祖国的边界线"的爱国主义文化;福州大学卢嘉锡教育馆结合"理工"校本特点弘扬科学家精神,入选国家首批科学家精神教育基地;陕甘宁等地要把革命精神植根校园文化的建设中,积极运用革命文化中同仇敌忾、顽强斗争的共同体精神。总之,一流文化建设要承袭中华文化开放包容的内涵,在社会主义核心价值观的指引下锻造百花齐放的校园文化。

最后,我国独特的国情,决定一流文化发展要从现实的高度发力。我国社会主要矛盾已经发生转变,但仍然处于社会主义初级阶段是现阶段最大的国情;中华民族伟大复兴已呈现出势不可挡的趋势,但西方国家从未停止对我国进行"颜色革命"等遏制;随着改革开放的不断深入、市场经济的不断完善,西方"普世价值"等思想的渗透剧烈冲击着社会主义的道德观念和价值体系,与我国教育理念、人才培养目标背道而驰。教育是能够生产文化、思想、舆论并且反作用于经济的,一旦教育的意识形态出现问题,就会产生颠覆性、全局性

---

① 习近平在中国人民大学考察时强调 坚持党的领导传承红色基因扎根中国大地走出一条建设中国特色世界一流大学新路[N].人民日报,2022-04-26.

的损害。因此,高校要牢牢把握意识形态的工作方向,避免蚁穴溃堤。现实国情对新时期高校一流文化建设形成了倒逼机制,高校要葆有"一万年太久,只争朝夕"意识,增强责任感和紧迫感,紧紧抓住文化建设的窗口期、关键期,牢牢把握意识形态主阵地,以马克思主义为指导,在固本培元的背景下坚持一元主导,用中国特色社会主义文化引领新时代校园文化建设,坚持不懈地营造优良学风和校风,坚定信念,让信仰迸发出共情共鸣的力量。

第三节 增强高校本科思政课的国家安全意识教育有效性①

党的十九大报告指出:"要加强国家安全教育,增强全党全国人民国家安全意识,推动全社会形成维护国家安全的强大合力。"2018 年 4 月,《教育部关于加强大中小学国家安全教育的实施意见》(简称《意见》)直指教育主体,要求"将国家安全教育纳入国民教育体系",自此国内相关研究数量与日俱增。比如,在国家安全观的探讨上主要分为状态说、利益说、演化说三种;在大学生国家安全意识教育背景与动因探究上,不同学者从全球治理、应对挑战、时代新人培育、边疆维稳治理等视野出发,一致认为大学生国家安全意识教育迫在眉睫;在大学生国家安全意识教育途径探索上,不仅强调发挥高校思政课的作用,还注重增进途径的针对性,重视师资力量、文化熏陶等在教育过程中的积极作用。已有研究得出加强大学生国家安全意识教育是大势所趋、应紧跟时代、应多元化推进等有益结论。站在新的历史起点上,依托思政课开展国家安全意识教育,是贯彻落实党中央关于加强大学生国家安全教育相关文件精神的基础之举,我们要全面把握现实契机、系统瞄准内容切入、着力探索有效路径,提升大学生国家安全意识,提高其维护国家安全的能力。

一、本科思政课开展国家安全意识教育的现实契机

开展大学生国家安全意识教育与打好防范化解重大风险攻坚战、推进国

---

① 本节主要内容已发表于《航海教育研究》2022 年第 2 期,原题为《深化高校本科思政课的国家安全意识教育有效性研究》,略有调整。

家治理体系和治理能力现代化的时代要求相一致。当前,国内外"牵一发而动全身"的发展逻辑体系、理论不断创新进步的最新成果、促进人的全面发展以及落实高校立德树人根本任务等倒逼机制的形成,均体现大学生国家安全意识教育的紧迫性和必要性。面对新时代新机遇新挑战,我们要因时而动、顺势而为,抓住现实契机、超前布局,以更高的历史站位把握国家安全意识教育主动权。

(一)开展国家安全意识教育成为时代发展的必然趋势

时代变动不居,国家安全因素相互交织、内外联动、虚实同在,大学生国家安全意识教育要始终放在"三个大局"中考量。首先,世界百年未有之大变局凸显维护国家安全的形势日趋严峻。"当前,世界百年变局和世纪疫情交织,单边主义、保护主义抬头,经济全球化遭遇逆流",[①]俄乌冲突就是佐证全球局势稳定性减弱的具体实例。中国的和平崛起在挫败"历史终结论""社会主义失败论"的同时,也引起"西方焦虑",部分西方国家撕下虚伪面纱与中国展开博弈,维护国家安全刻不容缓。其次,中华民族伟大复兴战略全局彰显增强国家安全意识日显关键。实现中华民族伟大复兴的历史进程不可逆转,中国人民谋求和平发展的决心不可磨灭。发展与安全辩证统一,中华民族伟大复兴需要相对和平、稳定的发展环境,国家安全意识教育要将人民美好期待与客观事实相结合,在各种破坏国家安全的事实中顺应大多数人对和平发展的期待,"加强国家安全宣传教育,增强全民国家安全意识"。[②] 最后,经济社会新发展格局标显深化大学生国家安全意识教育日益迫切。推动经济高质量发展的生力军无疑是当代青年,而高校是各种社会思潮的集散地,大学生是敌对势力争夺的角力点。近年来大学生危害国家安全的案例层见迭出,我们在谴责境内外黑恶势力的同时,更应该反思我国的国家安全意识教育。

(二)总体国家安全观是国家安全理论的最新成果

2014 年 4 月,习近平在中央国家安全委员会第一次会议上,提出对我国国家安全工作具有重要指导意义的总体国家安全观,这也是对国家安全意识

---

① 习近平.让开放的春风温暖世界:在第四届中国国际进口博览会开幕式上的主旨演讲[N].人民日报,2021-11-05.

② 中共中央关于制定国民经济和社会发展第十四个五年规划和二〇三五年远景目标的建议[N].人民日报,2020-11-04.

教育理论与实践的双重建构。在理论层面,马克思表示,实现从"自在的阶级"向"自为的阶级"的转换需要正确理论的指导。随着社会的发展、世界的联通,安全问题呈现出愈来愈复杂的趋势,主要表现为覆盖领域面广、内容关联度高、结果破坏性强等。加之我国相关研究起步较晚且受国外影响深,在建设社会主义现代化强国的进程中急需具有中国特色的国家安全理论,总体国家安全观应运而生。这是马克思主义国家安全理论中国化、时代化的最新成果,具有理论性;时代的特殊变化催生了史无前例的内涵丰富与外延拓展的国家安全理论,具有广泛性;在肯定—否定—否定之否定这一螺旋上升的反复实践认知过程中,实现了传统安全观向总体国家安全观的伟大转变,兼具发展性。在实践层面,总体国家安全观呼唤国家安全意识教育。总体国家安全观在各领域的实践为大学生国家安全意识教育提供了丰富素材。特别是抗击新冠疫情、决胜全面建成小康社会、决战脱贫攻坚等均是总体国家安全观的生动实践。在新形势下,要运用好以上教育素材,强化国家安全宣传教育,推进总体国家安全观进学校、进教材、进课堂、进学生头脑,形成维护国家安全的强大教育支撑。

(三)开展国家安全意识教育是落实立德树人根本任务的重要环节

为政之要,唯在得人。"高校立身之本在于立德树人",[①]而思政课是落实立德树人根本任务的关键课程。党的十八大以来,多项文件的颁布(如表 2-1 所示)均凸显国家安全意识教育的重要性,为学校开展国家安全意识教育提供政策支撑,推进其实践工作扎实开展。

表 2-1　党的十八大以来国家安全意识教育的相关文件
(截至 2022 年 5 月 14 日)

文号/(以时间排序)	文件名	相关内容
教思政〔2018〕1 号	教育部关于加强大中小学国家安全教育的实施意见	落实"将国家安全教育纳入国民教育体系"的法定要求
教思政厅函〔2019〕7 号	教育部办公厅关于开展 2019 年"4·15"全民国家安全教育日活动的通知	各级各类学校开展以"千万学生同上一堂国家安全教育课"为主题的国家安全宣传教育活动

---

① 习近平.把思想政治工作贯穿教育教学全过程 开创我国高等教育事业发展新局面[N].人民日报,2016-12-09.

续表

文号/(以时间排序)	文件名	相关内容
教技厅〔2019〕2号	教育部办公厅关于印发《2019年教育信息化和网络安全工作要点》的通知	2019年教育信息化和网络安全工作要点
教思政厅函〔2020〕4号	教育部办公厅关于组织开展2020年全民国家安全教育日宣传教育活动的通知	开展以"坚持总体国家安全观"为主题的教育活动
学位〔2020〕30号	国务院学位委员会、教育部关于设置"交叉学科"门类、"集成电路科学与工程"和"国家安全学"一级学科的通知	设置"交叉学科"门类、"集成电路科学与工程"和"国家安全学"一级学科
教思政厅函〔2021〕15号	教育部办公厅关于组织开展2021年国家网络安全宣传周校园日活动的通知	2021年国家网络安全宣传周主题为"网络安全为人民,网络安全靠人民"
教思政司函〔2022〕6号	教育部思想政治工作司关于组织开展2022年全民国家安全教育日宣传教育活动的通知	各地各高校要围绕主题、结合实际,深入开展国家安全宣传教育活动

资料来源:本研究根据 http://www.moe.gov.cn/整理。

在高校思政课中开展国家安全意识教育的原因何在？一方面,国家安全意识教育内嵌于"立德"之中。中国特色社会主义大学所立之"德"应包含时代性道德知识和超越性道德信仰。无论是明大德、守公德还是严私德,都要服务于让学生树立起为共产主义事业奋斗终身的超越性道德,这其中包含维护国家安全、坚定"四个自信"。另一方面,国家安全意识教育是"树人"的迫切需要。"一年之计,莫如树谷;十年之计,莫如树木;终身之计,莫如树人。"这里深刻阐释了人才培育的周期之长、过程之艰。新时代中国特色社会主义教育事业的"树人"不能只在紧要关头才想得起来,而是要居安思危,把国家安全意识教育与"树人"事业紧密联系。当代青年既是推动社会主义现代化强国建设的中坚力量,也是敌对势力虎视眈眈想要策反的对象。特别是新冠疫情背景下,美式虚假民主暴露无遗,其国内矛盾积重难返不得不加速点亮"民主灯塔",妄图通过涉疆涉藏等问题干涉我国内政、惑乱人心等,可见敌对势力亡我之心不死。加之国家安全意识实现"知情意信行"的转化需要很长一段时间,因此要把其作为一项长期性工程渐进推进。

二、本科思政课开展国家安全意识教育的内容切入

探赜索隐,钩深致远。习近平指出,"做好高校思想政治工作,要用好课堂教学这个主渠道"。①《意见》遵循学生成长规律和教书育人规律,要求在大学现有相关课程中丰富和充实国家安全教育的内容。本科6门思政课不同程度地涉及了国家安全意识教育,在开展国家安全意识教育上具有得天独厚的条件。思政课理论化、系统化地进行国家安全意识教育,国家安全意识教育通俗化、具象化地展现思政课,二者相辅相成、存在一定的价值关联。在开展国家安全意识教育过程中,这6门课程各有侧重但又有一定的内在逻辑,我们要通力合作,做好课程与学生成长思维之间的有效衔接,将学生的"需求侧"与课程的"供给侧"高度契合。在开展过程中要打破界限还要找准切入点,激发每门课最大优势,力求达到剥茧抽丝般细致入微的效果。

(一)在"马克思主义基本原理"(简称"原理")课中培养理论思维,赋能国家安全基本原理教育

我国是马克思主义指导下的中国特色社会主义国家,国家安全基本原理肇始于马克思、恩格斯关于国家安全基本思想。"原理"课是对马克思主义基本立场、观点和方法的总体概括,既在内容上凸显马克思主义理论的学科特性,又从整体上统筹和引领其他思政课程。因此,在"原理"课中开展国家安全意识教育具有基础性、统领性意义。按照马克思主义的组成将"原理"教材分为三大板块——马克思主义哲学、政治经济学和科学社会主义,三者密切关联,共同构成了马克思主义基本原理。在马克思主义哲学板块,可以将马克思主义唯物史观中关于"人民群众是历史的创造者",与总体国家安全观中人民安全是国家安全的宗旨相联系学习;亦可以在"认识与实践"的关系中讲析我国国家安全战略不断深入发展的原因;还可以在"主要矛盾与次要矛盾"的原理中阐释我国不同阶段国家安全政策侧重点不同的合理性。在政治经济学板块,重点讲述国家利益至上是国家安全的准则,让学生认识到资本主义的非正义性、剥削性、自我否定性,但也要和学生讲清楚资本主义现存的合理性、走向灭亡的长期性,进而做好长期维护国家安全的思想、行动准备。在科学社会主义板块,重点讲解维护国家安全与每个人自由而全面的发展密切关联。马克

---

① 新时代保持中国高校马克思主义鲜亮底色研究[M].北京:学习出版社,2019:183.

思曾说:"凡是民族作为民族所做的事情,都是他们为人类社会而做的事情。"①讲清楚实现共产主义的必然性,同时也要讲明白其过程的长期性,让学生自觉增强"四个意识"、坚定"四个自信"、做到"两个维护"。

(二)在"毛泽东思想和中国特色社会主义理论体系概论""习近平新时代中国特色社会主义思想概论"课中增强政治和大局意识,赋能国家安全战略教育

国家安全战略是维护国家安全的长远性、全局性韬略,当今大国博弈往往先在战略层面展开。"毛泽东思想和中国特色社会主义理论体系概论""习近平新时代中国特色社会主义思想概论"教材囊括了我们党主要领导人的思想,具有很强的内在逻辑性和宏观政治性,这需要我们在进行国家安全意识教育时积极培养学生的政治敏锐度和大局意识。从纵向维度出发,深刻剖析我们党不同时期面临的各种安全威胁,理清我国国家安全战略发展脉络。比如,新民主主义革命时期国家安全战略主要以传统的军事安全为底色;社会主义革命和建设时期发展重心逐步转向经济建设,丰富了传统安全观的内涵;改革开放和社会主义现代化建设新时期,随着国际交往不断深化,反对一切霸权主义和强权政治成为国家安全思想的核心,并且基于历史发展环境,和平发展的安全理念达成共识;中国特色社会主义新时代背景下,习近平统筹历史、现实、未来,形成了总体国家安全观。把握历史发展脉络,着重讲好马克思主义中国化、时代化理论之间的关系,阐释它们是相互衔接、承袭发展的。从横向维度出发,注重用最新的国家安全理论成果,即总体国家安全观来指导实践。总体国家安全观是对历届领导集体国家安全思想的接力发展,标志着我们对国家安全规律的认识达到了新的高度。特别是其中具有高度战略意义的思想,比如"五位一体""四个全面",以及"走安危共担之路"的人类命运共同体思想等,突出总体国家安全观的全局性和高度性。通过纵横两个维度帮助学生理解我国国家安全战略蓝图、时代方针、外交工作等,培育其战略和大局意识。

(三)在"思想道德与法治"课中坚定思想道德与法治意识,赋能国家安全思想和法治教育

在"思想道德与法治"课中进行国家安全意识教育,要引导学生自觉承担起维护国家安全的时代重任和法律义务,可以从理想信念和法治意识两方面

---

① 马克思恩格斯全集:第 42 卷[M].北京:人民出版社,1979:257.

入手。关于理想信念教育,在"思想道德与法治"课上要提高学生国家安全意识可从人生观、价值观、理想信念、道德品格等方面着手。比如,在"追求远大理想 坚定崇高信念"章节中,把革命时期中国青年"社会主义不会辜负中国""铁肩担道义""十万青年十万兵"的社会主义信仰以及"舍我其谁"的气节展现出来;在"继承优良传统 弘扬中国精神"章节中,用"苟利国家生死以,岂因祸福避趋之""天下兴亡,匹夫有责"等中华优秀传统文化中的家国情怀增强学生维护国家安全的担当意识;在"明确价值要求 践行价值准则"章节中,通过对苏联红旗落地、"阿拉伯之春"等事件的阐述,讲清楚信仰、信念、信心对民族、国家、个人的至关重要性。还要运用好"大思政课",把抗击新冠疫情中人民至上的理念融入课堂,让学生明白中国特色社会主义最本质的特征是中国共产党领导,中国特色社会主义制度的最大优势是中国共产党领导,中国共产党是最高政治领导力量。关于法治意识教育,伴随着习近平法治思想的形成,我国法治建设已步入新的更高阶段。2021年国家安全机关披露的某在校大学生为赚零花钱"兼职"拍照,却莫名成了境外间谍帮手的案件,深刻体现了一些大学生对《中华人民共和国国家安全法》十分陌生。不知法律规定的边界,守法就变得虚无缥缈,更谈不上用法,因此在"思想道德与法治"课上开展国家安全普法教育十分必要。普法应让学生明白国家安全涉及的领域有哪些、哪些是危害国家安全的行为、大学生可能涉及的国家安全领域等。同时,讲清楚大学生正当维护国家安全的渠道。比如,发现有危害国家安全事件时应及时通过国家安全机关举报受理电话或平台履行维护国家安全的义务,增强其知法、守法、用法的意识和能力。

(四)在"中国近现代史纲要"(简称"纲要")课中培养历史思维,赋能国家安全历史教育

马克思强调:"历史从哪里开始,思想进程也应当从哪里开始。"[①]历史是最生动、最有说服力的教科书,每一段历史都承载着一定的社会发展规律。党的十九届六中全会审议通过了《中共中央关于党的百年奋斗重大成就和历史经验的决议》,体现了我们党是善于从历史中总结经验、开拓未来的大党。"纲要"教材用"五四运动"和"新中国成立"两个时间节点将鸦片战争到今天的中国历史分为上中下三编。在"纲要"课上,我们要将这三编的内容联系起来,形成对比。比如,在领导主体上,将上编各阶级积极探索救国图存运动与中编无

---

① 马克思恩格斯选集:第2卷[M].北京:人民出版社,2012:14.

产阶级登上历史舞台,领导人民取得革命胜利、建立新中国的历史对比学习,从而让学生更加坚定中国共产党的领导是保障国家安全的历史必然。在国家安全内容上,将中编各族人民积极维护国土、主权等安全,与下编随着社会发展进步国家安全内容延伸至粮食、科技、文化、意识形态、生物等多方面相关联,让学生直观地意识到国家安全内涵具有历史发展性和时代丰富性。在发展与安全的辩证关系上,将上中下编紧密地联系在一起,把近代以来国家蒙辱、人民蒙难、文明蒙尘的历史,与如今我国逐渐走近世界舞台中央、在国际上发挥社会主义大国作用进行比较。让学生在史实中总结经验,明白发展和安全二者合则兴、离则弱、悖则亡。

(五)在"形势与政策"课中帮助学生树立正确形势观和政策观,赋能国家安全形势与政策教育

"'形势与政策'课是理论武装时效性、释疑解惑针对性、教育引导综合性都很强的一门高校思想政治理论课。"该课程肩负着第一时间推动党的最新理论和政策"三进"的重任。国家安全形势流变如大浪淘沙,"我们必须准确把握新时代高校国家安全意识教育新形势和新要求,筑牢大学生国家安全防线"。① 因本课程教材变动性较大,我们可以从时间、方法以及视野三个角度讲好国家安全意识。首先,前沿问题引发积极思考。"形势与政策"课相较于其他 5 门思政课而言,最突出的特点就是内容更新快速。因此,我们要及时关注国家安全相关动态,紧跟时代发展,关注国际新闻,确保第一时间传递最新的国家安全讯闻。其次,科学分析带动自主学习。知其然更要知其所以然。国家安全形势千变万化,如何做到在"乱花渐欲迷人眼"的局势中保持"不畏浮云遮望眼"? 那就必须始终坚持马克思主义指导思想,特别是在解疑国外形势和部分社会思潮干扰、消解我国意识形态时,"形势与政策"课不能局限于描述现象,更要揭露事实本质,帮助学生科学分析后旗帜鲜明地反对错误社会思潮。最后,全球视野拓宽教材视阈。眼纳千江水,胸起百万兵。随着互联网的迅速发展,国家安全不再限定在一时、一域、一国,"形势与政策"课要主动扮演学生"望远镜"的角色,在讲述国内安全形势和政策时具有国际视野。比如,在分析我国《国家安全战略(2021—2025 年)》时对照美国颁布的《临时国家安全战略指南》学习,提高学生辨别力。

---

① 习近平关于总体国家安全观论述摘编[M].北京:中央文献出版社,2018:3.

三、本科思政课开展国家安全意识教育的有效路径

新时代国家安全意识教育有新的规律特点,高校在实施国家安全意识教育时要在激发两大主体作用、依托三大平台构建、汇聚四大资源力量上下功夫,通过上述"杠杆"撬动思政课在国家安全意识教育中的积极作用。

(一)激发两大主体作用,确保教育质量上乘

这里的教育主体按照是否具有主观能动性来划分。在高校国家安全意识教育中有两大主体——教师和学生,确保教育质量就要发挥好教师主导性、学生主体性作用。第一,加强师资队伍建设,发挥教师主导性作用。教师的职责是教书育人,在教学过程中作为传道者,首先自己要明道、信道。开展国家安全意识教育的教师应当熟练地掌握相关专业性知识,并且具有坚定的马克思主义信仰,打造一支政治坚定、理论过硬的教师团队,在教学过程中发挥主导性作用。此外,"在育人过程中教师作为领路人,要给学生心灵埋下真善美的种子,引导学生扣好人生第一粒扣子"。[①] 教师要主动关心学生的冷暖疾苦,包括学习、个人生活等,解决他们的实际困难,避免学生因生活困难、个人情感等问题被有心之人利用,在不知情的情况下做出危害祖国、人民的行为。第二,采取学生在场教学模式,发挥学生主体性作用。学生在场是激发主体性功用的教育样态,"在场"并非学生按时上下课却"身在曹营心在汉",而是要真正地参与到课堂教学活动中,消弭师生、生生、生本背离的现象。在场主要有思维在场、交流在场、体验在场、情感在场等形式,国家安全意识教育中学生在场要坚持问题导向、身份平等、情感共鸣等教学原则。在课堂伊始,提出兼具学理、富于生活化的问题,引发学生思考,实现思维在场,在交流互动过程中坚持师生、生生平等;最后应上升到当代青年维护国家安全、实现中华民族伟大复兴责任的高度,达到"润物细无声"的教育效果,让学生自觉地知使命、担责任。

(二)依托三大平台构建,谋求教育层次分明

首先,构筑思想先导平台,深化价值引领。习近平强调,"我国高等教育肩负着培养德智体美劳全面发展的社会主义事业建设者和接班人的重大任务,

---

① 习近平.用新时代中国特色社会主义思想铸魂育人 贯彻党的教育方针落实立德树人根本任务[N].人民日报,2019-03-19.

必须坚持正确政治方向"。① 根据国家安全机关统计,"留学生""高校师生"是容易被境外间谍机构策反、利用的高危人群。2021 年 4 月 15 日,国家安全机关公布四起危害国家安全典型案例,其中三起均与大学生关联,涉案人员或勾结境外反华势力颠覆国家政权,或借助赴港读书之机参与反中乱港。因此,国家安全意识教育要以思想引领为基石,在大是大非问题上不容含糊、不可商榷,用先进引导落后、对标对表,致力将学生的思想成长可视化。其次,构筑技术指导平台,强化教育创新。习近平指出:"要运用新媒体新技术使工作活起来,推动思想政治工作传统优势同信息技术高度融合,增强时代感和吸引力。"②新时代国家安全意识教育要注重教学载体趣味化、科技化、时代化,特别要发展"互联网+"教育模式,主动运用慕课、虚拟仿真(VR)等科技手段,实现科技助推教育事业发展的目标。值得一提的是,2021 年,航天技术与教育相结合的"天宫课堂"第一课在全国开启,这种兼具科学知识、科技趣味的授课方式备受当代学生喜爱。最后,构筑文化引导平台,优化氛围营造。"近朱者赤,近墨者黑""孟母三迁"等故事均体现环境对人成长成才的重要性。教育过程"要更加注重以文化人以文育人,广泛开展文明校园创建,开展形式多样、健康向上、格调高雅的校园文化活动,广泛开展各类社会实践"。③ 打造提升国家安全意识的班级、专业、年段、社团、校园文化,并且各有侧重,提高国家安全意识内容任务精细化程度。以上三种途径,思想是先导、技术是补充、文化是条件,只有紧密结合、层层递进,才能形成教育合力。

(三)汇聚四大资源力量,促进教育融通共建

众擎易举,独力难支。"办好教育事业,家庭、学校、政府、社会都有责任。"一要激发家庭主窗口功能。④ 陶行知说过:"教育要通过生活才能发出力量而成为真正的教育。"家庭是孩子了解社会的第一窗口,同样也是孩子行为习惯的对标。家长作为孩子第一任老师,要掌握基本国家安全知识、树立正确国家

---

① 习近平.把思想政治工作贯穿教育教学全过程 开创我国高等教育事业发展新局面[N].人民日报,2016-12-09.

② 习近平.把思想政治工作贯穿教育教学全过程 开创我国高等教育事业发展新局面[N].人民日报,2016-12-09.

③ 习近平.把思想政治工作贯穿教育教学全过程 开创我国高等教育事业发展新局面[N].人民日报,2016-12-09.

④ 习近平.坚持中国特色社会主义教育发展道路 培养德智体美劳全面发展的社会主义建设者和接班人[N].人民日报,2018-09-11.

观,做国家安全意识教育的启蒙老师。二要强化高校主阵地功能。高校是培养社会主义建设者和接班人的重要阵地,是为社会发展源源不断地输送人才的关键渠道。为打破重管理轻教育的现状,高校应开设国家安全意识教育专门课程,加强各学科、专业之间的通力合作,实现"1+1>2"的效果。同时高校要立足自己整合学术资源的优势,定期召开国家安全学术研讨会、举办知识竞赛、观影、开讲座等,让大学生接受系统化国家安全学习训练,增强其维护国家安全的责任感和能力。三要发挥政府主引擎功能。教育部门要积极发挥思政课程与课程思政在国家安全意识教育上同向同行的促进作用,还要抓住教育时间节点,比如每年国家安全日、公祭日、"一二·九"运动纪念日等,注重氛围引导,为教育活动的开展标识方向,从而赢得更多历史主动。四要汇聚社会主战场功能。社会要主动为学生提供实践场域:可以打造更多国家安全意识教育体验馆,类似实践基地、主题公园、模拟法庭等;还可以不同程度地开放国家安全资料中心,允许学生在合乎规定的情况下参观、访问,让学生在社会实践中运用所学知识、练就真正本领。上述四大资源在教育过程中扮演着不同角色,从小到大共同构成了国家安全意识教育的支撑体系,使教育逻辑顺序更加清晰。

第三章

"形势与政策"课的文化融入

"形势与政策"课要坚持显性教育与隐性教育相统一,既重视发挥直接的理论灌输功能,也强调凸显间接的文化熏陶作用。本章重在研讨该课程如何运用好文化自信这个"最基本、最深沉、最持久的力量",来提升教学成效。选取 5 篇相关文章,围绕中华优秀传统文化、红色文化、优秀地域文化展开,旨在以文化自信涵养道路自信、理论自信、制度自信,探讨"形势与政策"课为何、如何借助优秀文化的力量提质增效,从而为更好地实现以文化人、以文育人拓展思路。

"中华优秀传统文化在高校的传承创新":将中华优秀传统文化融入高校思想政治教育是推进中华优秀传统文化传承发展、深化立德树人的重要举措。中华优秀传统文化融入高校思想政治教育已取得一定成效,但在整体推进、内化于心、外化于行等方面仍存在困境,产生原因主要包括方式不够系统、路径不够纵深等。为此,应围绕中华优秀传统文化融入高校思想政治教育的方式和路径进行针对性研究。在方式上可采取灌输式、嵌入式、植入式和渗透式;在路径上应推进顶层设计、促进课程优化、催进师资建设、改进教育方法、增进校园文化。

"红色文化融入大学生的家国情怀培育":红色文化是我国特有的文化资源,是建功新时代、引领新发展的精神动力。从内在关联来说,红色文化是大学生家国情怀培育的重要资源,二者具有共同文化根基,指向共同奋斗目标。从价值意蕴来看,红色文化融入大学生家国情怀培育,有助于进一步树立崇高理想信念、激发深层爱国情感、提升文化自觉与文化自信、弘扬艰苦奋斗精神。就实践理路而言,可从知、情、意、行四个维度出发,将红色文化融入大学生家国情怀培育,深入探索理论、情感逻辑,增强对大学生的价值引领,传承好红色基因,让听党话、跟党走的信念成为大学生的自觉追求。

"优秀地域文化融入高校思想政治教育":高校肩负着"为党育人、为国育才"的重大使命,要"努力用中华民族创造的一切精神财富来以文化人、以文育人"。从价值旨归、战略资源和发展蓝图三个维度来看,优秀地域文化融入高校思想政治教育是当前的一项重要课题。部分高校已在优秀地域文化育人工作方面取得了成绩,可从典型案例中获取打造特色地域"长板"、创新特色实践情境、实现特色辐射效应的经验启迪。在分析优秀地域文化融入高校思想政治教育的问题和成因的基础上,从遵循"三因"规律、完善"三全育人"机制、塑造内外兼修风格三个方面入手,增强融入的目标向度、协同力度和空间维度。

"高校思政课要用好优秀地域文化资源":优秀地域文化资源的融入,是实现思政课内涵式发展的应有之义。用好内涵丰富的优秀地域文化资源,有利于思政课内容体系的优化、教学方式的活化以及教学效果的深化。进一步用深、用透、用活优秀地域文化资源,为思政课建设赋能,要瞄准思政课讲道理的本质,深植教师的文化底蕴,把文化资源用到学生思考问题的深处;夯实思政课教学体系,从横向 6 门课程和纵向不同学段进行视角透视;创新教学方式,驾驭新媒体新技术使文化"活"起来,善用"大思政课"使文化"动"起来,切实提升思政课的育人效果。

"优秀地域文化融入'形势与政策'课":只有扎根中国大地、坚持中国精神的时代精华、体现"两个相结合","形势与政策"才能诠释好中国特色,解答好"时代之题"。优秀地域文化融入"形势与政策"课,以文化为依托引导大学生站稳立场、"顺势而为",契合"因事而化、因时而进、因势而新"教育理念。这需要在设置课程目标、内容和形式体系上持续发力,从服务社会发展需要、推进新时代铸魂育人工程重点发力,实现师资建设效益最大化,进而为可持续融入提供有力保障。

第一节　中华优秀传统文化在高校的传承创新[①]

中华优秀传统文化是中华民族的根和魂,也是高校思想政治教育文化根基的重要组成。中华优秀传统文化蕴含着讲仁爱、重民本、守诚信、崇正义、尚

---

① 本节主要内容已发表于《云梦学刊》2022 年第 4 期,原题为《中华优秀传统文化融入高校思想政治教育的困境及破解》,略有调整。

和合、求大同的思想精华和时代价值,融入高校思想政治教育有利于增强学生文化自信、传承中国传统美德、构筑共有精神家园、推进立德树人。党的十九届五中全会擘画了 2035 年建成文化强国、教育强国等蓝图,传承弘扬中华优秀传统文化日益重要。从现实背景来看,世界进入动荡变革期,国际局势跌宕起伏,文化入侵愈演愈烈,意识形态教育面临严峻挑战。从理论研究来讲,有关探讨成果丰硕。譬如,在价值上,有助于中华优秀传统文化的传承和思想政治教育发展,有益于培育学生的家国情怀、社会责任、道德品质;在成效及困境上,"非遗进校园"等社团活动赢得学生喜爱,课程体系逐步健全,但理论与实践有些脱节、成效不够明显;在方式和路径上,要推动内容再挖掘、形式再创新、教育再加强,推进制度改革、方法创新、文化营造、师资建设等。这些研究积淀了丰富基础,但着眼于启智润心、增进"四个自信"特别是文化自信的高度,还应有的放矢地提升成效。本研究在透视中华优秀传统文化融入高校思想政治教育现实困境的基础上,从方式及路径角度探讨如何优化融入。

一、中华优秀传统文化融入高校思想政治教育的困境透视

当前,中华优秀传统文化融入高校思想政治教育成效不容置疑,但也存在一些困境,表现于整体推进、内化于心、外化于行等维度,这有着方式不够系统、路径不够纵深等原因。

(一)整体推进不够

实现融入主要依托课程讲授和日常教育,但目前来看效果还不够理想。一方面,课程融合存在表面化的现象。从融入思政课程来说,中华优秀传统文化内容在高校思政课中占比偏低;思政课教师缺乏对传统文化有效传授;不同年级间的课程衔接不够紧密。从融入课程思政来看,学科差异使融入难以一蹴而就,融入理工类、农医类等专业课程中更显艰难。另一方面,日常教育存在简单化的问题。平时思想政治教育对中华优秀传统文化的关注和宣扬依然不够,说教痕迹较为明显,而且体系化不够、精细化稀缺、思想性不足,较局限于"象牙塔",缺乏实践和舞台。

究其根本,主要是以下三个层面还存在短板。一是顶层设计待优化。在总体规划上,未能着眼于培育担当民族复兴大任时代新人高度,方案和细则不够周密,政策约束不够有力,制度不够健全。有的学校以形式主义活动应付既

定任务,整体推进效果大打折扣。二是组织保障待夯实。中华优秀传统文化融入高校思想政治教育的组织体系建构有待完善,横向上相关部门沟通不够顺畅、纵向上前后衔接不够紧密,给整体推进增加了难度。三是宣传激励待创新。传统和历史教育的传播机制尚不健全,一些宣传话语体系略为生硬,一定程度上削弱了中华优秀传统文化的当代价值和精神力量,降低了学生"入脑率""走心率"。

(二)内化于心不足

当下,有的学生对传统和经典的认识广度及深度较浅显,情感认同也较单薄,内化于心的感召依然较多地停留于纸面,思想涤荡、人格熏陶、心灵净化还不足。首先,认识不全。学生对中华优秀传统文化的了解主要源自教学和实践,有的学生狭隘地将传统节日、风俗习惯、琴棋书画等视同为中华优秀传统文化全部,甚至过分夸大传统文化糟粕,既导致认识上的严重偏颇,也埋下了不可忽略的隐患。其次,认知不深。部分学生在课堂上对中华优秀传统文化的涉猎只是蜻蜓点水,在课堂下对传统文化典籍的诵读亦是走马观花,往往知其然而不知其所以然,追根溯源本领亟须增强,了解领悟程度亟待提升,从中汲取养分化为己用,道阻且长。最后,认同不力。有的学生对中华优秀传统文化的情感归属还不够炽热、精神感触仍不够深厚,对中华优秀传统文化的礼敬自豪、传承发扬兴趣匮乏,还有的认为中华优秀传统文化已然过时,甚至丢根忘本、割断精神命脉、全盘否认价值。

上述现象发生的原因主要有:一是师资建设缺少指向性。以教学或研究人员为例,在选聘工作上强调专业素养、科研水平、教学能力等,但缺乏对中华优秀传统文化知识储备的考察;在培训内容上主要为专业知识、教学技能等,对传统及经典的学习时间短、频率低、内容少;在激励机制上缺少相应奖惩,动力和热情有待增强。二是教育方法缺失新颖性。目前传统文化教育主要以知识灌输、课程介绍、活动引导等略显单调、枯燥的方式展开,对学生吸引力和感染力偏低。授课理念、方式、模式等创意不够,尤其是视野还不够宽广,未能有效将中华优秀传统文化的教与学置于5000多年中华文明史、500余年世界社会主义发展史以及中国近代以来180多年奋斗史的伟大历程中。三是管理方法缺乏针对性。一些课程设置和活动安排较机械,未能全面结合新的时代条件及实践要求加以创新;在人力、资金、信息、场所的支持上较乏弱,阻挠着学生将历史和传统内化于心。

(三)外化于行不深

中华优秀传统文化融入高校思想政治教育势在必行,然而学生传承和发扬的自发性、自觉性、自为性尚显不够,践履乏力。第一,自发性偏低。诚如列宁所言,"'自发的成分'实质上正是自觉性的萌芽状态"。[①] 学生将中华优秀传统文化融化于实践的自发性意识有待催发。第二,自觉性偏弱。学生领会并促进中华优秀传统文化创造性转化和创新性发展的意愿不够强,文化自觉和实践主动性仍然欠缺,难以由自发走向自觉。第三,自为性偏差。部分学生用中华优秀传统文化滋养助力自身发展的意愿不够强烈,知行存在分离。例如,在行动上未能切实践行中华优秀传统文化倡导的勤劳勇敢、自强不息等思想和品质,遇挫折易打退堂鼓。

归根结底,原因在于:其一,学生体悟浅尝辄止。部分学生对中华优秀传统文化的理解和领悟不求甚解,比如未能弘扬古圣先贤、民族英雄、志士仁人的嘉言懿行,未能有效地将自身爱国主义情怀转化为有意义的举动。其二,高校氛围不够浓厚。一些高校物质文化、制度文化、精神文化对中华优秀传统文化的展现及弘扬浮于表面、流于形式,对传统美德、仪式礼仪的宣扬不够具象生动,对英雄人物和时代楷模的刻画讴歌略显高冷、不够深刻,对中国人民伟大创造精神、伟大奋斗精神、伟大团结精神的颂扬不够全面,使得中华文化基因特别是中华优秀传统文化基因无法深深植根于学生思想意识和道德观念中,更难以融入具体实践。其三,社会环境错综复杂。马克思曾指出:"如果一个时代的风尚、自由和优秀品质受到损害或者完全衰落了,而贪婪、奢侈和放纵无度之风却充斥泛滥,那么这个时代就不能称为幸福时代。"[②]近年来,历史虚无主义、文化虚无主义、西方"普世价值"肆意解构和歪曲中华优秀传统文化,使中华优秀传统文化融入高校思想政治教育遭遇不小阻力。与此同时,伴随着市场经济迅猛发展,大众文化逐渐泛娱乐化,网络上各种恶搞传统和经典的视频、语录以搞笑段子等形式博取关注和热度;拜金主义、享乐主义、奢靡之风的蔓延渗透,消减了学生将优良传统外化于行的自觉,冲击着高校主流意识形态,一些学生担当民族复兴大任的志向和追求言胜于行。

---

① 列宁全集:第 1 卷[M].北京:人民出版社,1972:246.
② 马克思恩格斯全集:第 1 卷[M].北京:人民出版社,2006:463.

二、中华优秀传统文化融入高校思想政治教育的方式优化

针对前述融入困境,紧扣新时代脉搏,遵循文化传播理路及大学生心智发展规律,可塑造灌输式、嵌入式、植入式和渗透式等融合发展体系。

(一)灌输式

"灌"意为注入、倒进液体,"输"指将物品从一个地方运送到另一个地方,"灌输"表示输送知识、思想等。列宁在《怎么办?》一书中说:"工人本来也不可能有社会民主主义的意识。这种意识只能从外面灌输进去。"[①]毛泽东提出,"政治工作的基本任务是向农民群众不断地灌输社会主义思想"[②] 习近平强调,"革命传统教育要从娃娃抓起,既注重知识灌输,又加强情感培育",[③]还指出思想政治理论课"要坚持灌输性和启发性相统一"。可见,在现代教育中,依然不能抛弃必要的灌输教育,还应与启发教学相结合,发挥合力。"灌输式"即高校在进行思想引导、政治引领、学理分析过程中,以显性的方式传导必要的中华优秀传统文化知识、理论、方法等。主要表现为教师通过言语表达直接讲授知识,帮助学生掌握中华优秀传统文化的内涵、内容、特征、作用等基础知识。"灌输式"是实现有效融入的基础,是提升认知境界的前提。唯有增强中华优秀传统文化理论知识的量的积累,才能达到内化于心、外化于行的质的飞跃。

(二)嵌入式

"嵌"表示把物体填镶在间隙里,"入"指的是由外到内进入,"嵌入式"即以显性、间接的方式将中华优秀传统文化填镶在思想政治教育空隙里,手段较灵活。习近平2014年在北京师范大学视察时就曾指出,"我很不赞成把古代经典诗词和散文从课本中去掉,'去中国化'是很悲哀的。应该把这些经典嵌在学生脑子里,成为中华民族文化的基因"。"嵌入式"主张遵循国家发展要求、个人成长需求,以自上而下的制度设计、课程引领,如编写教材、规划大纲、开

---

① 列宁全集:第6卷[M].北京:人民出版社,1986:29.
② 毛泽东年谱(一九四九—一九七六)第二卷[M].北京:中央文献出版社,2013:440.
③ 习近平.全面落实"十三五"规划纲要加强改革创新开创发展新局面[N].人民日报,2016-04-28.

设选修课等,使学生主动嵌入或被动受嵌于外在的中华优秀传统文化价值理念和行为规范。传统和经典需要一代又一代的青少年继承,才能经久不衰、代代绵延。大学生尚处于人生的"拔节孕穗期",学校若不精心指引和栽培,学生很难自发养成阅读经典、继承传统的习惯。"嵌入式"强调依托顶层设计,以灵活、有形的学校制度,教学课程及实践活动,使经典的价值熠熠生辉,约束和规范学生的学习行为,辩证解析传统文化的精华与糟粕,深入阐发中华优秀传统文化蕴含的时代价值和实践意义,结合时代特色继承创新、有力嵌入,为思想政治教育有效性的提升注入不竭动力。

(三)植入式

"植"表种植、培植、栽植,"植华平于春圃,丰朱草于中唐","植入"常表示在影视剧中加入软性广告。习近平在浙江工作时要求,把创新思想、意识及文化移植入企业和社会各界。"植入式"即充分利用高校思想政治教育各类碎片化时间、关键性节点和重要化场合,以隐性、间接方式,像植入广告一般在教育过程中适时、巧妙地插入中华优秀传统文化,植入学生灵魂。"植"强调融入的时机敏锐性,因时因地因人制宜,寻求融入吻合点,例如在重要传统节日、重大节庆和纪念日等特定时刻,以灵巧的手段在课堂活动或会议上向学生传达相关知识和精神,让学生自然而然地认可和心悦诚服地接受,从而丰富其哲学思想、人文精神、教化精神、道德理念。"入"要求通过既定时刻和场合的教育,让中华优秀传统文化较快入耳入脑入心,成为学生砥砺前行的"动力剂"。"道之以德,齐之以礼,有耻且格","礼"是中华民族根深蒂固的理念,要凸显"礼"的效用。为此,"植入式"应更加注重运用仪式礼仪,充分发挥礼制的同化作用。在高校中,主要表现为规范开展升国旗、奏唱国歌仪式、庆祝传统节日、学习传统礼仪、举行开学典礼和毕业典礼等活动,引领学生深刻领略"礼"的强大塑造力和感染力,使中华文化基因深植心田。

(四)渗透式

"渗"是液体慢慢浸透,"透"表示一物体穿过另一物体,"渗透"则指液体在物体中慢慢穿透,比喻思想或势力渐次侵入或影响其他领域。恩格斯提出,"黑格尔的观点自觉地或不自觉地大量渗入了各种科学,也渗透了通俗读物和日报"。[①] 习近平强调,"把精神文明建设贯穿改革开放和现代化全过程、渗透

---

① 马克思恩格斯选集:第 4 卷[M].北京:人民出版社,2012:226.

社会生活各方面"。① "渗透式"即将中华优秀传统文化浸育校园物质、制度文化,以隐性方式将其浸透心态、行为,通过每时每刻、点点滴滴的全方位渗透,让学生无意识地浸润于浓厚的文化氛围之中,逐步领悟其内涵与价值。"渗透式"以含蓄的方式教育,取得渗进血液、浸入心扉的深度融入成效。正如恩格斯所指出的,作者创作"倾向应当从场面和情节中自然而然地流露出来,而无须特别把它指点出来",②"作者的见解越隐蔽,对艺术作品来说就越好"。③ 依托学校教育基地、体制机制、文化活动等,发挥校园文化"润物细无声"的功用,让中华优秀传统文化无处不在、无时不有,使学生耳濡目染,强化批判继承的责任意识、确立革故鼎新的使命担当。在这方面,美英等西方国家的公民教育提倡创设学习情境、深入实践体验,通过文化活动渗透统治阶级意志,强力实现教育意图,有可资借鉴之处。

总体来讲,以上四种模式各有千秋,在广度、速度、深度上显现了不同特点。"灌输式",广度上主要是在课堂教学中融入基础知识;速度上,一般是通过教师直接传输、学生被动记诵来促使融入迅速利落;深度上,由于只是简单识记碎片化的常识性知识,较肤浅片面。"嵌入式",广度上是将重要知识融入道德教育、责任培养等学生较缺乏但又很重要的环节;速度上,制度和课程设计方向明确,实施需要假以时日;深度上,精心打磨制度和课程,作用耗时较长、程度较深。"植入式",广度上是将有限的知识融入一些特殊节点、重要场合的教育中;速度上,尽管课程和活动不多见,但收效不俗、立竿见影;作用过程时间虽短,但力度大。"渗透式",广度上是全面渗透,将有关知识融入各环节全过程;速度上,要经过长期的文化环境熏陶和活动濡染,成效较慢;深度上,作用深入骨髓,力度更大。融入实践中,要着重发挥各模式作用,并着力使它们有机协同,释放倍乘效应。

三、深化中华优秀传统文化融入高校思想政治教育的路径抉择

习近平强调,"我们要特别重视挖掘中华五千年文明中的精华,弘扬优秀传统文化,把其中的精华同马克思主义立场观点方法结合起来,坚定不移走中

① 习近平.人民有信仰民族有希望国家有力量[N].人民日报,2015-03-01.
② 马克思恩格斯选集:第 4 卷[M].北京:人民出版社,2012:579.
③ 马克思恩格斯选集:第 4 卷[M].北京:人民出版社,2012:590.

国特色社会主义道路"。① 新形势下,以此为根本遵循,可遵照四种融入方式的要旨,多向度构建中华优秀传统文化融入高校思想政治教育的路径。

(一)推进顶层设计

继承传统,才能开辟未来。要从顶层设计着手,筑牢系统思维,树立全局观念,统筹各要素,力求理念一致、步调协调。一方面,科学规划。既要坚持马克思主义指导地位,扎根中国大地,坚守中华文化立场,以植根于中华优秀传统文化的社会主义核心价值观引领文化建设,严防西方"普世价值"侵扰,克服历史虚无主义、文化虚无主义等倾向,规避传统文化无用论、过时论。对待传统文化,批判继承、推陈出新;面对外来文化,博采众长、辩证借鉴。完善大学生传统文化教育齐抓共管机制,敦促各部门齐心协力制定融入方案和实施细则,兼具前瞻性、操控性,彰显立德树人方向。对传统文化书籍加强甄别,开列典籍书单,指引方向;力推报纸、官网、微博、微信等媒介融合,宣传主流价值,引领舆论导向。另一方面,健全制度。完善融入的法律法规及政策,指引学生思想和行为,把牢融入"方向盘"。设立并丰富传统文化研究和建设项目,将传统和经典嵌入各学科,有条理地设置硬性指标,进行理论灌输,革新传统文化和历史教育体制机制。改善网络环境治理制度,坚定政治性引领,加强建设性传导,塑造批判性思维,为实现有效融入营造清朗的网络空间。打造全方位的宣传传播机制,发挥多样化学习平台的文化教化功能,增进中华优秀传统文化渲染。

(二)促进课程优化

《关于深化新时代学校思想政治理论课改革创新的若干意见》要求,在课程体系设定中突出中华优秀传统文化等内容,研究编制相关课程教材指南,这对实现有效融入提供了路径指向。高校要将中华优秀传统文化嵌入课程之中,让教材体系转化为教学体系,教学体系转化为知识体系,知识体系转化为价值体系,激活课程亲和力、提高学生文化底蕴。首先,深耕教材。习近平指出,"要深入研究中华文明、中华文化的起源和特质,形成较为完整的中国文化

---

① 张晓松,朱基钗.习近平考察朱熹园谈文化自信:没有中华五千年文明,哪有我们今天的成功道路[N].新华社"新华视点"微博,2021-03-23.

基因的理念体系"。① 要按照传统文化研究和建设工程要求,组织专家编写充分体现有效融入的相关教材讲义、辅导资料等,实现传统和经典融入教材、课堂、头脑,为师生提供厚实滋润。支持地方文化产品创作,汲取优秀地域传统文化,增进生命力,凸显具象化。以成熟的教材资源为知识灌输、课程讲授奠定丰厚的物质基础。其次,深化体系。力促必修课和选修课协调、通识课和专业课配合、理论课和实践课同步、线上慕课和线下授课相扣,鼓励开发微课、微视频等新媒介教育资源和书法、绘画、戏剧作品等传统文化资源,为实现有效融入创造有利条件。提高学分、学时比重,将传统文化精华与时代意旨植入教学内容,促进中华优秀传统文化创造性转化、创新性发展,并且形成闭卷考试、论文撰写、课堂回答、调查报告、情景剧会演等多元化考评举措。最后,深度协同。善用"大思政课",将中华优秀传统文化融入思政课程和课程思政中,发挥思政课程的核心和风向标作用,为其他课程树立标杆;寻找其他课程与传统文化内容的融通处,使思政课程和课程思政相互协调、优势互补,释放协同效应。

(三)催进师资建设

高质量的教师队伍是高质量教育的前提及必要条件。教师是实现有效融入的主导力量,师资建设日显迫切。一要加紧选拔。在当前强调历史教育与传统教育的背景下,尤其应在教师招录要求中适度突出传统文化元素,作为"指挥棒"引导新教师加强相关理论学习和技能训练。还要调整师资选拔体制机制,规范准入及退出机制,为实现有效融入提供优质的人力资源。二要加强培训。举办学习中华优秀传统文化专题研修班,办好线上理论宣讲、线下实践历练,建立研学基地,让教师在考察调研中汲取营养与智慧,提高融入本领。经常性举办集体备课研讨、教师职业技能大赛、组织经验交流会等,增进教师对融入方式的理解与驾驭。培训应讲究有点有面、点面结合,做到全覆盖、真受益,使教师得心应手地化中华优秀传统文化于教与学中,推动四种融入方式协同作用。三要加大激励。落实新时代教育评价改革总体方案,强化中华优秀传统文化育人导向、价值引领;统筹纳入考核评价范畴,并予以适当倾斜支持;正负向激励交织,既要推选先进典型,发挥榜样辐射作用,又要对严重背离中华优秀传统文化的行为严肃惩处并加以杜绝。

---

① 习近平.习近平在教育文化卫生体育领域专家代表座谈会上的讲话[N].人民日报,2020-09-23.

(四)改进教育方法

正如毛泽东强调的,"不能采取各种正确的有效的工作方法,那就会立刻影响到工作的成效",①中华优秀传统文化融入高校思想政治教育概莫能外。一要优化教学。扭转重灌输轻启发、重"知其然"轻"知其所以然"等授课方式。课堂内,教师发挥主导性,实行必要的理论灌输,鞭策学生熟记基本概念;激发学生主体性,因材施教,寓政治观、价值观引导于知识传授。同时,推行启发教育,将中华优秀传统文化嵌入课堂研讨、辩论、演讲,让学生水到渠成地对其价值首肯心折;主动运用网络,将传统文化短视频、微电影等教育资源植入课堂讲授,为教学内容注入新兴网络元素。课堂外,坚持实践教育和隐性教育并举,依托自然人文景观和重大工程开展教育,将优秀传统文化渗入社会实践活动,发挥三批共 106 个中华优秀传统文化传承基地育人作用,通过考察文物古迹、传统建筑等引导学生增强爱国情怀、社会责任感、创新精神、实践能力。此外,还应牢牢把握教育时点及契机,在春节、清明节、端午节、中秋节等重要传统节日强化宣传教育,在国之大典、常态化纪念活动、开学第一课、最后一课等重要场合加强仪式感教育,构建植入新格局。二要创优管理。总结新冠疫情以来大规模在线教育的经验,重视融入的价值传导、方式创新,精准教育、温馨服务。为不同学段学生开具不同的教育菜单,本科期间侧重理论性学习,研究生阶段注重探究性学习。动态研判融入效果,并有针对性地指导改进。加大人财物支持,达成传承弘扬中华优秀传统文化与培植社会主义核心价值观有机结合的效应最大化。

(五)增进校园文化

"我们每一个人都或多或少地受着我们主要在其中活动的精神环境的影响",②要以社会主义核心价值观构筑校园文化之魂,勠力形成全员想育人、能育人、育成人的良好格局。一应滋育物质文化。"入芝兰之室久而自芳""蓬生麻中不扶自直"。将传统与经典展现于校园环境中,设计蕴蓄传统文化特色的校徽、校服,增添历史名人雕塑,张贴国学经典标语,扩充传统文化书籍,构建传统文化走廊,创立传统文化馆等,让学生于文化渗透中激起心灵共鸣。二应孕育制度文化。"人创造环境,同样,环境也创造人。"建立体系化、洋溢着中华

---

① 毛泽东选集:第 1 卷[M].北京:人民出版社,1991:123-124.
② 马克思恩格斯选集:第 4 卷[M].北京:人民出版社,2012:517.

文化养分的制度,以良好制度环境保障渗透,栽植学生优良品行。细化考评机制,改进激励机制,架设融入"助推器",增大教师实施四种融入方式的积极性和主动性,坚定学生文化自觉及自信。三应培育心态文化。强化中国传统节日振兴,施展传统节日涵育功能。支持传统文化社团和工作室搭建,开展专项重大纪念活动,举办经典诵读、专题讲座、诗词大会、书法比赛、征文比赛、同龄人讲优秀传统文化和校史校情宣讲等,"顶天"与"立地"结合,国学大师"请进来"和学生社团"走出去"并进,使学生逐步承继传统、提升修养。四应推育行为文化。观看有关传统美德、传统习俗和礼仪礼节等宣传片,在文化广场亲历传统习俗礼仪并推动日常化、生活化,使学生自觉抵制低俗、庸俗、媚俗作品,主动承续文化基因,增强承继传统仪式感和自豪感,形成适应新时代要求的思想观念、精神面貌、文明风尚、行为规范。

四、结语

"要把坚持马克思主义同弘扬中华优秀传统文化有机结合起来,坚定不移走中国特色社会主义道路。"[①]将中华民族五千多年文明历史所孕育的中华优秀传统文化融入高校思想政治教育是契合时代发展要求、符合人民共同意志的必然选择。本研究从整体推进不够、内化于心不足、外化于行不深等方面剖析了融入的现实困境,从融入的方式和路径等方面解析了成因。在此基础上,提出了灌输式、嵌入式、植入式和渗透式等四种融入方式,构建了推进顶层设计、促进课程优化、催进师资建设、改进教育方法、增进校园文化等路径,以期实现有效融入,进而强化中华优秀传统文化传承发展,推动高校思想政治教育守正创新,培育有理想、有本领、有担当的时代新人。未来,还可以以定性分析与定量研究相结合,或采取多案例研究等方式,进一步探索中华优秀传统文化融入高校思想政治教育的方式及路径。

---

① 习近平.在服务和融入新发展格局上展现更大作为 奋力谱写全面建设社会主义现代化国家福建篇章[N].人民日报,2021-03-26.

第二节　红色文化融入大学生家国情怀的培育①

红色文化扎根于中国,是具有鲜明中国特色的文化形态。在现实层面上,一方面2021年是"十四五"开局之年,也是中国共产党建党100周年,中共中央决定在全党开展中共党史学习教育,加强党史宣传、传承红色基因可以更好地赓续红色血脉、凝聚国家共识;另一方面国家间思想文化碰撞激烈,西方资本主义国家大肆宣扬西方价值观,这对马克思主义在我国意识形态领域的指导地位产生了巨大冲击,危害我国意识形态安全。大力弘扬红色文化,筑牢意识形态领域的安全防线是建设社会主义文化强国的重要一步,因此,红色文化融入大学生家国情怀培育具有重要现实意义。

在理论层面上,学界关于红色文化的研究较为深入。如在理论内涵方面,骆郁廷和陈娜从物质文化视角出发,认为红色文化是以革命精神为核心,包括红色历史、红色人物、红色文艺、红色遗存等物质文化载体的革命文化;黄蓉生从精神文化视角分析,指出红色文化由中国共产党领导,与马克思主义相结合,是在国家不断发展过程中形成的革命精神和优良传统。在功能价值方面,刘润为关注文化指引,指出红色文化可复兴具有当代价值的中华优秀传统文化,坚定文化自信;张泰城和常胜聚焦资源利用,认为红色文化资源的丰富内容在培育和弘扬社会主义核心价值观方面具有重要作用;王炳林和张泰城侧重高校育人,提出红色文化的强大感召力,对加强党史学习教育、增强文化自信意义非凡。这些学术成果研究视角多样、内容丰富,为红色文化研究奠定坚实理论基础,但同时也应紧跟中国特色社会主义伟大实践,进一步挖掘时代意蕴,发掘育人功能。红色文化作为联结过去与未来的桥梁,蕴积着特有政治、教育价值,作为大学生家国情怀培育的重要资源,有助于青年学生深入理解个人、家庭和国家的关系,在推进国家长足发展过程中凝聚思想共识、构筑精神力量。

---

① 本节主要内容已发表于《河北工业大学学报(社会科学版)》2022年第1期,原题为《红色文化融入大学生家国情怀培育的价值和实现》,略有调整。

一、红色文化育人与大学生家国情怀培育的内在关联

红色文化作为一种独特、优秀的民族文化,可为大学生家国情怀培育提供宝贵资源。红色文化育人与大学生家国情怀培育具有共同文化根基,指向共同奋斗目标。积极传承红色文化,发挥其特殊育人功能,对增强大学生家国情怀培育的实效性具有积极意义。

(一)红色文化是大学生家国情怀培育的重要资源

文化在人类的各种实践活动中生成,由人类所创造并推动其成长。在不同自然生态环境、人文生态环境的影响下,人类进行着不同的实践活动,由此,文化总是体现着创造主体的意志与追求,呈现出不同存在形态及发展面貌。红色文化以马克思主义为指导,在中国共产党人的长期革命、建设、改革实践中不断形成发展,集中体现着我们党和人民群众的先进思想、崇高精神、正确价值取向,作为提升中华民族凝聚力和向心力的重要来源,是大学生家国情怀培育的重要资源。红色文化由物质文化、精神文化和制度文化等三部分有机构成。在物质文化层面,一般包括革命根据地、革命战争遗址、革命纪念馆等实体存在。如土地革命时期的井冈山革命根据地、抗日战争时期的陕甘宁抗日根据地。在精神文化层面,主要包括革命理想信念、坚定信仰等革命奋斗精神。如新民主主义革命时期形成的五四精神、长征精神,社会主义建设时期形成的抗美援朝精神、"两弹一星"精神,中国特色社会主义新时代形成的抗疫精神、脱贫攻坚精神等。在制度文化层面,红色文化的制度形态成果主要包括中国共产党在革命和建设时期形成的革命理论、政策、制度等,如党的"三大作风""三大纪律八项注意""六条规矩"等光荣传统。红色文化具有深厚的中国精神底蕴,是社会主义核心价值观的重要体现,它不仅在历史中发挥出巨大激励作用,也是当今时代发展的重要推动力。进一步加强对红色文化的研究,充分释放其育人功能,有利于增强大学生家国情怀培育的吸引力,激励大学生传承革命精神和革命优良传统。

(二)红色文化育人与大学生家国情怀培育具有共同文化根基

从根本属性来讲,红色文化育人和大学生家国情怀培育都具有鲜明意识形态性。红色文化是中国共产党革命、探索、奋斗、建设的文化凝结,是中国共产党带领广大人民群众创造的具有中国特色的先进文化形态。家国情怀集中

体现着"家"与"国"的紧密关系,"个体"与"国家"的本质关联;个体的"修身"是实现"齐家、治国、平天下"的必经之路。"天下兴亡,匹夫有责",这种朴素的认知是中华民族生生不息的独特密码。大学生的家国情怀培育通过思想道德教育,激发其强烈的社会责任意识,使之成为符合社会需要的人才,是保证主流意识形态推动社会平稳发展运行的重要一环。从理论基础来说,一方面,二者都以马克思主义为指导思想。马克思主义中国化理论是红色文化存在的重要基础,红色文化深受马克思主义革命观的影响,它的形成演进过程就是马克思主义指导中国共产党人革命实践活动持续深入的过程。家国情怀是个人对国家高度热爱的写照,无论是继承弘扬红色文化,还是进行大学生家国情怀培育,都要求我们始终以马克思主义为指导思想,坚持社会主义方向,在社会中持续开展理论实践活动。另一方面,二者都根植于中华优秀传统文化。中华优秀传统文化是中国特色社会主义文化发展创新的源头活水。红色文化是中国共产党人对中华优秀传统文化的创造性转化和创新性发展,其中所凝结着的精神文化是中华优秀传统文化散发勃勃生机的表现。家国情怀以中华优秀传统文化为本,其中所蕴含的"家国一体""家国同构"思想对于培育新时代大学生家国情怀具有重要理论意义。

(三)红色文化育人与大学生家国情怀培育指向共同育人目标

红色文化作为天然的"教材",具有强大的育人功能,其中所蕴含的宝贵物质、精神、制度财富是开展教育的鲜活话语。一方面,红色文化具有思想理论性。无论在过去还是现在,红色文化都是指导动员大家凝心聚力、奋勇向前的思想理论武器,它拥有深远的历史渊源、深厚的文化根基,充分挖掘和发挥其理论、时代价值,可以更好地维护社会主义意识形态安全,做好意识形态工作,积极推进社会和谐发展。另一方面,红色文化具有强烈育人性。红色文化教育遵循人的思想政治品德形成发展规律,致力于建立红色文化教育体系,打造良性育人生态系统。"红色政权来之不易、新中国来之不易",[1]我国作为社会主义国家,我们党立志于中华民族千秋伟业,培养社会主义建设者和接班人就是我们的育人目标,新时代大学生家国情怀培育的有序开展是传递爱国情感、提高道德素养、提升文化水平的必要工作。新时代大学生家国情怀培育旨在促进大学生成长成才,成为党的事业的建设者和接班人,担当起中华民族的复

---

① 习近平.牢记党的初心和使命 牢记党的性质和宗旨 走好新时代的长征路[N].人民日报,2019-08-19.

兴大任。两者都具有育人功能,目标指向相同,承载着新时代育人使命。因此,对于新时代大学生来说,红色文化融入大学生家国情怀培育是青年人格塑造、蓄力国家未来、助力长足发展的应有之义。

二、红色文化融入大学生家国情怀培育的价值意蕴

红色文化直观生动、吸引力强,是具有强烈示范意义的教育资源。它为大学生家国情怀培育的开展提供了丰富而强大的精神支持,与大学生家国情怀培育的结合完善创新了自我,赋予自身新的时代意义。红色文化融入大学生家国情怀培育,有助于进一步帮助大学生树立崇高理想信念,激发深层爱国情感,提升文化自觉与文化自信,弘扬艰苦奋斗精神。

(一)树立崇高理想信念

理想信念是对人们精神世界的反映,它把一种未来的社会蓝图视为最高价值,并以之统摄个体精神生活;作为自身精神寄托,家国情怀便是这样一种矢志不渝、自觉追求精神状态的体现,集中展示着个体对于自身与国家相连的思考与追求。人无精神则不立,国无精神则不强。一方面,理想信念是人生价值得以实现的出发点。"革命的理想,共产主义的品德,要从小开始培养",[①]对于青年大学生来说,没有理想信念,精神上就会缺"钙",丧失理想信念,行动上就会偏离正确方向。另一方面,理想信念是推动党和人民事业前进的精神支柱。共产主义理想是红色文化的灵魂和精髓,实现共产主义是中国共产党的奋斗目标。在实现共产主义的道路上,无数英雄烈士以小我成就大我,中国共产党正是在这一坚定信念的鼓舞下,带领广大人民谱出胜利篇章。1901年,清政府被迫与列强签下了丧权辱国的《辛丑条约》,而在两个甲子后的今天,我们挺直了腰板,坚定原则立场同美国对话,发出时代强音。这一巨变彰显着中国特色社会主义道路的优越性,印证着人民群众选择中国共产党的正确性。"青年是国家和民族的希望",[②]推进红色文化融入大学生家国情怀培育,有利于大学生树立远大志向,在真学真信中坚定理想信念,感悟初心使命。当共产主义远大理想和中国特色社会主义共同理想成为大学生的共同意识和

---

① 邓小平文选:第 2 卷[M].北京:人民出版社,1994:105.

② 习近平.习近平在全国抗击新冠肺炎疫情表彰大会上的讲话[N].人民日报,2020-09-09.

追求目标时,当每个大学生都自觉将个人理想与共同理想结合起来时,这种信念会把大学生群体紧密团结起来,汇集个体精神力量,构筑为国家奋斗终身的"精神长城"。

(二)激发深层爱国情感

习近平指出,"爱国主义是我们民族精神的核心,是中国人民和中华民族同心同德、自强不息的精神纽带",①而家国情怀就是爱国主义最为生动的注脚。第一,红色文化充实着爱国主义教育内容。百年恰是风华正茂,红色文化激励国人不断拼搏向前,在党的领导下实现民族独立和人民解放,实现国家富强和人民幸福。它鼓舞人民为国奋斗,有助于引导大学生养成正确价值取向,树立起家国一体的情感共识。第二,红色文化彰显着爱国主义精神。伟大革命精神是历代共产党人努力践行党的全心全意为人民服务宗旨、坚守共产党人崇高理想信念的结果,它是红色文化的灵魂,淬炼升华着民族精神。在如今和平昌盛的中国,广大青年未曾经历政局动荡、山河破碎,在良好的社会和家庭环境中成长,因此部分青年存在着理想信念丧失、爱国情感薄弱的现象。红色文化中凝结着厚重历史和深厚情感,无数仁人志士在革命战火中牺牲,在艰苦环境中仍坚守信念、为国而战。即便在和平年代,战争也从未消失,如2020年6月,外军公然违背与我方达成的共识,悍然越线挑衅,在加勒万河谷发生冲突,祁发宝、陈红军等五名官兵与之英勇对抗,最终牺牲四名。正是这些:"最可爱的人"用生命书写伟大,换得家国安宁、岁月静好,是他们始终如一守卫国土,为腾飞的东方巨龙助力,构成中国最坚实的脊梁。因此,深入学习宣传红色文化,有助于进一步升华大学生思想,培育爱国爱家之情,使其将个体与实现中华民族伟大复兴的中国梦紧密联系,勇于直面未来险阻。

(三)提升文化自觉与文化自信

文化贯穿人类社会发展的全部历史,是一个国家、一个民族的灵魂。正如亨廷顿所宣称的"普世文明的概念有助于为西方对其他社会的文化统治和那些社会模仿西方的实践和体制的需要作辩护",如果一个民族的文化土壤贫瘠,那便无法为国家的永续发展提供持续滋养,进而被外来文明所淹没。红色文化根植于中华优秀传统文化土壤,深刻反映着中华民族艰难勇毅的奋斗历

---

① 习近平.习近平在纪念中国人民抗日战争暨世界反法西斯战争胜利75周年座谈会上的讲话[N].人民日报,2020-09-04.

程,大力弘扬红色文化是家国情怀扎根大学生心灵的内在逻辑。当前,世界单边主义盛行、逆全球化浪潮汹涌,我国站在"两个一百年"的历史交汇点上,势必要"坚定文化自信,坚持以社会主义核心价值观引领文化建设,加强社会主义精神文明建设"。[①] 红色基因作为中国共产党的独特基因,它在我国长期实践中总结凝练而成,彰显着党的初心使命、展现着党的光辉历史、映射着党的伟大精神、蕴藏着党的无穷力量。如红色乡土文化对于大学生家国情怀培育便起着不可或缺的作用,它利用家乡红色文化资源,从大学生的生长地开展教育,有利于大学生认清"根"与"魂",增进其对"家"的认知、对乡土的依恋,进而提高大学生对于中华民族历史的认识,养成文化自觉与文化自信。再如红色家书,穿越时空局限,在字里行间中映射着先人的崇高品格、坚定信仰,从红色家书中汲取滋养有利于大学生体会党的初心使命,把稳信念之舵、涤荡自身心灵。红色历史应被铭记、优秀文化应被保护,文化自信的提升必然要以红色文化的精神价值为重要的着力点,回顾红色文化记忆有助于增强大学生民族共同体意识,增强文化自觉与文化自信,牢记建设国家的使命,在继往开来中建设伟大时代,构筑中国精神、中国价值、中国力量,传播中国故事、传递中国声音。

(四)弘扬艰苦奋斗精神

道德作为一种社会现象,它的"原料不是先验的,而是人从事社会实践、社会交往的产物"。国家、民族、个人道德品质在现实社会中生成,与社会文化、意识、实践有着密切的内在联系。《新时代公民道德建设实施纲要》明确指出,要继承和发扬党领导人民创造的优良传统,传承红色基因,赓续精神谱系。一方面,红色文化体现着中国共产党人艰苦奋斗的高尚品格。中国近现代社会所处的历史时期艰难、发展环境险恶,正是中国共产党人以及广大人民群众凭借坚定信念和崇高目标,坚持不懈为国奋斗才换来了今日的和平幸福。当前我国发展正处于爬坡过坎的关键阶段,我们要发扬党的优良传统,"继续谦虚谨慎、艰苦奋斗,调动一切可以调动的积极因素,团结一切可以团结的力量,全力办好自己的事,锲而不舍实现我们的既定目标"。[②] 另一方面,红色文化饱

---

① 中共中央关于制定国民经济和社会发展第十四个五年规划和二〇三五年远景目标的建议[N].人民日报,2020-11-04.

② 习近平.深入学习坚决贯彻党的十九届五中全会精神 确保全面建设社会主义现代化国家开好局[N].人民日报,2021-01-12.

含着伟大革命精神。红色文化内蕴着中国共产党人为国为民、甘于奉献的无私无畏精神,如沂蒙精神便是诞生于沂蒙这片红色沃土,在革命战争中孕育而生的伟大革命精神,它所体现的艰苦奋斗精神不仅是沂蒙人民的真实写照,更是中国共产党人克服前进道路上艰难险阻的缩影。家国情怀作为一种精神力量,从古至今都是对中华民族远大格局的一种体现,光明与胜利往往在艰苦奋斗中实现,但如今社会上所流传的"躺平文化"无疑是对青年学生的一种精神荼毒。因此,弘扬红色文化有利于培育大学生艰苦奋斗精神,唤醒其忧患意识,让大学生增强对我国政治、道路、价值体系的认同与自信,永葆艰苦奋斗的优良品格。

三、红色文化融入大学生家国情怀培育的实践理路

深入研究和探索红色文化融入大学生家国情怀培育的途径,是传承和弘扬红色文化,增强大学生家国情怀培育实效性的现实需要,从知、情、意、行四个维度出发,凝聚精神力量、引领发展航向。

(一)真知:夯实理论之基,树立正确认知

利用理论教育,形成正确认知。知是行之始,正确的认知对解决问题起着基础作用,是达成目标的前提,因此要充分发挥课堂主渠道作用,准确理解红色文化。首先,要正确认识红色文化的科学性。马克思主义是资本主义矛盾激化和工人运动发展的产物,在中国社会千疮百孔时,它在我国传播。红色文化与中国实际相结合,在革命实践活动中形成,随着社会历史的发展不断成熟,它在本质上是辩证唯物主义和历史唯物主义的统一,符合事物和社会发展的规律。红色文化在内容上科学反映了中国经济、政治、文化的变化,为我们正确认识客观世界提供着科学的理论、方法。其次,要深刻理解红色文化的价值性。红色文化历久弥新,是中国共产党和中国人民的智慧结晶,是中华文化宝库中耀目的存在。它作为中国特色社会主义文化的直接思想来源和重要组成部分,在当今社会仍具有深刻的历史价值、教育价值。红色文化资源是优质、独特的教育资源,它利用史实对大学生进行教育,引领大学生端正思想、把稳价值取向。最后,要深入领会红色文化的发展性。每一个时代都有其特定的时代文化,红色文化不是僵化的理论,它属于社会的思想意识形态范畴,根植于不同历史时期的社会实践之中。红色文化中所展现的革命精神等是民族精神与时代精神相结合的产物,它立足世情、国情、党情、民情的不断变化,回

应时代问题、解决时代疑问,将其融入大学生家国情怀培育可使学生在接受文化熏陶的同时夯实思想理论基石,体认家国之情的深厚内涵。

(二)素情:传承红色基因,厚植家国之情

利用两个方法,增进教育情感。情感是人类心理结构的核心,对人的意识与外在行为具有调控作用,如果一个人对国家缺乏情感,那么是不会甘愿为国奉献的。因此要想持续建设国家,解决情感问题是关键,大学生家国情怀的培育离不开红色文化的陶冶。第一,运用感染教育法。家国情怀深植于中华民族血脉,流淌在中华儿女的血液中,是推进大学生国家认同、民族认同、文化认同的情感之基。而红色文化作为一种具有较强吸引力、感染力的文化形态,可在更大程度上唤醒历史记忆、厚植爱国情感、增强文化认同、提高国家归属感。第二,运用榜样示范法。红色文化的鲜明政治性给予大学生明确方向,浓厚历史性呼唤大学生爱国情感,独特本土性增强大学生民族认同,它对于增进大学生家国情怀起着特殊导向作用。个体在学习、思考或提取信息时产生的热认知(hot-cognition)现象,使其更易回忆起富有情感色彩的信息。无数革命先烈为了国家发展壮烈牺牲,留下了许多感人至深的事迹。因此,要"着力讲好党的故事、革命的故事、英雄的故事",[①]如狼牙山五壮士舍身跳崖的壮举、县委书记焦裕禄一心为民的事迹、"燃灯校长"张桂梅坚守信仰的初心……这些都充分体现着共产党人大无畏的精神。所以,在大学生中树立起模范榜样,可涵育深厚家国情怀,使其从红色基因富含的信仰信念中汲取力量,以坚定理想信念、强化使命担当,赓续共产党人精神血脉,自觉将个人理想追求与党和国家事业相联系,建功新时代、奋斗新征程。

(三)锐意:亮剑错误思潮,增强国家意识

利用网络载体,疏导错误思想。意志是人面对困难时,直面问题、自觉解决问题的心理过程,是一种有强大信念支撑的精神动力。当今世界正经历百年未有之大变局,二十一世纪互联网的应用普及加深了世界各国之间的联系,致使各类思潮传播更为迅速。但实际上,错误思潮在一定网络范围中的传播对大学生产生着不容小觑的消极影响。"灭人之国,必先去其史",如历史虚无主义思潮便是试图通过污蔑中国共产党领导、否定中国革命,竭力攻击、丑化我国领袖及英雄人物,以搞乱人心、推翻中国共产党的领导、破坏我社会主

---

① 习近平.学好"四史",永葆初心、永担使命[N].人民日报,2021-06-01.

义道路为目的。国内外敌对势力通过网络上所谓的"公知""大 V",打着揭秘真相、了解史实的幌子,发布大量歪曲、污蔑、质疑党的历史的文章,否定马克思主义唯物史观,进而否定社会主义制度和党的领导的历史必然性。这些颠倒黑白、歪曲事实的历史虚无主义言论在网络中传播,且大学生正处于"拔节孕穗期",由于思想尚未成熟,有些同学盲目相信网络谣言,这对大学生家国情怀的培育提出了严峻挑战。宣传思想阵地,正确的思想不去占领,错误的思想就会去占领,因此,要积极构建适应时代需要的红色文化数字馆,充分利用新媒体传播红色文化,如打造红色文化网站、制作红色视频、开设红色网络课程等,主动占领意识形态高地,使大学生汲取红色文化营养,防止错误思潮入脑,培育历史眼光,提高国家认同,深植家国情怀之魂。

(四)笃行:注重实践锻炼,践行初心使命

利用实践活动,实现知行合一。行为是认知、情感、意志的外表活动,是认识个体道德水平的参考。实践是启迪智慧、振奋精神的现实道路。只有当思想意识转化为具体行动,人们才能在实践过程中加深对思想理论的感悟,真正明白其价值所在。在新的历史条件下,红色文化特有的内涵、文化对于熏陶家国情怀、培养爱国情操、激发前进动力有着不可替代的重要作用。一是积极开展红色校园实践活动。高校要善于开展红色主题教育,营造良好文化氛围,让学生置身于红色情境之中,引起个体与环境的强烈共鸣。如红色经典诵读、红色征文、红歌赛等校园实践活动的进行,可实现高校学生的大规模参与,使其身临其境,在耳濡目染中拓宽文化视野、提升道德境界;再如利用建党节、国庆节、国家公祭日等重大纪念日,举行集体性纪念仪式,感知红色历史、强化集体记忆。二是大力开展红色社会实践活动。"中国革命历史是最好的教科书,常读常新",[1]鉴往事、知来者,历史给予我们诸多经验教训,红色文化中如革命根据地、革命旧址、革命纪念馆等物质文化作为历史记忆的凝结,其中所蕴含的革命理想和政治信念是展开历史画卷,实施家国情怀教育的重要素材。如借助参观红色基地、重走长征路、慰问红军战士等各种活动,充分发挥教育基地作为第二课堂的作用,再如融入社会调查、志愿服务、创新创业等活动,加强长期性、系统化的红色文化实践,促成常态化实践机制的形成。从而,加深大学生对红色文化的理解,在回溯历史的过程中缅怀先烈,追寻革命情怀,升华

---

① 习近平.多讲讲党的故事光荣传统和优良作风 引导广大党员不忘初心牢记使命坚定信仰勇敢斗争[N].人民日报,2021-02-20.

精神境界,领悟家国情怀意蕴。

四、结语及展望

红色文化自革命时期产生,是对马克思主义和中华优秀传统文化的继承和发展,它所蕴含的理论、实践价值对大学生家国情怀培育具有独特作用。在中国特色社会主义新时代,党中央对红色文化愈加重视。在建党一百周年之际,全党上下大力开展党史学习教育。党史中饱含着丰润的红色文化,深化红色文化的挖掘、阐释、传播、教育,对于引领共产党人汲取党史力量、永葆红色基因,增进身份自信和使命担当具有重要意义。提升红色文化在大学生家国情怀培育中的引领力、支撑力,能为有效促进大学生认清历史使命、勇担时代责任奠定科学的思想基础。本书从内在关联、价值意蕴、实践理路等角度,对红色文化融入大学生家国情怀培育进行了探索,力求增强对大学生的价值引领。在当前重视思政育人与红色基因传承的背景下,关于红色文化的研讨已形成了相对成型的研究体系,但在研究深度、广度上仍待深化。未来,还可以继续创新研究视角,通过多案例动态追踪、定量与定性结合等方法,紧跟时代脚步开展探讨,为红色文化融入大学生家国情怀培育提供更为丰富的理论及实践依据。

第三节　优秀地域文化提升高校文化育人实效

一、优秀地域文化融入高校思想政治教育①

西方"文明优越论""文明冲突论"长期盛行,我国文化话语权处于危与机并存的现实境遇。党的十九届五中全会提出,到 2035 年把我国建成文化强国、教育强国和人才强国。据此,高校思想政治教育的文化育人工作日显紧迫。目前,学者们从多个视角对优秀地域文化在高校思想政治教育中的应用

① 本部分主要内容已发表于《思想政治教育研究》2022 年第 2 期,原题为《优秀地域文化融入高校思想政治教育研究》,略有调整和拓展。

展开研究。比如,关于优秀地域文化与高校思想政治教育的关系研究,普遍认为地域文化是中华文化的重要组成部分,能够提供丰厚的教育内容和载体资源,有助于拓展高校思想政治教育的内涵和外延;高校肩负着人才培养和文化传承创新的职能,尤其高校思想政治教育是推动地域文化传承和创新的主要动力,要坚定更基础的文化自信。关于优秀地域文化育人的现状探寻,在肯定教育成效的基础上,认为受多元文化生态的影响,高校从本土文化中汲取养分的自主意识强度较弱,文化融合效果的实践检验深度较浅,融合过程中载体和媒介的实际运用广度较窄。关于优秀地域文化育人的路径,可以通过以下几个方面进行探究:依托地域文化特色,完善课程建设,丰富教育内容和形式;建立实践基地,实现校地共生共荣;构筑网络平台,加强地域特色文化的宣介等。从总体上看,已有的学术成果为深化以文育人奠定坚实基础。立足新阶段的新情况、新问题,进行优秀地域文化融入高校思想政治教育的多案例分析,并进行前瞻性思考,为深化融入破解难题、擘画新路径,这对高校思想政治教育文化品位的升华意义深远。

(一)优秀地域文化融入高校思想政治教育的价值意蕴

地域文化的内涵在学术界尚无定论,主要有两种观点:一种从客体角度认为,地域文化是与地理、社会、历史等因素密切相连,至今仍发挥作用的特色文化;另一种从主体出发认为,地域文化是在特定地区,人类世代传承和创造的结果。广袤的中国大地上具有独特地域烙印的多元文化相互激荡融合,优秀地域文化则是一地区文化积淀总和中的精华,是中华文化的重要组成部分。它充分凸显特色优势,汇聚形成了中华优秀传统文化,孕育培植了革命文化,滋养丰富了社会主义先进文化。因此,优秀地域文化融入高校思想政治教育,不仅有"引实进虚"的以文化人的价值意蕴,还有"由虚入实"的以文育人的客观效果。分别从价值旨归、战略资源和发展蓝图等不同维度来看,高校深化优秀地域文化育人有利于弘扬和培育中国精神,继承和创新中华文化,进军第二个百年奋斗目标。

1.从价值旨归的深度看,是中国精神弘扬和培育的关键环节

"中华文化积淀着中华民族最深沉的精神追求,是中华民族生生不息、发展壮大的丰厚滋养。"[①]一方面,优秀地域文化是涵养社会主义核心价值观的

---

① 习近平.胸怀大局把握大势着眼大事 努力把宣传思想工作做得更好[N].人民日报,2013-08-21.

重要源泉,大学生正处在"拔节孕穗期",以优秀地域文化育人有利于其树牢正确的价值观,认清并抵制西方的意识形态渗透,把为国担当的知、情、信、意、行统一起来,真正成为社会主义现代化建设的生力军。另一方面,"优秀传统文化是一个国家、一个民族传承和发展的根本,如果丢掉了,就割断了精神命脉"。① 在这个意义上,优秀地域文化也是中华民族的精神命脉,它蕴含着民族精神和时代精神。高校与时俱进革新教育形式,以大学生耳濡目染的地域文化为内容来开展思想政治教育,有利于厚植大学生的爱国主义情怀,使其对自己学习和生活的热土爱得深沉,进而上升为对整个国家和民族的热爱。

2.从战略资源的高度看,是中华文化继承和创新的主要途径

当前,文化日益成为综合国力角逐的关键内容与重要场域,各国纷纷从文化中借力、在文化上发力。高校思想政治教育长期浸润在地域文化之中,有其独特的地方优势,发挥着文化选择、继承和创新的重要作用。一是文化选择。唯物辩证法的本质是批判的、革命的,将优秀地域文化融入高校思想政治教育就是去粗取精、由表及里的过程,这要求教师通过深入学习、辩证选择,有针对性地将地域文化的精神内涵传递给学生,逐步提高其认知度。二是文化继承。高校思想政治教育由于立德树人的需要,更加致力于把地域特色文化体系转化为教材体系,通过教育再内化为价值体系,进而使优秀地域文化得以保护并不断继承。三是文化创新。除了要有选择地继承文化,还要发挥创造性思维,这才符合文化发展的客观规律。高校是具有创新意识和创新能力的人才聚集地,注重不同文化的整合效应,能赋予优秀地域文化崭新的时代内容,使之真正"活"起来。

3.从发展蓝图的角度看,是进军第二个百年奋斗目标的现实需要

"中国特色社会主义是全面发展、全面进步的伟大事业,没有社会主义文化繁荣发展,就没有社会主义现代化。"② 化成天下要观乎人文,思想政治教育是完成建设中国特色社会主义各项任务的中心环节,把优秀地域文化育人摆在更加突出的位置,对地方经济和社会发展具有强大的反作用。"理论一经掌握群众,也会变成物质的力量。理论只要能说服人,就能掌握群众;而理论只

---

① 习近平.习近平在纪念孔子诞辰 2565 周年国际学术研讨会暨国际儒学联合会第五届会员大会开幕会上的讲话[N].人民日报,2014-09-25.

② 习近平.习近平在教育文化卫生体育领域专家代表座谈会上的讲话[N].人民日报,2020-09-23.

要彻底,就能说服人。"①高校用好盘活具有"三贴近"优势的地域文化资源,进行产学研用结合,可以增强学生服务社会的意识,促进"象牙塔"内的成果变为现实的生产力,因地制宜实现区域经济社会的高质量发展,为决胜全面建成小康社会做出了贡献。当前,向第二个百年奋斗目标进军要求丰富人民的精神世界,提高国家文化软实力。高校坚持经济效益和社会效益的有机统一,让学生在感悟得天独厚的地域文化过程中陶冶美丽心灵,使中华文化宝库中这笔宝贵的精神财富得以进一步发掘与展示,推进新时代中国文化形象建设。

(二)优秀地域文化融入高校思想政治教育的案例分析

"文化兴国运兴,文化强民族强。"②党的十八大以来,习近平高度重视文化建设,深刻彰显新时代的文化自信,我们的国家和民族迸发出更深沉、更持久的民族发展力量。文化的繁荣离不开教育,习近平更是多次强调文化育人,这为新形势下高校探索思想政治教育新举措指引了方向。当前,优秀地域文化融入高校思想政治教育得到了广泛关注,研究择取具有代表性的陕西红色文化、湖南英雄文化、福建闽南文化、广东侨乡文化分别融入西安交通大学、湘潭大学、闽南师范大学、暨南大学思想政治教育的实践,总结出打造地域"长板"、创新实践情境、实现辐射效应的独特经验,为各高校深化优秀地域文化育人提供有益借鉴。

1.打造特色地域"长板"

相较于高校思想政治教育以理论灌输为主导的单一传统观念,优秀地域文化育人把"以文化人"作为对长期"以理服人""以情感人"的有效补充和创新发展,追求显性教育和隐性教育的动态平衡。宣介地方特色文化,要讲清楚"自己的特色"、讲清楚"突出优势"、讲清楚"滋养"作用、讲清楚"深厚历史渊源和广泛现实基础"。在这个意义上,可以说四个典型案例高校较好地做到了。首先,陕西红色文化具有完整性,是中国各个革命时期的鲜活展现,西迁精神是红色精神谱系的赓续,西安交通大学是一代代西迁人听党号令、筚路蓝缕的产物。2020年习近平到校考察调研时,勉励广大师生继续发扬西迁精神,在新时代为中华民族立下卓越贡献。学校把西迁精神融入课堂立德树人和文化传承活动,实现西迁精神传新人、赋新能,为国家建设输送了大量扎根西部的

---

① 马克思恩格斯文集:第1卷[M].北京:人民出版社,2009:11.

② 习近平.习近平在中国共产党第十九次全国代表大会上的报告[N].人民日报,2017-10-28.

人才。其次,湖南英雄辈出、人才济济,如魏源、左宗棠、毛泽东、刘少奇、彭德怀等,在中国近现代史上画了浓墨重彩的一笔。毛泽东倡办了湘潭大学,并嘱托"一定要把湘潭大学办好"。习近平对湘潭大学的发展作出重要批示,希望其"扎根伟人故里","把学校办得更有特色"。湘潭大学不负重托,打造了湘籍革命家群体的宣传矩阵,利用伟人故居进行大课堂的体验式教学,办学特色显著。再次,闽南师范大学位于闽南文化的发祥地和核心区,积极把闽南文化融入育人的全过程,因地制宜探索两岸一脉相承文化资源与思想政治教育同向同行的新模式。该校把闽南话诗词、龙人古琴、茶艺、戏曲传统艺能融入思想政治教育,举办闽台传统文化特色教学展、闽南文艺展演活动等,致力于培育"据于德,依于仁"的新一代学子,增进两岸文化认同与自信。最后,广东是中国最大的侨乡,侨乡文化独树一帜,浸润于"侨文化"的暨南大学被誉为"华侨最高学府"。2018年习近平到校考察时殷切嘱托要"为海外侨胞回祖国学习、传承中华文化创造更好条件"。学校贯彻落实这一指示精神,追求"有海水的地方就有暨南人",不断擦亮"侨牌",改革侨校特色育人模式。如定期请专家学者开展侨务专题系列讲座、携手侨乡潮州建立附属学校、形成三地五校区的立体办学格局等。

2.创新特色实践情境

面对新形势,高校思想政治教育迫切需要改革。高校将静态的地方特色文化要素融入思想政治教育的动态过程,统筹文化育人、实践育人、环境育人,其实质就是一种思想政治教育创新。环境的改变与人的自我改变在实践中获得一致性,大学生参与社会实践活动是对高校课堂教学的延伸,高校应以地方博物馆、革命遗址遗迹、民俗文化活动等为教育载体,开展具有广泛参与性的情境式、体验式、活动式教学,实现知行统一。四个典型案例高校创设的特色实践情境,可为相应措施的采取提供具体参考。首先,西安交通大学的西迁博物馆以实物和多媒体集中展现了波澜壮阔的西迁史,疫情防控期间还建设了网上展馆。博物馆巧抓契机,成为讲好西迁故事和弘扬西迁精神的主要阵地,成为青少年爱国主义教育的重要平台,成为陕西红色文化的呈现窗口。其次,湘潭大学将英雄文化融入思想政治教育,产生了一大批模范群体,有全国道德模范文花枝、杨怀保,全国百佳优秀志愿者王达佳,舍身救火英雄烈士夏形义……同时,"模范群体现象"在校内形成"雪球效应",广大师生自觉学习典型榜样,营造出"榜样引领崇高事业"的校园文化氛围。再次,闽南师范大学十分注重强化社会实践,涌现出一系列项目成果,如"实习支教促进留守儿童阳光成长的实践与研究闽南"获批国家级教学成果奖。校地、校企共建文化实践基地,共同培养地域文化专门人才队伍,为地方发展提供了强有力的智力支撑。最后,侨乡是饱含教育资源的生动课堂,暨南大学积极组织学生实践团队赴"侨"地开展寻根之旅,团队数量呈现逐年递增的趋势,让学生在"做"中传承和弘扬敢为人先、艰苦创业的侨商精神,感悟家国情怀。通过发挥"侨"地的"桥"之用,实现理论与实践相结合,"润物细无声"。

3.实现特色辐射效应

优秀地域文化育人具有强大的感召力,不同地域文化的教育价值可能各有侧重,总的说来可以增强学生的综合素质,促进人的全面发展。致力于提高学生的文化素质和思想政治教育的文化品位,高校已逐步形成开放式办学理念,引进西方隐性教育经验,同时使优秀地域文化走出校门、走遍全国、走向世界。四个典型案例高校在这方面纷纷做出了自己的贡献。首先,地处"一带一路"的重要节点城市,西安交通大学发起成立了"新丝绸之路大学联盟",目前已有38个国家和地区的大学加盟,有效提升了陕西红色文化的国际影响力。其次,湖南人杰地灵,湘籍的革命群体构成了英雄文化发展史上的一座高峰,湖南英雄文化有利于加强青年的品德修养、培养奋斗精神。湘潭大学继承经世致用的湖湘人精神,自觉承担促进地方经济社会发展的重要使命,推动产学研用结合,致力于建设好、发展好英雄们的家乡,培育勇担民族复兴大任的时代新人。再次,福建与台湾一水之隔,闽南文化是两岸同胞赖以维系的重要精神纽带,可以增强青年的认同意识、凝聚民族力量。为利用闽南文化服务于祖国和平统一大业,闽南师范大学先后主办了《闽台文化研究》期刊,成立了闽台文化研究院,两岸专家学者始终坚持围绕"根""祖""脉"的研究主题,研究的成果推动海峡两岸高校形成奋发图强、报效祖国的氛围,并发挥以点带面之效。最后,暨南大学积极落实习近平对该校关于"把中华优秀传统文化传播到五湖四海"的指示,成立了"铸牢中华民族共同体意识研究基地"和"中华文化港澳台及海外传承传播协同创新中心",着力加强文化交流合作,旨在破解以文育人过程中存在的"有理传不开"的现实困境,为提升中华文化海外传播能力和构建中国国际话语体系贡献自己的智慧和力量。

(三)优秀地域文化融入高校思想政治教育的问题剖析

改革开放以来,我国经济社会高速发展,但对璀璨的中华文化特别是优秀地域文化的重视仍然不够,这给高校思想政治教育提出了许多新的要求和挑战。由于多元价值观冲击、高校育人机制不完善和产学研结合松散,深化优秀地域文化融入高校思想政治教育仍存在一些不尽如人意之处,如地域文化边缘化、融合趋向同质化、辐射作用局限化等,值得重点关注。

1.优秀地域文化融入高校思想政治教育存在的问题

当前,优秀地域文化融入高校思想政治教育仍面临着一些问题:

首先,地域文化边缘化。一些高校为了获得更多优质生源,侧重加大物质方面的投入。有的高校对地域文化的认识存在误区,"地域"被贴上"封闭""肤浅"等负面标签,转而"舍近求远"。高校思想政治教育忽视这方面的经费投入,使得优秀地域文化不能很好地融入,最终导致地方资源不能物尽其用。多数教师忙于教学科研任务和教务管理工作,难以抽身去深入了解地域文化,课堂内容重复利用已开发的教育元素,对其他文化形态的结合应用呈现部分空白的状态,这明显降低了地域文化的应用效益。当然,高校中不乏比较透彻研究地域文化的学者,但其成果往往学术性大于指导性。另外,有的学生和家长认为地域文化对专业学习和择业就业作用不大,因此没有学习的自主性或觉得根本没有必要学习,这种急功近利的心态,也给深化优秀地域文化育人增加了阻力。

其次,融合趋向同质化。目前有的高校思想政治教育实践中,或脱离地域文化,偏重于政治思想说教;或盲目地植入地域文化,导致了思想政治教育文化内涵的浅层化。虽然部分高校文化活动能够与地域文化特色有机结合,但整体来看,大部分活动还是比较雷同,放诸四海而皆准,难以体现高校自身的特点。高校组织的部分地方特色文化实践也不免流于形式,育人初衷与实际效果存在差距。此外,高等教育职称评定中长期存在科研导向的事实牵引,部分前沿热点课题成为反复研究重点,致使人才趋同化、项目同质化,学者研究地域文化的积极性被挫伤,进而限制了优秀地域文化在全社会的宣传覆盖面。

再次,辐射作用局限化。前哈佛大学校长德里克·博克指出:"无论是在城市还是乡镇,大学的文化、反世俗成规的生活方式和朝气蓬勃的精神面貌,常常成为刺激周边社区的载体,同时也是他们赖以骄傲的源泉。"高校本应发挥文化传承、社会服务等职能,对地域文化和地方发展产生辐射作用,但目前高校对地域文化多为简单的需求式应用,或者是专业的学术研究,不具备普适性,进行一般的推广宣传受到了阻碍。此外,囿于文化融合媒介陈旧、宣传形式单一,各高校有关地域文化的成功案例往往局限于校园官网的宣传,以点带面的辐射作用无疑大打折扣。

2.优秀地域文化融入高校思想政治教育问题的成因

结合上述的多案例,坚持问题导向分析,发现优秀地域文化育人过程中存在问题的原因主要是:

第一,多元价值观冲击。文化的深层蕴涵实际上是价值观。由于现代互联网的便利,博大精深的中华文化和地方文化的关系、鱼龙混杂的外来文化和中国地域文化的关系相互交织,这难免滋生一些错误思潮。尤其是西方国家的拜物教对我国高校产生了消极影响,主要表现在:有的高校片面强调物质文化,使教育"产业化",对隐性的社会实践中的优秀地域文化精神营养汲取力度不大,缺乏相应的实践教学体系,出现"走过场"现象。当然,这也给高校师生的地域文化价值取向带来了冲击,甚至出现个别"精致的利己主义者",文化自信动摇。

第二,育人机制不完善。在财政机制上,尽管我国在教育方面的资金投入不断增加,但由于专项经费分配比例不协调,地域文化融入高校的人才培育、项目激励往往得不到足够的财力支持,导致部分高校和教师"心有余而力不足"。在评价机制上,"唯职称""唯论文""唯帽子"的现象仍然存在,与地域文化有关成果的发表存在院校歧视和内容歧视,这在客观上影响了教师学习优秀地域文化的自觉和科研方向的选择。在合作机制上,政府部门和高校在文化发展规划中,忽视地域文化与校本文化的联系,缺乏关于促进校际、校企、校地合作的政策制定与实施,相互之间形成了一种"游离型"的互动关系。

第三,文化建设较封闭。利用优秀地域文化育人打造高校特色文化品牌,是扩大高校影响力的重要途径。但目前部分高校残留传统封闭的"文化怀旧"心理,"文化强校"意识仍薄弱,这对精神文化交往产生阻隔,地域文化进高校思想政治教育呈现形式化和碎片化的特点。加之部分高校文化传承传播主要还是通过旧方式因袭,创新性不足,导致优秀地域文化育人"引进来"与"走出去"的收效甚微。因此,要推动高校特色办学的可持续发展,高校开放性的文化建设有待提升,在构建区域文明共同体和面向世界彰显文化自信方面有待加强。

(四)优秀地域文化融入高校思想政治教育的路径擘画

任何一所高校的办学模式和专业特色,均与其所处的社会历史文化环境息息相关。因此,可以从不同角度探索高校深化优秀地域文化育人的应然性路径,遵循"三因"规律,完善"三全育人"机制,塑造内外兼修风格,力求实现地域文化发展和高校立德树人更为密切的融合。

1.把握融入的目标向度:坚持"三因"规律

破解多元价值观冲击,使地域文化从边缘走进关注视野,要明确优秀地域文化育人的目标和方向。"做好高校思想政治工作,要因事而化、因时而进、因势而新"，①"三因"规律是对马克思主义唯物辩证法的自觉遵循。

首先，"因事而化"的"事"是指高校思想政治教育的实际情况、学生的思想实际水平。我们的教育绝不能培养出社会主义的破坏者，要培养出具有"中国心""中国情""中国味"的人，让教育对象坚定"四个自信"，关键是意识到中华文化的特殊性，坚定文化自信。"思想、观念、意识的生产最初是直接与人们的物质交往，与人们的现实生活的语言交织在一起的。"②高校思想政治教育要化解优秀地域文化育人边缘化的尴尬境地，要使以文化人达到入脑入心的效果，就要挖掘、整合贴近生活的地域文化元素，运用"浸润式"教学语言。教师通过自身对优秀地域文化的认同感和归属感，用生动鲜活的现实话语去唤醒学生的内在情感共鸣，实现教育活动由"抽象世界"转向"微观叙事"，让"天下事"和"地方事"都真正成为学生关心的事。

其次，"因时而进"的"时"是高校学生身处的时代。"十四五"时期我国进入了新发展阶段，世界文化格局正在发生深刻调整。"时代是思想之母，实践是理论之源。"③优秀地域文化是时代的思想结晶，融入高校思想政治教育能够推动教育的与时俱进，利用其生活渗透属性增强教育的感染力。反之，高校思想政治教育过程中通过联系生活实践，可以赋予优秀地域文化新的时代内涵，实现其创造性转化和创新性发展。高校尤其要巧抓像中国共产党成立100周年等重大契机，引导学生从党在地方探索革命、建设和改革的具体实践中，认识和把握中国特色社会主义的历史必然性。具体而言，在实践组织上，要充分调动高校团委、二级学院、学生社团等组织者的积极性，根据学生的实践需求，精心规划与地域文化相关的主题实践活动。在实践方式上，要推动校内与校外相结合，组织学生寻访地域文化名人、开展文化基地暑期社会实践活动、志愿参与地方文化事务等，打破时空限制，使实践育人常态化。在实践反馈上，要制定灵活多样的评价标准和评价方法，这不仅能够为文化实践活动的查缺补漏提供指导，还能够对学生起反馈激励的作用，充分调动其自我教育的主观能动性，生发弘扬和传承优秀地域文化的责任感和使命感。

再次，"因势而新"的"势"是社会发展大势。当前，国家间的文化较量愈演

① 习近平.把思想政治工作贯穿教育教学全过程 开创我国高等教育事业发展新局面[N].人民日报，2016-12-09.

② 马克思恩格斯选集：第 1 卷[M].北京：人民出版社，2012：151.

③ 习近平.习近平在中国共产党第十九次全国代表大会上的报告[N].人民日报，2017-10-28.

愈烈。互联网作为文化生产传播的重要载体,将成为今后很长一段时期的最大变量。截至 2020 年 12 月,我国互联网普及率达 70.4%。网络上有很多不良价值观的内容,致使部分大学生的思想价值观念出现了偏移,"谁赢得了互联网,谁就赢得青年"。[①] 网内思想政治教育要以网外思想政治教育为基础,网络思想问题呼唤与之相适应的生活化的解决方案。这要求高校思想政治教育要因势而谋、顺势而为,通过"互联网+"教育渗透到学生生活的各方面,占领意识形态主阵地。例如,校园网平台销售地域文化文创产品,学生在消费时潜在地接受其背后的独特价值内核,从而使地域文化的教育功能得以延伸;投资开发介绍地方英雄人物和民风民俗、智慧导览地方文化圣地的掌上 App,实现互联网与地域文化的深度融合,有效激发学生的关注度和参与度,提升以文化人的亲和力。

2.擢升融入的协同力度:完善"三全育人"机制

为实现不同高校优秀地域文化育人绽放异彩,有必要完善"三全育人"机制以擢升融入的协同性。"三全育人"就是强调育人主体的全员性、育人过程的衔接性和育人方位的覆盖性,实现"人人育人""时时育人""处处育人"。构建"三全育人"体系,要求高校坚持把破解思想政治教育难题作为目标指向。做好优秀地域文化育人,关键在广大育人主体范畴中的教师。马克思提出:"如果你想感化别人,那你就必须是一个实际上能鼓舞和推动别人前进的人。"[②]教育者要先受教育,提高地域文化的学习能力和传承意识,通过扎实学识针对不同阶段的教育对象适时调整教学过程,无论课堂内外还是线上线下,实现时时将地域文化的精华传授给学生。再者,为了使特色文化育人有源头活水,要引育地域文化人才,形成育人的长效机制。利用顶层设计和政策倾斜引导,如健全和完善地域文化师资培训机制、地域文化专项经费使用机制和文化育人教学评价与激励机制等,鼓励教师立足本土进行考察研究,系列产出关于地域文化的科研成果,夯实特色办学的理论和实践基础。

同时,形成"三全育人"格局,要求高校统筹各领域、各环节的育人力量。前提是各育人场域要避免"各自为战",共筑协同育人的共同体。中观层面的地方政府应结合地区优秀地域文化资源与国家宏观层面的文化育人要求进行对标,形成地方特色育人方案,为微观层面的高校思想政治教育提供具有针对

---

① 习近平.把思想政治工作贯穿教育教学全过程 开创我国高等教育事业发展新局面[N].人民日报,2016-12-09.

② 马克思恩格斯文集:第 1 卷[M].北京:人民出版社,2009:247.

性的指导。文化育人有自发育人与自觉育人之别,不良文化的自发影响,给高校自觉育人增加了难度。高校要结合学校自身的历史积淀和办学传统,广泛开展文明校园创建,建设凸显地域文化特征的校园文化环境,多样化开展有格调的校园文化活动,用立德树人的成效检验一切工作。社会服务是高校重要职能之一,高校在形成某种稳定的特色文化形态后,要充分发挥辐射源作用,为地方企业输送高素质复合型人才,实现产学研用紧密结合。总之,"三全育人"机制建设是一项系统工程,需要对地方政府、企业、社会等多个子系统进行资源整合、关系优化,实现校内校外多方位耦合,构建齐抓共管的工作格局。

3.拓展融入的空间维度:塑造内外兼修风格

提升文化建设的开放性,高校应拓展优秀地域文化育人的空间,塑造内外兼修的风格,从区域内外和国内外两个层面着手,充分发挥辐射作用。从区域的立场出发,要凸显高校思想政治教育特色。地方政府要大力助推高校以地方特色培育自己的办学特色,取得良好的办学效益,实现校地的共生共荣。但是,高校追求特色、讲究差异,并不是为了满足学生的"猎奇"心理,而是要符合思想政治教育规律和目标。再者,高校利用地域文化建设特色思想政治教育,要产生联动效应,促进不同地域文化的传播交流,使高校真正担当起"兴文化"的重要使命。当前,已有一批批高校被教育部列为中华优秀传统文化传承基地,这表明它们在以文化人方面取得了实绩,故可以通过开展研讨会、报告会等活动形式进行集中探讨学习,将一批可规模化的经验推广到全国,促进各高校结合自身的办学特色准确定位、综合施策。

从国家的角度来看,要坚持中国特色社会主义文化。要跻身世界一流大学,高校必须扎根中国大地办出中国特色。习近平指出,"新时代中国青年,要有家国情怀,也要有人类关怀"。[①] "培养什么人"决定了"如何培养人"。其一,坚持政治性。世界文化相互激荡,对中国地域文化来说既是发展,也是挑战。德国学者赫尔穆特·施密特说:"应当在全球泛滥的伪文化的压力面前捍卫自己的文化特性,大学应该成为这方面的主要源泉。"高校思想政治教育要把地域文化的精华同马克思主义立场观点方法结合起来,引导学生自觉警惕西方国家倚仗经济和政治优势推行的文化霸权主义,坚定不移走中国特色社会主义道路。[②] 其二,注重开放性。高校利用优秀地域文化育人在助推文化"内兴"的基础上,还要秉持"开放"的新发展理念,尊重世界文化多样性。文化

---

① 习近平.在纪念五四运动 100 周年大会上的讲话[N].人民日报,2019-05-01.

② 习近平.没有中华五千年文明,哪有我们今天的成功道路[N].人民日报,2021-03-23.

越是民族的越是世界的,有条件的高校要初步构建立体式大外宣格局,利用重要国际会议论坛、外国主流媒体等平台发声;通过国际合作成立文化联盟和研究基地等。以文载道,在文化的交流交融交锋中努力塑造可信、可爱、可敬的中国形象,为构建文明共同体贡献自己的智慧和力量。①

二、高校思政课要用好优秀地域文化资源②

在新时代新征程上,社会主义文化强国建设被提升到了前所未有的战略高度。中国幅员辽阔,不同地域滋养了形态独特的优秀传统文化、革命文化和社会主义先进文化,用好这些优秀地域文化资源,能够为思政课高质量发展提供深厚力量。继往开来,在实现思政课教学目标与优秀地域文化育人同向同行的着力点上继续发力,是值得深入探讨的一个重要课题。

(一)优秀地域文化资源的丰富内涵

优秀地域文化是一个地区文化积淀总和中的精华,是中华文化的重要组成部分。优秀地域文化资源内涵丰富,汇聚形成了优秀传统文化,孕育培植了革命文化,涵养厚植了社会主义先进文化,这三者是一脉相承的有机整体。

1.优秀传统文化

党的十八大以来,习近平站在国家战略资源的高度,多次强调中华优秀传统文化是中华民族的"根"和"魂",是我们最深厚的文化软实力,"如果丢掉了,就割断了精神命脉"。③ 坚持把马克思主义基本原理同中华优秀传统文化相结合,"从孔夫子到孙中山,我们都注意汲取其中积极的养分",④推动中华民族精神命脉的"创造性转化和创新性发展",使其"与当代文化相适应、与现代社会相协调"。⑤ 学界已对优秀传统文化进行多视角的探讨,成果丰硕。中国传统文化是指中华民族文化在历史发展过程中产生的具有稳定形态的中国文

---

① 习近平.在中共中央政治局第三十次集体学习时强调 加强和改进国际传播工作 展示真实立体全面的中国[N].人民日报,2021-06-02.

② 本部分一些内容已发表于《马克思主义理论学科研究》2023 年第 10 期,原题为《高校"大思政课"用好优秀地域文化资源的关键点》,有调整和拓展。

③ 习近平谈治国理政:第 2 卷[M].北京:外文出版社,2017:313.

④ 习近平.在纪念孔子诞辰 2565 周年国际学术研讨会暨国际儒学联合会第五届会员大会开幕会上的讲话[N].人民日报,2014-09-25.

⑤ 习近平谈治国理政:第 2 卷[M].北京:外文出版社,2017:340.

化,中华优秀传统文化则是其中去除糟粕的精华部分,"人际和谐"和"天人协调"是最基本的思想观点。中华优秀传统文化反映了中国文化发展的精神方向,具有激发民族自豪感的作用。在这广义的中华优秀传统文化范畴中,优秀地域文化资源汇聚形成的优秀传统文化,是中国各区域人民在长期社会实践活动中创造发展的、具有鲜明地方特色的文化,八闽文化是其中的一个重要支流。福建以时代精神激活优秀传统文化生命力,多层次绘就了八闽文化"基因图谱",如三明万寿岩遗址、漳平奇和洞遗址等福建史前遗址;海丝文化、朱子文化、茶文化等中华文化地标;闽南文化、客家文化、妈祖文化等海峡两岸特色文化;"闽都文化"、建本文化、海洋文化等福建地域文化;儒学集大成者朱熹、为报效天下走马半年上任的知县冯梦龙、民族英雄郑成功、"开眼看世界第一人"林则徐、中国近代向西方寻找真理的杰出代表严复等历史人文资源。

2.革命文化

习近平从治国理政的现实出发,对革命文化作出重要论述。"中国革命历史是最好的营养剂",[①]要发扬红色传统、传承红色基因,永葆革命精神、革命斗志等。近年来,作为实指性命名的"革命文化"和作为象征性表达的"红色文化",被当成文化议题中的"热词"混合使用。学界普遍认为,"革命文化"一词最早是瞿秋白在《东方文化与世界革命》一文中提出的。革命文化是"在新民主主义革命中,中国共产党领导人民群众创造的独特文化形态,它是马克思主义中国化的重大文化成果",是中国文化精神谱系中承前启后的关键环节,也正是不忘初心、百折不挠的革命精神,使党披荆斩棘开辟和拓展了中国道路。具言之,优秀地域文化资源孕育培植的革命文化,是革命时期中国共产党人坚持以马克思主义为指导,在地方特殊革命境遇中形成的一种独特精神和力量。习近平对革命文化的赓续是一以贯之的,他在福建工作十七年半期间,经常深入革命老区调查研究,看望革命"五老"人员。2021 年 3 月,习近平来闽考察时再次强调,"福建是革命老区,党史事件多、红色资源多、革命先辈多"。[②] 如古田会议旧址群、中央苏区、长征片区、闽浙赣片区、革命烈士的红色家书等以物质形态存在的红色资源,长征精神、才溪乡调查精神、苏区精神、古田会议精神等以精神形态存在的红色基因,这些都是开展党史国史学习教育的独特优势。

3.社会主义先进文化

习近平以实现中国梦的宏伟蓝图为目标导向,指出"建设社会主义文化强

---

① 习近平.在党史学习教育动员大会上的讲话[N].人民日报,2021-02-21.
② 习近平谈治国理政:第 4 卷[M].北京:外文出版社,2022:518.

国,增强国家文化软实力,必须坚持社会主义先进文化前进方向",①"用社会主义核心价值观凝聚共识、汇聚力量"。② 当今社会先进文化与落后文化杂糅,习近平强调"要弘扬社会主义先进文化,深化文化体制改革,推动社会主义文化大发展大繁荣",③鼓励优秀文化作品从"高原"迈向"高峰"。近年来,学界对社会主义先进文化的研究呈现出百家争鸣的局面。有的侧重内容分析,主张社会主义先进文化是以社会主义核心价值体系为灵魂,面向现代化、面向世界、面向未来的民族的、科学的、大众的文化;有的侧重形式探讨,提出社会主义先进文化是接受世界大潮洗礼和时代风云熏陶,通过学术、舆论、文艺、影视等呈现的新型文化样态;有的则辩证地把握社会主义先进文化与其他文化之间的关系,认为社会主义先进文化是中华优秀传统文化和革命文化的"生长锥",彰显了改革创新的时代精神。综上所述,优秀地域文化资源滋养丰富的社会主义先进文化,是融进特定地区人民生产生活的独特软实力,是反映当地经济、政治观念的上层建筑,对社会主义建设和改革起着积极的反作用。在福建这片沃土上,孕育了龙江精神、向东渠精神、厦门精神、木兰溪治理精神、"马真"精神、闽东精神、三钢精神、谷文昌精神、廖俊波精神等,生成了晋江经验、长汀经验、宁德脱贫模式、"闽宁对口扶贫协作援宁群体"先进事迹、"3820"工程、漳州"110"、三明医改经验等,从侧面彰显了地域文化所饱含的先进性,其教育价值意蕴不容小觑。

(二)用好优秀地域文化资源对增强思政课实效性的重要意义

习近平强调,我国有独特的历史、独特的文化、独特的国情,"努力用中华民族创造的一切精神财富来以文化人、以文育人④"。教育的本质是在人与文化之间进行双向建构的实践活动,思政课兼具意识形态性和文化属性,增强思政课实效性是文化育人的出发点和落脚点,优秀地域文化资源能为思政课建设提供深厚力量。

1.优化思政课的内容体系

思政课坚持内容为王,运用好文化育人的普遍规律和优秀地域文化的特

---

① 习近平.关于《中共中央关于全面深化改革若干重大问题的决定》的说明[N].人民日报,2013-11-16.

② 习近平.在省部级主要领导干部学习贯彻党的十八届五中全会精神专题研讨班上的讲话[N].人民日报,2016-05-10.

③ 习近平谈治国理政:第1卷[M].北京:外文出版社,2014:160.

④ 习近平谈治国理政:第1卷[M].北京:外文出版社,2014:164.

殊价值,避免孤立、静止地钻研学科内容,以此来丰富课堂资源,助推形成特色供给创造特殊需求、特殊需求牵引特色供给的新发展格局,涵养学生的文化自信。从供给侧来看,优秀地域文化包含特色建筑、地方志、回忆录、人物传记等丰富资源,与教学设计具有较高契合度。地方政府制定相关政策,支持本地的优秀传统文化、革命文化、社会主义先进文化等特色资源研究嵌入思政课教辅资料,助力提升教材的政治性、时代性、可读性。例如,福建为"闽派"文化产业的发展提供政策支撑,鼓励以八闽重大历史事件和历史人物等为题材创作生产,广受好评的《妈祖》《天演先声》《山海情》《爱拼会赢》等不断走进思政课。此外,身处一线的思政课教师是课程资源开发利用的主导者和推动者,结合学科特点、教学目标、学生实际,自然而然地引入优秀地域文化资源,使教学内容引起学生的情感共鸣和精神共振,进而满足其对优秀地域文化的了解需求。从需求侧来看,遵循学生的认知发展规律,大中小学循序渐进、螺旋上升地办好思政课,其中,大学阶段的内容要讲求思想性和理论性,注重价值观的引领。通过大力挖掘优秀地域文化资源与思政课内容的耦合点,具化抽象理论、实化课程内容,突破教学重点和难点,将地方特色文化资源优势转化为受教育者内在本质力量,不断提高思政课教学的文化品位和文化魅力。近年来,福建高校以全国性文化传承基地建设为平台,整合优化教育资源,探索课程融合协调发展。福建师范大学、华侨大学、泉州师范学院等分别打出闽台地方戏曲、舞狮(南狮)、南音等以美育人、以文化人的"组合拳",充分发挥高校文化传承创新的职能,形成辐射带动的"雪球效应"。

2.活化思政课的教学方式

"00后""05后"的大学生思维活跃,自主意识强,喜欢接受新鲜事物。思政课若一味地进行理论灌输,容易引发学生的逆反心理。优秀地域文化是一种内生且外延丰富的文化形态,适时、适度地融入能使思政课更"接地气"。将所要传授的思想政治理论内容转换成更加可观的实物和可感的故事,增强课程教学的吸引力和感染力,打破学生认为课程枯燥、呆板的刻板印象,从而拉近学生与理论之间的距离。再者,学生生长在特定地域环境之中,对周围的优秀地域文化资源耳濡目染。将思政课寓于优秀地域文化的浓厚氛围中,能够调动学生参与课堂交流互动的积极性和主动性,凸显其主体性地位。多样化的文化体验和感悟,也有助于引导学生打破专业壁垒,拓宽文化视野,提升文化修养,自觉地用社会主义核心价值观引导自己行稳致远。总之,优秀地域文化中的时代楷模、文化精神与人文环境等,能够助益典型教育、激励教育、感染教育等方式的使用,使传统课程育人模式"活"起来。以典型教育为例,"娱乐至上""流量为王""'三观'跟着五官走"等现象曾一度弥漫,中央网信办牵头的"清朗··'饭圈'乱象整治"专项行动重拳出击,思政课需把握教育良机,从优秀地域文化中汲取素材,使榜样更有特色、更有温度。福建不少高校从学生所处的文化环境中树立人物标杆,满足其成长过程中的模仿学习心理,实现自我教育和集体教育的共同进步。如厦门大学依托"嘉庚建筑",引导学生感悟嘉庚精神;福州大学以卢嘉锡教育馆入选全国首批科学家精神教育基地为契机,推动嘉锡治学精神传承;闽南师范大学排演了国内首部由在校学生演绎的校园话剧《谷文昌》,弘扬谷文昌精神;莆田学院以妈祖精神作为培育社会主义核心价值观的补充,使"善"的种子在学生心中生根发芽、茁壮成长。

3.深化思政课的教学效果

当前,各种社会思潮相互激荡,网络信息化的激流更是加速了文化传播。青年正处于"拔节孕穗期",身心发展尚未成熟,面对鱼龙混杂的文化"大熔炉",容易出现某种程度的思想迷茫和混乱。在历史虚无主义、自由主义、极端个人主义等西方思潮的强势渗透下,个别学生的价值观甚至与主流意识形态相悖,妄图成为社会主义的破坏者和掘墓人,我们要高度警惕。思政课以文育人是占领意识形态主阵地的重要途径,实现学生从文化自觉到文化认同的递进。一方水土养一方人,相较于其他文化,学生对优秀地域文化的来历、所具有的特色和发展趋向更有"自知之明"。高校是五湖四海的风土人情集结地,学生之间难免会产生文化思想分歧。应用独特的人文魅力凝聚价值共识,引导学生对优秀地域文化资源理性认识并具有普遍认同感,进一步铸牢中华民族共同体意识。再者,实现学生从文化认同到文化自信的进阶。"文化自信是更基础、更广泛、更深厚的自信,是一个国家、一个民族发展中最基本、最深沉、最持久的力量。"[①]思政课始终坚守培根铸魂的底色,能够以较为权威的形式帮助学生在异质文化对比中接受优秀地域文化的滋养,远离、抵制错误思想观念和低俗文化的侵蚀。通过营造积极向上的文化氛围,让不同地域的文化自信汇聚成全民族的文化自信,使学生更加富有"中国心"、"中国情"和"中国味"。每一所学校的发展都依赖于其所在地区的文化熏陶,福建高校依托八闽文化资源打造思政课文化育人的特色"长板",为地方发展提供了强有力的智力支撑。闽南师范大学位于闽南文化的发祥地和核心区,因地制宜地把闽南话诗词、龙人古琴、茶艺、谷文昌精神等融入思政课,致力于培育"据于德,依于仁"的新一代学子。龙岩学院充分发挥革命老区的坐标优势,挖掘闽西红土文

① 中共中央关于党的百年奋斗重大成就和历史经验的决议[N].人民日报,2021-11-17.

化养分融入课堂、融入校园、融入实践,通过铸红魂、育红人,实现红色基因代代传。

(三)高校思政课用好优秀地域文化资源的有效路径

习近平在全国高校思想政治工作会议上提出了思政课要"在改进中加强"①的总体要求。用好优秀地域文化资源不是思政课"拿来讲",而是实现思政课内涵式发展的应有之义。思政课要在用深、用透、用活优秀地域文化资源上继续发力,防止形式化和表面化,形成老师用心教、学生用心悟的文化育人氛围。

1.瞄准思政课本质,用深优秀地域文化资源

思政课的本质是讲道理,落实立德树人的根本任务。不少高校将优秀地域文化资源应用于思政课的意识不强,加上不少思政课教师自身优秀地域文化素养不足,无法充分有效利用优秀地域文化资源。思政课要通过优秀地域文化资源讲深道理,深植教师的优秀地域文化底蕴是关键。"教育者先受教育",②教师要考虑课程标准的统一性和地域文化的差异性,自觉地大量阅读地方性文献,进行系统深入的科学研究,挖掘优秀地域文化中的人文精神价值,厚植人文情怀。同时,教师要追求科研与教学相辅相成,充分利用优秀地域文化资源深化思政课的话语阐释深度和课堂教学温度,避免教学语言采用官方姿态,防止教学内容泛娱乐化、庸俗片面化,提升课程的思想性、理论性和针对性、亲和力。此外,高校可以定期请优秀地域文化研究领域的专家学者来校开讲座、授课或者进行线上培训,激发教师学习优秀地域文化相关知识的兴趣与热情;大力建设、推广思政课教学实践中运用优秀地域文化的示范课程,推动优质教学资源共享;设立优秀地域文化课程资源开发小组,破除资源机械重复开发的桎梏,增强教师的职业认同感以及文化传承创新的使命感。

教师要通过优秀地域文化把道理讲"彻底",达到"说服""掌握"学生的目的,就要把文化资源用到学生思考问题的前边和深处。部分学生持"躺平"等消极态度,对优秀地域文化进课堂不主动参与、不积极内化外化,恰如耳旁风过。教师要提前想到学生还没有想到的问题,充分把握学生思考的深度问题。课前,结合学生的最近发展区,利用优秀地域文化资源设计出一些具有针对

---

① 习近平.把思想政治工作贯穿教育教学全过程 开创我国高等教育事业发展新局面[N].人民日报,2016-12-09.

② 习近平.思政课是落实立德树人根本任务的关键课程[J].求是,2020(17).

性、难度适中、富于启发性的问题,以任务驱动学生了解当地的优秀地域文化,以特色问题情境激发学生对身边文化的热爱之情。课上,要让学生对优秀地域文化的本质内涵、外在形态和来龙去脉有初步的了解和认识,这是从中提炼思政元素的重要前提。同时,前期的准备使每个学生都能参与到问题探讨中,要给学生提供自我表达的机会,使课堂不再"沉默",在师生互动的活跃氛围中分析问题、解决问题。课后,引导学生将优秀地域文化中的思政元素与新时代的新实践紧密结合深入思考,推动优秀地域文化的创造性转化和创新性发展,为社会主义现代化建设作贡献,回答好"世界怎么了""人类向何处去"的时代之问。

2.夯实思政课教学体系,用透优秀地域文化资源

优秀地域文化资源博大精深,要将其用透就不能"胡子眉毛一把抓",需要从横、纵两个方向对思政课教学体系进行视角透视。

横向上,本科6门思政课要"守好一段渠、种好责任田",[1]立足自身禀赋为用透优秀地域文化资源发挥比较优势。其一,"思想道德与法治"课提供了道德土壤,要将优秀地域文化融入爱国主义教育、道德观教育以及法治教育之中,通过传统美德、革命事迹和先进文化的引领,使学生提升思想道德与法治修养。其二,"中国近现代史纲要"课提供了历史载体,要将优秀地域文化融入中国近现代社会变迁中,沿着文化自大、文化自卑、文化自觉以及文化自信的逻辑主线讲授课程,让学生树立正确的历史观和文化观。其三,"毛泽东思想与中国特色社会主义理论体系概论"课提供了理论指引,优秀地域文化资源有助于讲清楚我们党艰苦卓绝奋斗中产生的系列理论成果,让学生切身体会马克思主义中国化时代化成果的思想伟力和中国特色社会主义的优越性。其四,"马克思主义基本原理"课提供了基本立场,直面一些场域中马克思主义"失语""失踪""失声"的现象,可以在抽象的原理讲解中穿插具象的优秀地域文化资源,辩证分析不同地方劳动人民的生产生活智慧,引导学生把马克思主义作为看家本领。其五,"习近平新时代中国特色社会主义思想概论"课提供了思想旗帜,优秀地域文化有助于学生把握习近平新时代中国特色社会主义思想的形成过程及逻辑,通过具体的案例讲解贯穿于其中的世界观和方法论,坚持自信自立、守正创新,引导学生深刻体悟思想的力量,更加坚定地沿着科学思想指引的正确方向前进,努力成为担当民族复兴大任的时代新人。其六,"形势与政策"课相较于其他5门思政课,具有"开课不断线"等突出优势,通过在授课过程中动态剖析与优秀地域文化相关的时事热点,使学生由点到面认

---

① 习近平.思政课是落实立德树人根本任务的关键课程[J].求是,2020(17).

清当前国内外形势,科学把握国家的方针政策。

纵向上,"人的成长、成熟、成才不是一蹴而就的,而是一个渐进的过程",①要根据不同学段学生的认知特征,有侧重地诠释优秀地域文化。本科阶段,对新生宣介本地优秀文化特色和精神价值,引导其适应文化差异,消减文化冲击和"文化休克"现象;对高年级学生开展熏陶教育,通过优秀地域文化进教材、进课堂,营造出校园文化育人的良好氛围,让优秀地域文化走进学生心里;对毕业生开展离校教育,组织用脚步丈量乡土的实践活动,增强毕业生对当地文化的自豪感与归属感,力求培育"引得进、留得住"的建设型人才。研究生阶段,思政课内容并不是本科阶段的简单延伸,要更加关注理论学习的深度以及对现实前沿问题的回应。优秀地域文化能够反作用于地方的政治经济,将其恰当地融入研究生的探究性学习中,不断增强研究生思政课学习的广泛性和切实性,实现从"知其然"到"知其所以然"的逻辑跨越,进而达到"理论变成物质力量"的教育效果。

3.创新思政课教学方式,用活优秀地域文化资源

优秀地域文化在历史中积淀而成,与"00 后""05 后"学生之间存在"代沟",时间距离使学生对优秀地域文化的共鸣不足;大学生多为跨省(自治区、直辖市)就读,空间距离易引发学生对优秀地域文化的情感淡漠;"地域黑"的形而上学观点盛行,学生易受到蒙蔽和误导产生文化疏离感,心理距离导致学生对优秀地域文化存在认知误解。思政课要对症下药,坚持教学方式在创新中提高,推进线上线下齐步走、校内校外同行,打破时空距离、消除心理距离。

首先,运用新媒体新技术,让优秀地域文化资源"活"起来。根据 2023 年 8 月第 52 次《中国互联网络发展状况统计报告》,我国互联网普及率达 76.4%。如今的大学生"无人不网",思政育人的声音要进入更广阔的融媒体场域。通过利用 VR(虚拟现实)、AR(增强现实)、MR(混合现实)等日趋完善的技术手段,使优秀地域文化资源跨越时空,以立体方式铺陈开来,让历史文化"说话",增强学生对文化魅力的真情实感,更好地发挥地方特色文化的育人价值。同时,着力打造校报、校园广播、官网等传统渠道与微博、微信、快手、抖音等新兴媒体协同推进的文化传播矩阵,单列优秀地域文化模块进行个性化推送,引导和鼓励学生放大自己了解当地人文底蕴,用微电影、微视频、微剧、微小说等形式创作、展示,不断提升文化创造力和讲好中国故事的能力。

---

① 习近平.用新时代中国特色社会主义思想铸魂育人 贯彻党的教育方针落实立德树人根本任务[N].人民日报,2019-03-19.

其次,善用"大思政课",让优秀地域文化资源"动"起来。"思想是浅隐的,必须通过外化的形式才能体验、认识"。社会即学校,实践活动是学生自我教育的真正基础。优秀地域文化可为思政课的有序开展提供包含文化载体和活动载体在内的重要传输介质,地方特色历史遗址遗迹、红色圣地、名人故居等都是常学常新的生动课堂,每到一次都是一种精神洗礼。在条件容许的情况下,可以开展研学旅行活动,寓教于游、以旅彰文,制定好研学路线,避免"走马观花"式的参观,实现活动效益最大化,为思政课注入活力。类似福建的毛泽东调查研究之路、中央红军长征、红色交通线等精品文化线路,能够帮助学生理解优秀地域文化的曲折发展历程,在切身体验过程中增长知识、开阔眼界,坚定"四个自信"。同时,利用实地文化调研帮助学生掌握社会参与的发言权,通过走访当地先进人物、参与文化解说志愿服务等,感受当地文化发展的成效及拓展空间,立足古厝保护与乡村振兴等,为当地政府提供资政建议,逐步增强投身社会主义文化强国建设的责任感和使命感。

三、优秀地域文化融入"形势与政策"课

2021 年 9 月,中共中央办公厅印发的《关于加强新时代马克思主义学院建设的意见》明确指出:"立足新时代中国特色社会主义鲜活实践,找准切入点、聚焦点、结合点,加强马克思主义理论研究宣传。"高校"形势与政策"课在思想政治理论课中具有较强的时效性、针对性和综合性,深深扎根于中国特色社会主义的生动实践中。突出时代发展形势、体现党和国家大政方针走向是贯穿该课程的主基调,旨在引导和帮助受教育者认清形势、掌握政策,提高分析、理解和把握形势与政策的能力,从而正确地辨别、选择和坚持发展方向。

2022 年 4 月,习近平到中国人民大学考察调研时强调:"当前,坚持和发展中国特色社会主义理论和实践提出了大量亟待解决的新问题,世界百年未有之大变局加速演进,世界进入新的动荡变革期,迫切需要回答好'世界怎么了''人类向何处去'的时代之题。"[①]讲好形势与政策,须扎根中国大地,坚持把马克思主义基本原理同中国具体实际与中华优秀传统文化相结合,才能够解释好新问题新情况,解答好"时代之题"。优秀地域文化具有鲜明民族特点,体现中华的精神脉络,将优秀地域文化融入"形势与政策"课,更能够

---

① 习近平.坚持党的领导传承红色基因扎根中国大地 走出一条建设中国特色世界一流大学新路[N].人民日报,2022-04-26.

启发学生见微知著,以文化立场引导学生坚定理想信念,实现个人前途与党和人民的事业同频共振,更加有方向、有目标、有信念地投入中国特色社会主义建设中。

(一)优秀地域文化融入"形势与政策"课的价值探究

优秀的文化对人存在深远影响,能够深入涵养人的文化自信,增强精神力量。习近平指出,"文化自信是更基础、更广泛、更深厚的自信,是一个国家、一个民族发展中最基本、最深沉、最持久的力量"①"中华文化积淀着中华民族最深沉的精神追求,是中华民族生生不息、发展壮大的丰厚滋养;中华优秀传统文化是中华民族的突出优势,是我们最深厚的文化软实力"。②优秀地域文化是中华文化的重要组成部分,富含思想政治教育元素,它的融入能够为"形势与政策"课提供有力的文化依托和现实支撑,增强广大师生政治素养、强化价值引领,增强课程鲜活度和实效性。

1.打造教学优质资源,为讲清形势与政策提供文化依托

优秀地域文化是"形势与政策"课的"活教材""资源库"。2021年7月,《关于新时代加强和改进思想政治工作的意见》要求在构建共同推进思想政治工作大格局的问题上"用好各级各类文化设施和阵地"。优秀地域文化是一种独特的文化形态,以民族精神和时代精神为底蕴,以经济社会发展为依托,在特定地区具有较为悠久的历史脉络和广泛的影响力。优秀地域文化多样纷呈,涵盖物质、精神、制度三个基本方面,具有深厚的历史底蕴和鲜活的人文色彩,为"形势与政策"课注入宝贵的文化资源。优秀地域文化具有广泛的影响力和独特的文化魅力,恰如其分地运用在课堂教学中,能够给学生以全新视野,帮助理解晦涩的理论知识。一方面,让文化走进课堂教学,助学生学时势。借助优秀地域文化创新课堂教学方式,创设教学情境,鼓励学生走上讲台,评说地域中的某一热点时事、解读优秀地域文化的某一具体内容,引导学生在文化探索中凝聚精神共识。另一方面,让学生走入文化场域,助学生懂政策。转换课堂教学位置,把课堂搬到教室外,依托优秀地域文化教育场所开展实践活动、实施"体验式"教学,引领学生在文化实践中探索、思考某一具体政策形成的内在理路,从而增强对政策的分析和理解能力。

---

① 中共中央关于党的百年奋斗重大成就和历史经验的决议[N].人民日报,2021-11-17.

② 全国干部培训教材编审指导委员会.社会主义文化强国建设[M]北京:人民出版社,2015.

优秀地域文化能够推动构建起形势与政策教育生态文化圈。世情、国情、党情持续深刻变化,发展机遇与风险挑战日益增加。在社会飞速发展、价值观多元化的今天,亟须营造一种说服力、感染力、稳定性、独特性较强的文化教育环境,既回应学生的思想关切,又紧跟社会发展脚步,帮助学生正确分辨、研判形势,准确认识、理解政策,架构起融合政治话语和生活话语的生态文化圈。由于感性表达具有具体、立体、生动、有趣等特点,给人一种身临其境的感受,这一生态文化圈有利于为学生获取感性信息提供人文空间,有效抓住事件真实可感的形象表征,注重典型细节的描绘,将形势、政策等抽象词语置于相对具象的优秀地域文化具体信息中,方便学生近距离观察、认知乃至熟知何为形势与政策。同时,这一生态文化圈还为"形势与政策"课引导学生理性思考提供助益。优秀地域文化本身带有正面的导向作用,能够配合教师穿透纷繁复杂的表象、抽象出文化现象所蕴含的本质和规律,进而启发学生理性思考,促使他们在优秀地域文化思想力量的感召下,由感性上升到理性,形成对形势的正确判读和对政策的理解认同。需要注意的是,正确判断的形成并非一劳永逸,针对该课程内容丰富性与学时有限性的矛盾,优秀地域文化有助于打破学时限制的局限,让学生常常学、长长学,时时能在优秀地域文化中获得引领和启发。

2.强化师生政治素养,提高其对形势与政策的研判能力

时代发展常变,形势与政策教育需常新。世界局势稳定性减弱,文化传播背后的资本主义观念渗透现象持续发酵,"文化殖民"与"文化霸权"未曾停歇,不断侵袭我国传统的文化观和价值观,意识形态领域斗争更为严峻。学生通过网络、手机等新媒体,可以了解到大量的社会热点信息。其中,各类错误思潮混杂在各种传媒信息中,给思想尚未完全成熟的青年学生带来的负面影响不可低估。因此,帮助学生甄别信息、厘清思想、引导思潮、传递正能量就显得尤为重要。开好"形势与政策"课,不仅需要紧密关注国内外形势和党的方针政策变化发展,还需要熟悉学生的思想动态,适时加以调整,提高课程的时效性、针对性和实用性。以解读当地的新冠疫情防控政策为例,既需体现"人民至上""生命至上"的理念,也需体现具体问题具体分析的辩证思维。同时,教师要帮助学生理解疫情防控常态化与"动态清零"之于我国国情的必要性和适用性,更要引导学生领会我国国家治理体系和治理能力的优势所在。简而言之,优秀地域文化有助于为师生感悟中国特色社会主义文化提供视角,坚持形势与政策的统一,从分析形势升华到解读政策,从回应社会关切到解决思想困惑,不断增强广大师生对党和国家政策的认同感。

以文化精神锤炼政治定力,凝聚价值共识。习近平强调:"当前形势下,办好思政课,要放在世界百年未有之大变局、党和国家事业发展全局中来看待,要从坚持和发展中国特色社会主义、建设社会主义现代化强国、实现中华民族伟大复兴的高度来对待。"①国内外形势的发展变化、党和国家对内对外政策的相应调整,都需要及时展开广泛、深入的宣传,把思想统一到中央的决策和部署上来,进一步加强理想信念教育。"坚定理想信念不是一阵子而是一辈子的事,要常修常炼、常悟常进,无论顺境逆境都坚贞不渝,经得起大浪淘沙的考验。"②因此,要理论联系实际,根据国内外形势发展的新变化,有针对性地引导学生走出认识误区,使他们认清中国特色社会主义是当代中国发展进步的根本方向,逐步坚定马克思主义信仰。优秀地域文化是地域经济社会发展的生动写照,能够有效地为形势与政策教育提供现实支撑和文化依托,对于提高理论阐释、宣传的说服力与亲和力大有裨益。

3.弘扬优秀地域文化,在体悟生动实践中强化价值引领

"形势与政策"课是传承发展优秀地域文化的重要渠道。该门课主要是对中国特色社会主义道路、理论、制度和文化的系列宣讲,具备有序开展文化教育活动的条件。坚持正确的文化方向、实现文化自信与自觉、推进文化认知与认同,不仅是弘扬优秀地域文化的基础,也是这门课的应有之义。"形势与政策"课是思政课的重要一环,优秀地域文化以中华文化为精神脉络,二者皆以社会主义核心价值观为内核,旨在推动个体发展和社会整体进步。将优秀地域文化融入课程教学,有助于扩大传播广度、深化传承深度,培养优秀地域文化的弘扬者。在这一过程中,应重点把握如何引领学生讲好地方故事、弘扬好中国精神,增进文化传播意识和文化生产能力,为优秀地域文化的传承发展提供源源不断的内生动力。

优秀地域文化为形势与政策教育打牢实践基础。"'大思政课'我们要善用之,一定要跟现实结合起来。上思政课不能拿着文件宣读,没有生命、干巴巴的。"③优秀地域文化内涵丰富、形态多样,其精神力量熔铸在地域发展建设的各个时期、各个方面当中,也深嵌在该地域人群的思想和行为方式当中,积

---

① 习近平.擎信仰之炬育时代新人[N].人民日报,2022-03-19.

② 筑牢理想信念根基树立践行正确政绩观 在新时代新征程上留下无悔的奋斗足迹[N].人民日报,2022-03-02.

③ "'大思政课'我们要善用之"(微镜头·习近平总书记两会"下团组"·两会现场观察)[N].人民日报,2021-03-07.

极影响以该地域为中心不断向外扩散，为"形势与政策"课打造了良好的文化场域，发挥了"大思政课"的重要作用。优秀地域文化不仅包含一些具有重要教育意义的旧址、纪念馆等标志性建筑，还囊括了具有代表性意义的图书、视听影像、档案、文物等作品与资料。它能够进一步将政治语言转换为学生更容易理解的生活话语，将形势与政策教育转换到对特定地域的文化成果、文化现象的观察和探索中，助益课堂使用实践教育、典型教育、激励教育、感染教育等方式，为专题式、案例式、访谈式等多种教学方法提供可行条件。

（二）优秀地域文化融入"形势与政策"课的挑战探析

优秀地域文化融入"形势与政策"课，需要正视当前该课程建设中存在教学内容相对分散、优秀地域文化实现"三进"相对困难和师资力量相对薄弱等问题，才能有针对性地克服难题、科学融入，从而有助于课程革新和文化传承发展，有益于社会整体进步和个人成长成才。

1.教学内容庞杂且与时俱进要求较高

"形势与政策"课教学内容多且新。这门课程以全面从严治党、我国经济社会发展、港澳台工作、国际"四个专题"为主线，针对学生形势政策观的形成与发展规律，在教学要点中及时跟进形势发展变化和要求，回应学生关切、关注的热门话题并作出正确引导。国内外形势发展的新变化、学生思想的新动态，要求"形势与政策"课的教学内容够生动、够丰厚、够新颖。从这个角度来看，这门课程在思政课体系中有其特殊性，涉及的知识内容涵盖广、交叉多，要根据社会热点动态更新。优秀地域文化从文化层次结构、文化现象存在形态来看可分为物质文化、精神文化和制度文化；从历史发展脉络来看，不同时期有不同的侧重点、突破点。也就是说，优秀地域文化内涵与外延十分殷实，为办好"形势与政策"课提供了丰厚力量，但也给教学设计带来了一定的挑战。

"形势与政策"课教学内容考验教师讲授水平。该课程与社会现实的联系更为密切，将时事热点带入课堂并以此来引领学生的思想发展，更加关注现实、贴近学生，十分考验教师立足世情、国情、学情进行守正创新的能力。将优秀地域文化融入该课程，一方面，教师知识存量有限性与授课内容增量无限性之间的矛盾不可回避。这就需要教师与时俱进地拓展学术视野与知识储备，有针对性地挖掘、整合优秀地域文化教育资源。另一方面，不断增强教师文化底蕴的要求不容忽视。教师需充分掌握并运用好优秀地域文化的融入，以讲好优秀地域文化为载体，将文化与理论相结合，挖掘文化背后的现实理路，培植学生的中华文化基因，以文化自信涵养道路自信、理论自信、制度自信。在教学实践中,如何对知识储备不断扩容增量,运用好优秀地域文化的多重资源,使之更好地服务于形势与政策教育、服务于学生正确思想与行为的养成,这是教师们普遍面临的难题。

2.优秀地域文化要实现"三进"较难

优秀地域文化进教材需投入较多精力。由于优秀地域文化与学生的日常生活紧密结合,文化环境与文化氛围对学生的影响程度甚至胜过课堂教学,这就为"形势与政策"课采用更多综合性和渗透性的文化教育方式提供了启发。与此同时,不可忽视优秀地域文化融入"形势与政策"课要实现进教材,在实际操作上存在一定难度。《教育部关于加强新时代高校"形势与政策"课建设的若干意见》指出,"各地各高校可结合实际,编写'形势与政策'课教学辅助资料"。将优秀地域文化精髓同形势与政策教学设计相结合,同时兼顾时政热点、关注学生思想动态,这需要各地各高校统筹协调,组织专人编写,确保在每学期开课前完成整理、撰写、分发等工作,工作量大、时间紧迫,实非易事。

优秀地域文化进课堂需克服一定障碍。"形势与政策"课的不少师生对当前所在地域的文化了解程度不高,心理距离较远。特别是有些教育者在地域文化上的认识缺失,对优秀地域文化的理解和运用较薄弱,制约了将其融入教育教学全过程的能力和效果,难以有效发挥文化感召力。同时,还需要认识到文化育人具有隐蔽性、渗透性等特点,也正因此,在教育实践中易被忽视。利用优秀地域文化开展形势与政策教育时,既要处理好内容与形式两个元素的关系,也要顺应文化育人规律;既要用文化知识夯实理论基础,也要借助文化资源拓展实践场域;既要避免泛泛而谈、漫无边际,也要避免刻意将形势与政策局限在优秀地域文化范畴中讲解。

优秀地域文化进学生头脑需提升课堂成效。"思政课的本质是讲道理,要注重方式方法",要"讲好道理",把"形势与政策"课打造成帮助学生成长的"金课",教师可以借文化之力、扬课堂之效,充分发挥优秀地域文化的优势,将知识形象化、生动化,以文化精神浸润学生、激励学生。目前,该门课程的主要授课方式仍然是通过教师对形势的分析与研判、对政策的解读与阐释,培养学生观察形势和理解政策的正确立场、观点和方法。一些教师在授课中单向灌输,讲授内容停留在理论层面,难以具象化、生动化,不能启发学生思考,学生对课程学习的主动性、参与感、获得感明显不足。利用优秀地域文化讲好、讲活形势与政策,不仅要清晰梳理、匹配内容,更要讲究方式方法,让学生参与到对文化现象的观察和分析过程中来,才能达到入脑入心的实效。

3.师资系统性、稳定性、专攻性较弱

系统性欠佳。实现优秀地域文化资源融入思想政治教育,需要一支育人水平高超、文化底蕴深厚,特别是有过硬优秀地域文化素养的教师队伍。"形势与政策"课的师资建设较特殊,系统性不足,容易出现断层、漏洞等。这就对高校和授课者提出了挑战,迫切要求党政部门、社会、学校、专兼职教师等形成一个较为完善的体系,互为补充、相互贯通,共同编织好借优秀地域文化之力讲解形势与政策的教育网。但是从目前来看,在教师的人员设置、管理配套等方面还不够完善,该融入过程的中坚力量打造还较为薄弱。

稳定性不足。"形势与政策"课的教学内容涉及面广、变化快,优秀地域文化范畴广、涉猎多,教师难以将二者有效结合,再围绕特定的方向持续灵活展开教学、科研,这在很大程度上制约着该课程专任教师的自身发展和教学科研队伍的建设。同时,在一些高校,该课程的教学任务主要由宣传部、学工部(处)、团委工作人员、辅导员及马克思主义学院专任教师等思想政治工作者承担。更换较为频繁,优秀地域文化与该课程有效融合的衔接存在一定难度。

专攻性较弱。"形势与政策"课已经围绕"四个专题"串好了课程主线,参与教育教学的教师设置较为多元,且能够根据不同专题突出专业性与针对性,对于及时推进马克思主义中国化时代化最新成果、党和国家最新战略方针政策等"三进"工作是有较大助益的。需要注意的是,就课程教学本身而言,要在短时间内围绕教育部下发的教学要点进行扩充、丰富并将其转化为教学讲义和教学体系,再加上优秀地域文化的融入,需要处理好、运用好文化教育资源以服务课堂教学,容易出现讲授者专攻性不强、应付了事等问题。因此,要做好授课者的分类管理,发挥所长,强化各个专题教学的专业性。

(三)优秀地域文化融入"形势与政策"课的实践探索

"文化精神融通契合,是马克思主义与中国实际成功结合的首要前提。"马克思主义在哪些方面与中国具体实际、中华优秀传统文化成功结合并且将继续创新性结合,是需要阐释清楚的基本问题。优秀地域文化融入"形势与政策"课中,要坚持马克思主义立场观点方法,遵循习近平提出的"因事而化、因时而进、因势而新"教育理念,探寻如何以文化立场引导学生站稳立场、"顺势而为",以更高站位、更大担当去理解中国与世界的关系、个人与社会的关系。

1.以文化底蕴涵养思想根基,促进"形势与政策"课内涵式发展

教学目标适当加入优秀地域文化传承发展。国内外形势瞬息万变,"形势与政策"课需要及时更新、快速响应。相对形势变化而言,党和国家方针政策

的内容较为具体,有较强的延续性,组成了这一课程教学的核心知识点,需妥善处理教学内容时效性与核心知识体系规范性之间的关系。当前,"形势与政策"课要以宣讲习近平新时代中国特色社会主义思想为中心,坚持以马克思主义为指导。在设置教学目标时,该课程应积极发掘优秀地域文化中体现马克思主义与具体国情相结合的成果,结合党史、新中国史、改革开放史、社会主义发展史等进行讲解,帮助学生从对地域形势与政策的感知出发,逐渐厘清当前形势与政策的历史逻辑和现实逻辑,切实突出课程较强的"理论武装时效性、释疑解惑针对性、教育引导综合性"特征,引导学生将个人成长与中国特色社会主义的生动实践相统一。同时,教学目标还要将传承发展优秀地域文化纳入体系,让学生在利用文化理解知识、拓宽视野的过程中,又反过来能够自觉维护、主动传承优秀地域文化,做文化发展的生力军。

教学内容适量引进优秀地域文化精华。优质的教学资源多取材于实践,要将理论与实践紧密结合,深刻阐释和深入挖掘实践背后的理论意蕴与思想哲理。优秀地域文化的融入,要围绕"形势与政策"课的中心任务和社会形势发展,精准设置教学内容。从课程教学目标出发,将优秀地域文化内容融入教材、引入课堂,实现优秀地域文化精髓与教学目标贯通。在内容上要根据课程分布和教学侧重点,探索融合的具体思路及实施方式。根据教学需要,动员学生分组探索优秀地域文化素材、收集优秀地域文化案例、开展优秀地域文化专题分享等。例如,在港澳台工作的教学专题上,将福建文化与台湾文化放置在一个单元里,鼓励学生发现二者相同、相通之处,从闽南话到饮食文明,从风土人情到宗教信仰等,以闽南文化、客家文化、妈祖文化等作为切入,开展溯本求源活动,得出两岸文化的共同归旨,从而更好地了解两岸关系的表现形式与内在本质。

教学形式适时运用优秀地域文化形态。"形势与政策"课在教学过程中以教师讲解为主,也加入了师生角色交换、学生分组研究、外出实践考察等多种方式。在这些教学举措中,可以借助优秀地域文化的多种形态来丰富教学形式。马克思认为,"生产劳动同智育和体育相结合,它不仅是提高社会生产的一种方法,而且是造就全面发展的人的唯一方法"。[1] 教师应善于利用优秀地域文化开展学生实践活动,以期实现教育与自我教育的相统一。一方面,以优秀地域文化丰富授课模式,增强课堂的活力与生命力。例如,组织学生上讲台评说地域英雄人物,引导学生坚持辩证唯物主义和历史唯物主义,分析不同历

---

[1] 马克思恩格斯选集:第 2 卷[M].北京:人民出版社,2012:230.

史条件下个人与国家的关系,在学习、分享人物事迹中进一步坚定优秀地域文化的正面导向。同时,还可以指导学生撰写优秀地域文化相关的课程论文、调研报告、案例分析,将制作主题微课、微电影、微设计也纳入其中,丰富课程考察方式。另一方面,以优秀地域文化拓展实践场域,可以依托地域文化资源开展实地调研等实践活动。以"闽都文化"为例,习近平在福州任职时,从实际出发,立足地方优势、发展地方特色,率先发动、亲身推进了众多改革创新项目。"海上福州"发展战略、"3820"工程、福州经济技术开发区建设总公司起始的国企改革等重大项目,"马上就办,真抓实干""四个万家"等思想精髓,对当时与当今福建省乃至全国发展有重要指导意义。其中"一栋楼办公",逐步发展成了"一体两翼、双轮驱动"的政务服务体系,有着非常鲜明的时代特色,也体现了政府工作坚持人民至上、坚持问题导向。"形势与政策"课可以有组织地带学生去参观行政服务中心等场所,开展实地学习和调研,帮助学生理解中国共产党的执政理念和恪守的原则。

2.从优秀地域文化透视社会发展需要,推进新时代铸魂育人工程

以优秀地域文化厘清经济社会发展需求。习近平强调,我国有独特的历史、独特的文化、独特的国情,其独特性决定了马克思主义与我国具体实际和中华优秀传统文化相结合的必然要求,也决定了国家的发展走向不是偶然的。这些"独特性"决定了我国的社会主义建设具有鲜明的中国特色。优秀地域文化是为特定地域乃至整个国家的经济社会发展服务的,它本身就带有积极的导向作用;思想政治教育是带有政治意图的教育手段,旨在推动个人全面发展和社会整体进步相统一,二者最终落脚点正是推动中国特色社会主义建设。优秀地域文化融入"形势与政策"课,不仅要引导学生掌握认识形势、理解政策的能力,还要帮助学生找准身份定位、把牢前进方向,明确自身的能力素质与社会发展要求之间存在的张力,将个人成长纳入社会发展、时代前进的轨道当中。

以优秀地域文化创设良好的人文空间。学生思想活跃、关注时事,而又处在"拔节孕穗"的关键阶段,在复杂的舆论环境下容易受到蒙蔽和误导。因此,要善于利用优秀地域文化创建"形势与政策"课的"文化场",陶冶情操、感染心灵,实现浸润式教育,使社会准则和思想品德规范内化为个体的思想品质。在分析国内外形势和党的基本路线方针政策时加入文化视角,让学生在文化情景中增强价值认同,进而理解相关形势和政策。将优秀地域文化融入"形势与政策"课教学就是要发挥该课程"因事而化、因时而进、因势而新"的优势,挖掘并阐发其文化内涵,彰显其文化育人功能,将政治语言转换为学生喜闻乐见、

真心信服的文化经典、英雄事迹,以"文化自信"的力量来铸魂育人,提升教学效果。从中,让青年学生对优秀地域文化产生亲近感,让课堂讲授更生动、更有亲和力。

以优秀地域文化推动习近平新时代中国特色社会主义思想铸魂育人。及时、准确、深入地推动习近平新时代中国特色社会主义思想"三进"是"形势与政策"课的一项重大政治任务。多种多样的地域文化构成了博大精深的中华文化,为马克思主义在中国生根、开花、结果提供了肥沃土壤,在不断向前推进的发展历程中也深刻地体现了当代中国马克思主义的理论意蕴和思想力量。因此,"形势与政策"课应将优秀地域文化作为开启全面学习习近平新时代中国特色社会主义思想的"金钥匙",加大研究、挖掘和传承习近平新时代中国特色社会主义思想的文化内涵、文化底蕴、文化视野的力度,在教学中将马克思主义与中国具体实际、中华优秀传统文化贯穿起来讲,厘清中国共产党人崇高的理想信念背后的价值归旨,诠释国家政治生活和社会生活根本指针的内在理路。通过对优秀地域文化的认识,让学生从文化视角理解马克思主义,把握习近平新时代中国特色社会主义思想,更好地指导实践。

3.多方位打造文化育人中坚力量,凸显教师队伍建设的多重优势

坚持"专"与"兼"相统一。加强教师队伍建设,是提高"形势与政策"课教学质量、推进优秀地域文化顺利融入的根本保证。将优秀地域文化融入"形势与政策"课,要在提升教师的学习能力上做文章,统筹好教师队伍的安排。一方面,教研相长,使专职教师在优秀地域文化的传承发展上"专"起来。通过教学竞赛、课题研究等方式,引导专职教师将教学科研的前沿问题与优秀地域文化精髓融合思考,既广泛学习拓宽视野,又专攻术业,构建起富有文化内涵和底蕴的专职教师队伍。比如,开展优秀地域文化融入"形势与政策"的教学专项研究,组织教师集体攻关,打造富有特色、学生喜闻乐见的优秀地域文化专题。另一方面,校内外联动,选聘对优秀地域文化发展有贡献、有研究的人才,壮大兼职教师队伍。根据教学设计,将对本地域具有突出贡献的文化工作者、在宣传领域成果丰硕的文化宣传者以及各类模范、标兵等适当纳入兼职教师队伍,让他们来讲优秀地域文化在现实维度中的存在形态,帮助学生多角度地理解文化现象背后的含义。

坚持灵活上台与严格管理相结合。长期以来,"形势与政策"课教师队伍构成多元多样,理论素养和教学水平逐渐呈现阶梯化特征。在部分高校中还出现了"兼为主,专不足"等现象,一些兼职教师没有经过系统的、专业的马克思主义理论学习,较难讲清、讲深、讲透形势与政策教育背后蕴藏的理论基础

和价值引领。因此,在教师队伍的建设上,可以灵活安排,但要加强管理,确保讲授者有能力、有品质讲对、讲好"形势与政策"课。灵活安排的张力并不是无限延伸的,要确保思政课教师素质过硬,就要设置好严格的管理体系。首先,要"考问",检测教师对基本知识的掌握程度,适当加入优秀地域文化的重点内容;其次,要"考察",通过组织集体备课、听课、特定专题试讲等方式,重点考察教师运用优秀地域文化的教授能力;再次,要"考核",将领导评审、教师评价、学生评分等多重反馈相结合,核验教师的教学成果。以"三考"为重要依据,滚动优化教师队伍、动态补齐教学短板,启用奖励分级评定和末位淘汰的绩效考核制度,定好"准入"门槛和"退出"机制,引导教师不断强化政治素养、提升专业修养、增强文化素养,为优秀地域文化融入"形势与政策"课夯实保障之基。

第四章

"形势与政策"课的方法探析

习近平在全国高校思想政治工作会议上强调,"思想政治理论课要坚持在改进中加强、在创新中提高,及时更新教学内容、丰富教学手段,不断改善课堂教学状况,防止形式化、表面化"。① 新形势下,高校思政课教学面临着新问题、新要求。这一时期的学生"心智逐渐健全,思维进入最活跃状态",学生主体的思想多样性、灵活性要求教育方法多元化、现代化。如今,互联网技术发展迅猛。促进这一技术在教学中的有效应用,是助力课程改革创新的重要举措。"做好高校思想政治工作,要因事而化、因时而进、因势而新"。② "形势与政策"课教学要紧跟时代步伐,转变传统教学观念,探索教学新方法。本章择取 3 篇相关文章,围绕"形势与政策"课的混合式教学开展探讨,具体包括课程的属性及困境破解、线上线下深度混合、混合式教学实践等三部分。

"'形势与政策'课的属性及困境破解":"形势与政策"课是一门较为独特的高校思政课,兼具思政课的共同属性及自身的独特属性。办好这门课对落实立德树人的根本任务越发关键。从教师主导性、学生主体性、内容丰富性、形式多样性等向度出发剖析"形势与政策"课建设的主要困境,是一种有益的思考视角。深化新时代高校"形势与政策"课建设,要强化教师主导性,增进价值引领;深化学生主体性,促进思维启发;优化内容丰富性,凸显内容为王;实化形式多样性,有效服务内容。

"'形势与政策'课的混合式教学思考":在回顾相关文献的基础上,阐发了

---

① 习近平.把思想政治工作贯穿教育教学全过程 开创我国高等教育事业发展新局面[N].人民日报,2016-12-09.

② 习近平.把思想政治工作贯穿教育教学全过程 开创我国高等教育事业发展新局面[N].人民日报,2016-12-09.

线上线下混合教学具有打破时空限制、贴近学生群体、拓宽教学渠道等意义。针对目前线上学习系统性不够、线下教学交互性不足、线上线下混合性不深等问题,提出要不断优化线上学习,更好地传播知识、传播思想、传播真理,完善线下学习,更好地塑造灵魂、塑造生命、塑造新人,促进线上线下深度混合,切实落实立德树人根本任务,从而推动课程建设同信息技术高度融合,增强时代感和提升吸引力。

"'形势与政策'课的混合式教学实践":开展"形势与政策"课的混合式教学既是顺应思政课改革创新的需要,也是契合学生获取知识需求的举措。从抓好教改研究入手,持续推进"产出导向、混合进阶"综合改革,不断强化课堂教学这一立德树人的主渠道作用。在概述"形势与政策"课乃至思政课改革主要背景的基础上,简析主要的教学目标、瞄准的主要问题,并对强化理论研究、深化教学改革、优化模式创新、凸显实践感化等方法进行了重点介绍,以期为"形势与政策"课的混合式教学实践提供借鉴。

第一节 "形势与政策"课的属性及困境破解[①]

习近平强调,"思政课是落实立德树人根本任务的关键课程,思政课作用不可替代,思政课教师队伍责任重大。"[②]"形势与政策"是高校思政课不可或缺的组成部分,近年来该课程建设不断提速、成效明显,但仍要不断突破、创新、提升育人质效。深化新时代高校"形势与政策"课的建设,需要解析课程属性、建设困境,并有针对性地提出对策。

一、"形势与政策"课的双重属性

2018年教育部先后印发了《教育部关于加强新时代高校"形势与政策"课建设的若干意见》(教社科〔2018〕1号)、《新时代高校思想政治理论课教学工

---

① 本节主要内容已发表于《学校党建与思想教育》2021年第4期,原题为《高校"形势与政策"课的双重属性、建设困境及对策思考》,已被《复印报刊资料·高校思想政治理论课教学研究》2021年第3期全文收录,略有调整。

② 习近平.思政课是落实立德树人根本任务的关键课程[J].求是,2020(17).

作基本要求》(教社科〔2018〕2 号),2019 年中共中央办公厅、国务院办公厅印发了《关于深化新时代学校思想政治理论课改革创新的若干意见》。这些文件为"形势与政策"课的发展提供了重要指向。梳理这些文件可知,"形势与政策"课既具有思政课共同属性,又有其自身独特属性。

(一)共同属性

一是课程定位上,"形势与政策"课集"思想""政治""理论"等特性于一身,三者缺一不可,是巩固马克思主义在高校意识形态领域指导地位、坚持社会主义办学方向的重要阵地,是落实党的教育方针、立德树人根本任务的主干渠道和核心课程,是高校思想政治工作、高等教育内涵式发展的灵魂课程。"重要""主干""核心""灵魂"等词语无不彰显出"形势与政策"课的不可替代性。二是基本原则上,包括价值引领、全流程管理、规范化建设、增强获得感。其中,价值引领最为重要,这是思政课的应有之义和作用所在;而其余三个原则不仅仅是对思政课的独特要求,亦是对所有课程的共性要求。三是教学管理上,刚性要求多,如原则上晚间和周末不排课;倡导中班(100 人以下)授课、小班探讨,陆续解决大班问题;按师生比不低于 1∶350 设专职思政课教师岗;领导听课制度明确,高校党委书记、校长及分管领导对各门课每人每学期至少各听课 1 次;马克思主义学院等思政课教学、科研二级机构领导应于一个任期内听完各教师的课。四是阶段目标上,不同于小学阶段以启蒙道德情感为主、初中阶段以筑牢思想基础为主、高中阶段以提升政治素养为主,大学阶段侧重理论性学习,引导学生成为社会主义合格建设者和可靠接班人。五是加强领导上,提出了很多"硬核"举措。例如,落实地方党委主体责任,党委常委会每年至少召开 1 次专题会议;构建党委领导联系高校及讲思政课尤其是"形势与政策"课制度,党政主要负责人每学期至少授课 1 次。又如,推动建立高校党委书记、校长带头抓思政课机制,书记、校长作为第一责任人,党委常委会每学期至少召开 1 次会议专题研究,书记、校长每学期为学生授课不少于 4 个课时,其他校领导每学期为学生授课不少于 2 个课时,所授课程以"形势与政策"课为主。再如,坚持开门办思政课,思政小课堂和社会大课堂协同。

(二)自身特性

第一,课程定位上,"形势与政策"课是引导学生准确认识新时代国内外形势,深刻领会党的十八大以来历史性成就、变革、机遇及挑战的核心课程;成为第一时间推进党的理论创新成果"三进",引导学生正确理解党的基本理论、基本路线、基本方略的重要渠道；要带领学生提高"四个正确认识"。"核心""重要""四个正确认识"等词语均生动地揭示出该门课的重要性。第二，基本原则上，它除了思政课共有的前述四个基本原则之外，还具有理论武装时效性、释疑解惑针对性、教育引导综合性等要求，难度大、变化快、备课繁，这全面地刻画出"形势与政策"课的特征。第三，教学管理上，学生在校学习期间开课不断线，是学分最低（本科6门思政课共17学分，"形势与政策"课仅2学分）、跨度时间最长的思政课。"开课不断线"五个字看似简单，落实起来却颇显艰辛，对人、财、物、时间和信息等提出了全方位的要求。成绩考核办法灵活，以专题论文、调研报告为主，摒弃了单一的闭卷考试等传统做法。教学内容明确，要围绕宣传贯彻习近平新时代中国特色社会主义思想，全程贯穿"四个自信"，开辟"四个专题"（全面从严治党、我国经济社会发展、港澳台工作、国际）、做好"两个重点讲授"（党的理论创新最新成果、新时代坚持和发展中国特色社会主义的生动实践）。教师来源多元化，可从思政课教师、哲社专业课教师、辅导员中挑选，遴选社科理论界专家、企事业单位负责人、各行业先进模范、党政领导干部等，这既丰富了教师队伍的组成，又确保了教学质效。

二、"形势与政策"课建设的主要困境

当前，"形势与政策"课的建设成效不容置疑，但新时代对该课程赋予了新的希望和要求，课程建设仍有一些困境亟待解决。从教师主导性、学生主体性、内容丰富性、形式多样性等向度出发，能为分析"形势与政策"课建设的主要困境提供有益视角。

（一）教师主导性不够

首先是缺少主导意识。有的教师仅将"形势与政策"课的教学作为一种硬性任务完成，忽视了这门课的战略前瞻性、思想导向性、价值引领性，政治及信仰的坚定性不够，"让有信仰的人讲信仰"[①]显得苍白乏力，对处于"拔节孕穗期"的大学生引导和栽培不够。其次是缺失主导能力。一些高校的"形势与政策"课教师更换过于频繁，教师的马克思主义理论素养参差不一。有的教师家国情怀不够炽热、创新思维不够开阔，辩证唯物主义和历史唯物主义的世界观及方法论不牢，难以引导学生树立正确的理想信念和习得灵活的思维方法；有

---

① 习近平.思政课是落实立德树人根本任务的关键课程[J].求是，2020(17).

的教师视野不够宽广、知识面不够开阔,不善于横向上的国际比较和纵向上的历史比较,对一些错误观点和思潮未能及时有效应对。再次是缺乏主导方法。师生教学共处的时间较为短暂、双方不够熟悉,难以互动和共鸣。有的教师停留于知识的灌输,不能有效地寓价值观引导于知识传授之中,难以用人格魅力、真理力量、理论功底来塑造学生;有的教师虽在爱课程、智慧树、清华学堂在线等平台上开放慕课,较好地增进了资源共享、促进了教学改革,但使用率、主导性还有待提高。

(二)学生主体性不强

第一,对课程价值性感悟不多。不少学生在校期间对"形势与政策"课学习的认识和投入远远不够,突出体现在未能深刻感悟这门课的价值及意义,走上工作岗位后才渐渐感受到其价值。第二,对课程重要性体认不深。学生普遍不够重视。一些同学到教室后便自发地往后排坐、玩手机、学习其他课程知识,在思想上消极应对、行为上疲于应付,一定程度上对课堂教学产生消极的影响;一些同学一旦有团学活动要参加,便潜意识地冲击挤占该门课。此外,由于师资普遍紧缺,"形势与政策"课的晚间和周末授课现象仍较普遍,大班教学亦很常见。这无形中加重了学生对这门课的忽视和排斥。第三,对课程方法论掌握不清。不少学生忽视了这门课的独特性,缺乏对"形势""政策"元素的挖掘;缺少跟任课教师的沟通,师生默契不够;觉得考试容易过关,提交考察报告等草草了事。一些学生在课程方法论上学得不正、用得不深,加剧了主体性不强的问题。

(三)内容丰富性不深

一是时效性不强。"形势与政策"课的时效性要求高、变化大,每学期都不同,讲起来不易,要讲好更难。各高校虽然每学期都使用上级部门指定的教材讲义,但它们从开始编写到投入使用仍经历了半年乃至更长的时间,时效性欠佳。最新的"形势"与"政策"特别是一些新近发生的国内外大事等没有办法及时补充进教材,倘若任课教师做不到第一时间跟进,要将"形势""政策"的热点、难点、疑点讲深、讲实、讲透便成为空中楼阁、无从谈起。二是体系性不够。虽然教育部翔实规定了这门课的"四个专题"和"两个重点讲授"内容,但总体上教师们在具体教学中仍较缺乏学理性、逻辑性。加之教师组成的多元化以及更换的频繁化,教学内容仍然缺乏系统化。三是实践性不足。这门课尽管课程周期长,但目前总体上仍停留于说教,以课堂的理论教学和知识灌输为主,缺乏走向社会、深入实践、检验提升,思政小课堂与社会大课堂融合不深。

(四)形式多样性不足

第一,针对性欠缺。很多高校非常重视"形势与政策"课的形式创新,但一些高校未充分遵循学生成长成才规律、知识吸收特点、课程教学特性,一味地追求形式多样化,存在形式大于内容甚至过于花哨的现象。第二,持续性欠佳。有的高校在形式上东一榔头西一棒槌,持续性不强。以"领导干部上讲台"活动为例,习近平早在闽浙任职期间,就曾多次深入高校作"形势与政策"报告,2015年更于浙江倡导构建领导干部为大学生作"形势与政策"报告的制度。实践证明,这一形式备受青年大学生青睐,一些地区和高校也踊跃推动,但数量和频次上仍难以满足青年大学生的旺盛求知欲。同时,各学期的"形势与政策"课存在断节、衔接不到位等现象。第三,启发性欠妥。近年来,"形势与政策"课的专题式、互动式、探究式、体验式等教学新方式、新方法层出不穷,但通盘来说启发性还不够。2020年举行的"全国大学生同上一堂疫情防控思政大课"在提高启发性等方面进行了很好的尝试,引导学生结合亲身参与的疫情防控深入思考和感悟,这一举措从专题设计、师资遴选、内容构建等方面对该课程管理提供了有益借鉴。

三、"形势与政策"课建设的深化对策

办好新时代的"形势与政策"课,要以价值引领为统领,贯穿"八个相统一",立足教师主导性、学生主体性、内容丰富性、形式多样性等向度,不断增强思想性、理论性和亲和力、针对性。

(一)强化教师主导性,增进价值引领

一要增强主导意识。当前,意识形态在斗争程度上日渐白热化,"形势与政策"课教师应着力具备思想家的智慧、政治家的韬略、教育家的胸怀,认识到该门课并非一门普通、简单的课程,强化政治引导的基本功,在"形势"与"政策"的解读中坚持马克思主义指导地位,用习近平新时代中国特色社会主义思想铸魂育人,落实立德树人的根本任务,自发、自觉、自信地以价值引领为统领,促进"让有信仰的人讲信仰"①落地见效。"形势与政策"课教师在这一导

---

① 习近平.思政课是落实立德树人根本任务的关键课程[J].求是,2020(17).

向上既不可含糊,更不能迷糊,必须将心态从政府、高校要求我讲,转变为自身价值呼唤我讲、学生成才需要我讲、学生期盼我讲,杜绝"水课",打造学生喜闻乐见的"金课"。二要增进主导能力。"形势与政策"课教师要提高马克思主义理论素养,善于话语转换,将政府和高校制定的教学要点、教材及教辅资料等知识转化为自身的知识体系、价值体系和话语体系,进而顺利传递为学生的知识体系、演化为学生的价值体系,推动学生知行合一并成长为时代新人。增强家国情怀、坚持创新思维,带领学生学会并用好辩证唯物主义和历史唯物主义的世界观及方法论;开阔知识视野、国际视野和历史视野,尤其要善于进行横向上的国际比较和纵向上的历史比较,增进有效回应错误观点和思潮的勇气及智慧,真正把"四个自信"植入学生灵魂。三要增添主导方法。"亲其师"才能"信其道",要善于增进学生的情感认同;要改变知识单向灌输等机械化教法,理清、吃透、讲好教学要点,必要的灌输和有效的启发相结合,提升课堂教学效益和对学生的启迪,做到引导有张力、探求有深度、教学有效度,切实用人格魅力、真理力量、理论功底来感染和教导学生。兼顾学生的专业特点和主体偏好,结合自身的人生阅历、人格魅力和知识能力,做到重大问题持续讲、新鲜经验及时讲、热点问题贴切讲、难点问题通俗讲。针对"00后""05后"大学生思维活跃、成长发展需求和期待值较高等情况,正视学生信息来源的网络化、多元化、碎片化实际,主动驾驭新兴网络媒体,建好慕课等"互联网＋"教育新形态课程,开展好线上线下混合式教学等探索,通过生讲生评、案例点评、研讨辩论、项目探究、教师导演学生主演等方式建好"翻转课堂",调动学生对时政思辨的积极性,牢固占领意识形态领域主阵地。

(二)深化学生主体性,促进思维启发

一应推进对课程价值性的感悟。面上的教育和点上的交流并举,引导学生在"形势与政策"课的学习上增进认识及提升投入,使学生在校期间就能更加深刻感受到这门课的深远价值,尤其是树立正确的世界观和方法论的有益作用,提升学生主体性。二应推动对课程重要性的领会。内外联动,既要增强学生的内在动力,提高学生探讨"形势与政策"课的主观能动性,也要加大外在压力,促进任课教师与学生政工干部的沟通协调,有效强化教师对课堂的驾驭,规避学生思想上的忽视、行为上的松散等现象,还"形势与政策"课应有的课堂规矩和课程地位。值得一提的是,任课教师是课堂责无旁贷的管理者,理应承担起课堂管理的责任,对"低头族""手机族"等现象决不可漠视不管,要千方百计地提高"抬头率"和"点头率",提升学生的获得感,这既是"形势与政策"

课程的内在要求,更是教师的应有使命和责任。三应推行对课程方法论的掌握。引导学生全面深刻地认识到这门课的特殊性,凸显"形势""政策"元素,并予以生活化、具象化解读,促进入耳入脑入心;加强师生联动,增进师生配合;推进经典文献的导读,以启发为主线,重在"读"、突出"导",史论结合,加强理论分析和逻辑阐释;规范考核办法,灵活和严格结合,着力避免学生平时不重视等现象。

(三)优化内容丰富性,凸显内容为王

一要改善时效性。"形势与政策"课教师不仅要讲好指定的教材、讲义,而且要对最新的"形势"与"政策"了然于胸、出口成章,及时补充新近发生的国内外大事,将热点难点疑点一网打尽,让学生明白中国共产党为什么"能"、马克思主义为什么"行"、中国特色社会主义为什么"好"。要会讲故事、讲好故事。例如,聚焦全民抗击新冠疫情,深刻地进行爱国主义教育,生动地讲授抗疫精神和人类命运共同体理念;结合全面建成小康社会,讲深讲好我们党的人民情怀;紧扣中国共产党成立 100 周年,透彻地诠释我们党的"两个一百年"伟业。二要改良体系性。"形势与政策"课理论魅力的源泉在于马克思主义理论的理论魅力,强大说服力的根源在于马克思主义理论的强大说服力。讲好"形势与政策"课,要"术""学""道"结合,把牢内容为王,紧密围绕学习贯彻习近平新时代中国特色社会主义思想,把坚定"四个自信"贯穿"两个重点讲授""四个正确认识""四个专题"的教学全过程,实现传道、授业、解惑。推动课程教学与理论研究相扣,多出教改项目和理论成果,夯实科研支撑,促进学术性与意识形态相统一、理论阐释与学术研究相统一,重点攻克学理性支撑较弱的短板。三要改进实践性。理论和实践结合,通过专题论文、调研报告等方式,引导学生立足课程、走出课堂、走出校门、走向社会,强化体验参与、领略优秀文化、深耕社会实践,促进思政小课堂与社会大课堂深度融合,引导学生加强对马克思主义中国化时代化最新成果的掌握及对新时代中国特色社会主义实践的感悟,从而提升课程建设的规范性。

(四)实化形式多样性,有效服务内容

首先,侧重针对性。学生渴求教师上课形式活泼多样,将"高大上"的内容讲得"接地气",渴望在课程中被教师重视、与教师对话。"形势与政策"课要回归教学常识,统一性同多样性结合,因地制宜、因时制宜、因材施教。教师应以学生喜闻乐见的形式创新来增进互动、启迪思维,提高学生参与感、责任感,引

领学生切实增强做中国人的骨气和底气,并转化为发奋学习、报效祖国的硬气和士气。其次,注重持续性。深入系统地开展"领导干部上讲台"等活动,以特聘教授等形式发挥领导干部理论及实践上优势的辐射效应,为课程教学注入新鲜血液,让课程教学更加贴近社会,进而借力讲好中国特色社会主义的生动实践。特别要注意的是,一些高校的"形势与政策"课从学工部(处)等相关部门移交到马克思主义学院,管理主体产生了变化、权责产生了变更,带来了教学资源管理、师资管理、教学理念、学生管理等一系列变化。基于此,要强化部(处)院联动作用,促进"三全育人";要依托集体备课优势,进行思维碰撞、形成智慧火花;要加强教学示范,促进老带新和个别辅导;要增进各学期"形势与政策"课的持续性,在时间接续上形成一条主线;要促进6门思政课形成体系,寻求育人效益最大化;要激发协同效应,推进其他课程与"形势与政策"等思政课同向同行的应然向实然有效转化。最后,着重启发性。增进学生的参与和行为逻辑,强化问题导向和互动,从以教师"教"为中心转为以学生"学"为中心,强调"教"的章法、突出"学"的成效,增进教学产出效益,引领学生娴熟驾驭马克思主义的立场、观点及方法。

第二节 "形势与政策"课的混合式教学思考

形势与政策教育是高校思想政治教育的重要组成部分,"形势与政策"课是形势与政策教育的主要渠道。习近平指出:"要运用新媒体新技术使工作活起来,推动思想政治工作传统优势同信息技术高度融合,增强时代感和吸引力。"[①]要主动驾驭新技术,实现传统优势与现代技术大融合,推动该课程改革创新向纵深发展,不断增强感染力、吸引力。

学界对该课程的教学改革给予了较高关注。从线上线下混合教学的现状来说,实现了"开课不断线",教学内容和形式较为多元,在本科6门思政课中已形成良好的教学效应,师生反响良好。但仍有部分高校较随意,线上线下教学分离,教学内容未能充分凸显课程的思想性、政治性、价值性;师资建设存在教师构成多元化、理论素养差异化、教学水平阶梯化的情况。同时,"几何式"

---

① 习近平.把思想政治工作贯穿教育教学全过程 开创我国高等教育事业发展新局面[N].人民日报,2016-12-09.

"裂变式"传播方式使信息迅速传播,传统教材吸引力大大降低,剧烈冲击着课程的政治性、政策性、导向性;信息的多样性、表达的互动性,使传统教学模式难以为继;平台的低门槛、自由性、开放性对教师的信息技术素养和专业技能提出了更高的要求。从线上线下深度混合的策略来看,一是要加强规范化建设。鉴于这门课的独特性,强调师资队伍、教学管理、教学内容规范性的同时要注重创新性、时效性、灵活性,从教材、人才、教学、学科支撑、综合评价、条件保障等方面入手,实现课程体系"立体化"。二是要提高教学质量。该课程的核心内容贯穿了马克思主义中国化时代化的逻辑走向,要把马克思主义理论学科作为主体,夯实学科基础,构建名师领衔、彰显群集优势的教学团队;要在完善机制、拓展途径、挖掘资源、扩大辐射等方面发力。三是要充分利用现代教育技术。线上线下教学协同并进,构建教学共同体;借助"互联网+"优势,建立"网络新课堂+理论主课堂+实践大课堂"的课堂模块、"线上互动+课堂互动+实践互动"的互动模块、"线上考查+课程考试+实践考查"的评价模块。

上述成果为进一步规范"形势与政策"课程建设、构建学科体系奠定了坚实基础,理论上推动了思想政治教育学的发展,实践上增进了课程实效性。科学技术发展日新月异,网络在"形势与政策"课程建设中愈发重要,大学生对教育需求愈加多元化。结合现实,深化该课程线上线下混合建设,是思政课改革创新的一个重要趋势,也是落实立德树人根本任务的必经之路。

一、"形势与政策"课线上线下混合教学的意义

从新时代信息技术的特性来看,"形势与政策"课线上线下深度混合教学能够打破时空限制、贴近学生群体、拓宽教学渠道,有助于提增理论武装时效性、提高释疑解惑针对性、提升教育引导综合性。

(一)打破时空限制,提增理论武装时效性

伴随着信息技术的迅速发展,教育地点不再局限于线下,而是呈现出动态发展的态势。在信息化社会背景下,现实世界与网络世界相交叠,信息、文化交流所构造的网络新环境成为现代教育环境的重要组成部分。其一,通——打破壁垒,互联互通。互联网的特性为"形势与政策"课提供了打破时空限制、高效开展教育的平台,这使学校的"育"、教师的"教"、学生的"学"都产生了一定的转变。网络的交互模式为学生提供了互助学习通道,诸多高校通过教育网站、微信公众号、微博等平台开展教学,使学生能够不限时间、场所进行学

习。在这种形势下,学生可即时主动探究,不仅有利于在课堂学习以外整合碎片化时间,而且在一定程度上增进了自主学习能力。其二,速——快速传播,保证时效。形势作为不断变化着的实际,需要正确的政策引导,以求对客观世界形成合理认知。"形势与政策"课教学紧跟形势、研判形势、讲解形势,这种动态的循环决定了它的时效性,以求最迅速地传播教育信息,实现教育效果最大化。在新媒体环境中,该课程的教材并不再局限于纸质教材,电子形态的信息也可以成为教学资料。网络的即时性为教学带来了海量教育资源,网络平台成为教学的重要载体。对于需实时更新教育内容的"形势与政策"课来说,网络不仅有助于扩充教师的知识量、拓宽学生的知识面,也可进一步深化理论武装,增强这门课的时效性。

(二)贴近学生群体,提高释疑解惑针对性

网络的开放性、多样性、交互性、便捷性有利于提升"形势与政策"课教学的吸引力。第一,亲——亲近学生,提高热情。"亲其师"方能"信其道"。"形势与政策"课作为帮助大学生正确认识新时代国内外形势,教育引导学生准确理解党的基本理论、基本路线、基本方略的思政课,不容易讲好。网络的开放性为教学创造了宽松开阔的环境,信息化教学环境有助于以多彩生动的表现形式学习枯燥的理论,比如运用图片、音频、影像等增强趣味性、生动性,更易于使学生亲近教育内容、接受知识信息,从而增强课程吸引力。信息化技术为美化教学场景、丰富教学形式、提升教学互动赋能,有效拉近了师生、生生的心理距离,更富于亲和力、吸引力。第二,解——解疑释惑,增进知识。思政课是育德育心工程,既要解决学生的认知问题,也要引导学生树立正确的价值取向。正所谓"理论只要说服人,就能掌握群众;而理论只要彻底,就能说服人",①因此对于困扰学生前进、扰乱学生判断的问题,要能够"以透彻的学理分析回应学生,以彻底的思想理论说服学生,用真理的强大力量引导学生"。②掌握高效使用网络教育资源的能力十分必要。网络的交互性、便捷性有利于为师生提供民主平等的话语空间,教师利用网络教学,可以实现教学信息公开化,且方便与不同学校、专业的学生交流,为其答疑解惑,构建起基于"互联网+"的新型师生关系。学生通过网络进行课程学习,可以充分与教师展开讨论,而不是仅仅止步于课堂。

---

① 马克思恩格斯选集:第 1 卷[M].北京:人民出版社,2012:9-10.
② 习近平.思政课是落实立德树人根本任务的关键课程[J].求是,2020(17).

(三)拓宽教学渠道,提升教育引导综合性

"形势与政策"课教学有其独特范式,要抓好顶层设计,加深线上线下混合。首先,拓——拓宽渠道,开阔视野。网络系统的运行呈现着范围广、容量大的特性。事实上正是因为网络平台的自由性、多样性,有力拓宽了信息传播的渠道。与网络平台的联通,如对人民日报、光明日报、新华社等主流媒体的及时关注,有助于了解国家形势政策与热点问题的最新动态,深入分析热点事件、挖掘事件本质;而对微博、微信等微媒体动态的关注,有助于分析网民的交流话题、动态、评论,归纳总结各方观点,积极获取网络舆情信息,开阔视野,跑出网络"加速度"。其次,融——整合资源,多元交融。传统"形势与政策"课教学资源存在滞后性,由于时空限制,容易陷入信息沟通不畅的窘境。在数字资源快速涌现的今天,全新的、实时的资源信息开发效率高,将传统资源与现代化教育资源相整合,推动线上线下协同,可以建立起高效的互联互通关系网,促进传统教学向数字化教育转变,利用网络特性推动教育与学习活动无处不在、无时不有。互联网的整合功能扩大了教育资源的覆盖面。规范使用优质的互联网教育资源可以大大缩短教学用时,实现互联网教育资源与课程教学活动的深度融合,实现课内课外、线上线下同频共振。"形势与政策"课教育资源尤其是数字资源涵盖范围广、类型多,由全社会共同参与创造。这在一定程度上有利于学生开阔视野,摄取多元化知识,进而提高课程的综合性。

二、"形势与政策"课线上线下混合建设的问题

"形势与政策"课的教学难度大,在推进线上线下混合建设的过程中,仍存在线上学习系统性不够、线下教学交互性不足、线上线下混合性不深的问题。

(一)线上学习系统性不够,难以切实满足课程价值引领要求

"形势与政策"课具有鲜明的价值取向,肩负着传播党的理论创新最新成果的时代使命。网络平台准入门槛低,具有极高的自由度和开放度。从内容体系来讲,网络教育资源丰富却庞杂,该课程在利用网络教育资源时,虽具备了更多的灵活性,但难以找准课程中的思政映射点。首先,知识获取碎片化,不利于建立系统的知识体系。信息技术的强大创造了拥有海量信息的网络世界,在互联网技术的支撑下,每个人都可以在网络这一时空场域中摄入实时信息,这对"形势与政策"课传统的叙事表达空间造成了冲击。网络信息的碎片

化改变了传统知识体系的构建模式,如新媒体以自身短、平、快的传播属性将信息精简化、片段化、零碎化,导致一些学生在进行信息获取时出现目的不明的状况。这与传统教育模式下系统化、理论化的学习形成了巨大反差,造成信息摄入的密度、频度、强度与知识形成的深度、厚度、力度之间出现不平衡。过度的微型化信息占用在一定程度上影响着学生深度学习的能力,长期对于分散知识的依赖会阻碍逻辑思维的形成、系统知识体系的建构。其次,网络话语多元化,不利于构建正确的价值体系。在互联网这一公共大舞台,信息发布者可以是任何人,麦克风每个人都可以握之于手,纷繁复杂的网络信息井喷式地涌入学习、工作、生活中。在国内外形势变化或者热点事件出现时,大量网民进行讨论,其中不乏各路"公知""大V"的身影,他们的评论往往热度高、声势大,同时,部分"公知""大V"善于利用网络中"沉默的螺旋",在网络舆论中带节奏、放杂音,与主流价值取向背道而驰。与此同时,处在"拔节孕穗期"的部分学生由于缺乏辨别力,容易被各类看似有理的错误观点扰乱思路。在此过程中,"形势与政策"课的思想性、政治性受到了挑战,学生建立正确的价值体系受到了影响。

(二)线下教学交互性不足,难以高度契合学生求知欲望

在"形势与政策"课开展过程中,教师要发挥主导性,学生要增进主体性,这需要师生高度协同。在传统课堂上,师生、生生交互相对刻板,呈现出粗线条、单薄的局面,突出地存在两大问题。一方面,在教师层面上,部分教师教学能力有待提升。该课程教学内容交叉多,紧随党的创新最新理论,紧跟中国特色社会主义实践的最新发展,是一门思想性、政治性、理论性都很强的课程,这对教师提出了更高的要求。但该课程教师队伍数量上不足、质量上也难以保障,课程普遍由思政课教师、辅导员、党政干部来教授,形成了专业骨干教师少、兼职教师多的局面。部分兼职教师专业基础弱、课程知识储备有限,要保证教学输出有力、知识入脑入心仍存在困难。另一方面,在学生层面上,教学以理论灌输为主,学生参与度不高。"形势与政策"课教学的主要渠道和载体仍是第一课堂,第二课堂与第三课堂的利用率不高。在实际教学过程中,理论灌输使原本内容灵活生动的课程变得僵硬古板,教师将教材语言向教学语言转化的能力欠佳,部分教师存在照本宣科、生搬硬套教学课件的问题。部分学生在认知过程中,出现习惯性抵触的不稳定心理,不愿参与、投入到课堂中去。由于教师缺乏富有感染力的讲解,因此部分学生对课程兴趣不高,求知欲望不强,学习效果不甚理想。

(三)线上线下混合性不深,难以有效实现培根铸魂目标

党的十九届五中全会提出要发挥在线教育优势,完善终身学习体系,建设学习型社会。信息技术、信息资源更新速度快,为"形势与政策"课的建设提供了信息化支持环境,但线上线下混合教学仍需加强。一是该课程的信息化平台构建不足。由于区域发展差异大,各校在这门课的信息化建设上投入有差别。当代大学生作为"数字原住民",对于网络的熟悉度、亲切感较高,线上教学的不足阻碍了教育信息化的推进,也降低了学生的学习热忱,从而难以使教育真正浸润学生心田。二是教师信息素养有待提升。"形势与政策"课与信息化教学关系紧密,但部分教师还不能适应信息化教学,教学观念、方法还未完全转变,在教学内容制作、线上课堂管理上存在短板,甚至仅仅局限于线下教学。学生较快的适应速度与教师较慢的转变速度形成矛盾,导致新的信息资源利用率低、线上与线下课堂结合率低,难以利用信息技术实现对学生的培根铸魂、启智增慧。三是学生存在个体差异。与传统课堂相比,混合式教学对学生自身也提出了较高要求。学生个体若自觉性、自制力不高,在线上教学时更易于沉迷网络,被更多样化的形式转移注意力,这也将埋下学生在线下教学中出现分化的种子。在教育信息化、现代化的浪潮下,学生群体与信息技术的接触越来越多,要正视学生的个体差异,因势利导,促进线上线下相得益彰,满足培根铸魂要求。

三、"形势与政策"课线上线下混合教学的路径

实现"形势与政策"课程线上线下深度混合教学是大势所趋,要优化线上学习、完善线下学习,促进线上线下深度混合,切实落实立德树人根本任务。

(一)优化线上学习,更好地传播知识、传播思想、传播真理

网络的复杂性对"形势与政策"课的线上教育资源管理、教学管理提出了新的挑战。其一,规范网络教育资源建设。在宏观层面上,国家对在线教育要提供助力与引擎,激发国家高等教育智慧教育平台等资源集聚优势,引领教育内涵式发展;中观层面上,教育部门及各高校要深化"形势与政策"课教育平台的建设,实现"国家—地方—校本"优质课程的共通,不断更新完善全面从严治党、我国经济社会发展、港澳台工作、国际等四个教学专题。同时,以现有的精品课程为基础,结合地域、高校、专业等实际,邀请专家学者、优秀教师建设起

高质量的教育资源库,实现多级、多地、多校间教育资源的互联、共管、共享网络教育资源,逐步达到百花齐放、百家争鸣的效果。已有不少高校在中国大学MOOC(慕课)平台、智慧树等推出"形势与政策"线上课程,强化了高校间教育资源的互联共享,促进了思想、知识的有力碰撞。其二,发挥教师教育能动性。网络信息多元化,"形势与政策"课教师要始终坚持马克思主义在意识形态领域的指导地位,牢固树立共产主义远大理想和中国特色社会主义共同理想,培育和践行社会主义核心价值观。为了保证课程教学内容的鲜活性、生动性,教师要及时关注热点信息,合理提取有价值的教学素材,适度将课程教学内容与网络信息有机融合,提升课程的时效性、针对性。但在搜集网络信息资源时,对待来路不清、立场不明的网络信息要时刻保持警惕、仔细辨别,以确保教学的正确性、准确性。同时,对于虚假、错误的网络热点信息,教师也应有的放矢地驳斥,还原事实真相,制止造谣污蔑扩散,并教授学生辨别错误信息的方法,培育学生分析问题、分辨是非的能力,提升该课程的针对性,有效引导学生求知识、求思想、求真理。

(二)完善线下学习,更好地塑造灵魂、塑造生命、塑造新人

当前,国内外形势发生深刻变化,学生的思想与行为呈现出新特点,这对准确把握"形势与政策"课程改革新趋势具有重要意义。其一,优化教师队伍,提高综合素质。该课程思想性、政治性、时效性、实践性都很强,教师在其中扮演着教学引路人的角色,只有具备较强的综合素质,才能更好地为社会主义建设培养合格人才。高校要按照习近平对思政课教师提出的"六个要"要求,严把政治关、师德关、业务关,既要高标准、严要求,又要有灵活性,处理好教育需求与人才供给的关系,完善选聘教师的机制,盘活教师资源、补充教师缺口。根据"优中选优"的原则,规范遴选条件和程序。要选择专业背景与课程相符合、知识结构与课程相交融的教师,形成专业化师资队伍,培养专家型教师、骨干教师。还要积极选聘社科领域专家学者、党政领导干部,定期开展"专家论坛""时政讲坛"等,发挥他们的知识见识及阅历优势,为学生分析讲解热点、难点、焦点问题,帮助学生正确认识新时代国内外形势。其二,转变教学思路,改进教学方式。"形势与政策"课的教育内容与学生息息相关,较之其他思政课,不仅传授了理论知识,也锻炼了学生的认知思维。因此,在课堂教学中,要营造出和谐民主的氛围,实现自主性、探究性、合作性的学习。如综合运用问题式、案例式、探究式、讨论式等教学方法,设置问题引发学生思考,有效提升学生知识素养,培养具备问题意识、批判思维的高素质人才。同时,还要注意在

该课程的教学话语上,部分教师只发挥了"传声筒"的作用,对理论、政策、形势的解读不够。因此,教师要把握内涵要义、吃透精神实质,运用学生喜闻乐见的教学方式,加强思想引领。在港澳台工作的专题学习中,可积极使用感染教育法、比较教育法,在潜移默化中调动学习热情、增强情感力量、提高思想认识,增进教学吸引力,从而提升教材话语向教学话语的转化率,激发学生对知识的渴求,实现与学生的情感共鸣,从而达到塑造灵魂、塑造生命、塑造新人的目的。

(三)促进线上线下深度混合,切实落实立德树人根本任务

线上线下教育的混合是符合新时代智能化、信息化趋势的体现,也是落实立德树人根本任务的有力推动。线上教育中,教师的教化功能被削弱,形成了课前开发教育资源、课上协调教育开展、课后指导受教育者的逻辑理路。那么,如何促进线上线下教育的深度混合?首先要深化信息平台建设。高校要加强校园数字化建设,建立起便捷可靠的信息化教学平台,充分将数字化、智能化资源与"形势与政策"课相匹配,构建起高效信息平台,使资源全面、全方位服务于此课程,既利于教师"教"又便于学生"学",推进知识的集合、思维的扩展。其次要提升教师信息素养。高校要组织相关培训,指导教师学习网络教学工具、熟悉网络教学模式、合理使用网络教学平台,定期对教师信息素养进行评价,督促其自觉提升信息素养;教师要牢树网络观念,主动适应信息化社会,对重大热点事件,要能够及时认知、解读,引导学生形成正确认识。最后要构建立体化教学体系,实现课堂、网络、实践的深度融合。"线上+线下"的混合教学模式,可以增进学生的自主学习能力。如在教学设计上,教师可利用网络平台设置更富有趣味性、互动性的教学任务,将无法进行实践的时事新闻在线上呈现,营造良好的在线学习氛围,提高学生对课堂的专注度。在教学内容上,"形势与政策"课需要时效性强的教学资源,利用网络可以对课堂教学起到有益的补充作用,使教育内容更为翔实、充分,也有利于提高教师的知识储备,锻炼教师的信息内化能力。在教学实践上,该课程具有很强的实践性,线上与线下教学的结合使得学生的知识体系更为完善。因此,要善用"大思政课",将思政小课堂和社会大课堂结合,通过情境体验、国情观察等促进价值塑造、知行合一。在乡村振兴战略的学习中,可积极组织实践活动,走入乡村、亲近乡村。以福建省为例,曾被称作中国东南沿海"黄金断裂带"的宁德便是脱贫致富的生动样本。拥有实地考察条件的学校可鼓励学生进行乡村见习,切实开展调查,提高实践能力;反之可通过线上进行教学,如充分利用 VR 全景

技术,提供良好的教育资源,使学生仿佛身临其境。在教学质量反馈上,应建立健全多元化评价体系,对于"线上＋线下"的教学模式要进行常态化监督、经常化反馈,形成"监督—改进—监督"的良性循环。

第三节　"形势与政策"课的混合式教学实践

长期以来,本教学团队以教改研究为切入点,以"产出导向、混合进阶"为思路,持续推进"形势与政策"课综合改革,着力强化课堂教学这一立德树人的主渠道作用,并于 2021 年 12 月建成福建省唯一的"形势与政策"课省级一流本科课程。

一、改革的主要背景

2016 年,习近平在全国高校思想政治工作会议上提出,"要用好课堂教学这个主渠道,思想政治理论课要坚持在改进中加强,提升思想政治教育亲和力和针对性,满足学生成长发展需求和期待","要运用新媒体新技术使工作活起来,推动思想政治工作传统优势同信息技术高度融合,增强时代感和吸引力"。[①] 2019 年,他在学校思想政治理论课教师座谈会上指出,"思想政治理论课是落实立德树人根本任务的关键课程","要不断增强思政课的思想性、理论性和亲和力、针对性"。[②] 2022 年,他在中国人民大学考察时强调,"思政课的本质是讲道理,要注重方式方法,把道理讲深、讲透、讲活,老师要用心教,学生要用心悟,达到沟通心灵、启智润心、激扬斗志。"[③]这些论述精神从时间跨度来说折射出我们党"理直气壮地办好思政课"的信心、决心和恒心,为我们建好思政课提供了方向指引。一方面,关于高校思想政治工作,在阵地上要固守课堂教学的"主渠道"地位;在手段上要强化新媒体新技术使工作"活起来"的引

擎作用;在工作效用上要提升"亲和力和针对性","增强时代感和吸引力"。另一方面,关于思政课的建设,从定位来讲要明晰其"第一课程"的独特地位;从发展旨归来看要"不断增强思想性、理论性和亲和力、针对性";从本质来说要"把道理讲深、讲透、讲活",使学生心领神会,这也是对思政课思想性、理论性的回应,是对马克思主义理论科学性和真理性的自信,而亲和力、针对性的提高正是为此服务的。由"亲和力和针对性""时代感和吸引力"至"思想性、理论性和亲和力、针对性",再到理清思政课"讲道理"的本质,体现的是从思想政治工作到思政课的聚焦,是对思政课教育教学规律认识的深化,是着眼于落实立德树人根本任务的深远谋略。这就呼唤着我们在"形势与政策"课教学中增进"传统优势同信息技术高度融合",进而更有效地增强课程的"思想性、理论性和亲和力、针对性",使党的理论创新成果"飞入寻常百姓家",切实深耕为党育人、为国育才的责任田。

《教育部关于加强新时代高校"形势与政策"课建设的若干意见》(教社科〔2018〕1号)提出,该课程的理论武装时效性、释疑解惑针对性、教育引导综合性都很强,要充分考虑难度大、变化快、备课耗时多的特点,保证学生在校学习期间开课不断线;"可采取灵活多样的方式组织课堂教学,积极运用现代信息技术手段,扩大优质课程的覆盖面,提升'形势与政策'课教学效果","让学生真心喜爱、终身受益,把这门课真正打造成思想政治理论课的示范课"。这门课被普遍认为不好上。现在教育部提出要将其办成思政课的示范课,这是一种"明知山有虎,偏向虎山行"的豪情,也映衬出教育部对这门课寄予的厚望。在推进新时代"形势与政策"课程改革创新的过程中,我们不但要深刻认识到该课程兼具思政课的共性和自身的特性,而且要以"灵活多样的方式组织课堂教学,积极运用现代信息技术手段",有针对性地破解难题,让学生喜闻乐见、受益匪浅,进而建设成为思政课的示范课。这是一种课程观,也是一种方法论,为我们办好这门课提供了基本遵循。想要上好这门课不容易,要成为思政课的示范课更是难上加难。突出的难题之一就是施教者、受教者及教育内容都频繁变化,因此要讲清形势与政策背后蕴藏的马克思主义立场观点方法尤为不易。这就要求教学质量上要严格把关,在有限的教学时间内,除了教育内容要取胜外,教学模式也要出彩,从而实现从内容深化、模式优化到实践感化的蝶变。

二、主要的教学目标

结合福州大学"建设具有若干世界一流学科的国际知名高水平大学,早日成为世界一流的东南强校"的定位,以及以工为主、理工结合、涵盖多学科的实际,本教学团队坚持常规教学与教研教改并举,基于产出导向,以线上线下混合为抓手,不断增强该课程的思想性、理论性和亲和力、针对性,与其他思政课融为有机统一整体,同时增添本课程自身亮点。围绕学校的本科人才培养方案,从"形势与政策"课的具体教学目标来看,学生学习本课程后,应进一步掌握马克思主义理论,特别是学会辩证唯物主义和历史唯物主义,牢固树立马克思主义政策观、形势观,善于运用创新思维、辩证思维以及矛盾分析方法,从而更加善于分析形势与政策,牢记习近平对大学生的殷切期望及对福州大学的多次考察关怀。与此同时,着力实现如下目标:学生具有坚定正确的政治方向、良好的思想品德和健全的人格,热爱祖国、热爱人民,拥护中国共产党的领导。

三、瞄准的主要问题

传统的"形势与政策"课程建设主要存在四个难点:一是通常仅被作为任务去完成,不够重视理论探索和强化,教学与研究相分离。二是教学内容较零散,不够重视内容深化,难以紧跟时事、实际和教育部学期要点。三是教学模式较单一,不够重视模式优化,与学生求知欲强、思维活跃形成较大反差。四是理论与实践较脱节,不够重视实践感化,价值引领不够理想。如何攻克这些难点? 首先,以研促教,以科研反哺教学,促进教研相长、教研一体。其次,及时推动研究体系向教学体系转化,有机建构教与学的结合点。再次,混合进阶,着力破解教学供给与学生需求的矛盾。最后,注重价值塑造,善用"大思政课",从学生关注与困惑的问题入手,将理论阐释、价值引领与务实笃行、躬行实践相结合,力促知行统一。

四、采取的主要方法

本团队以教改项目、论文、论坛、资政建议"四轮驱动",深入推进"形势与政策"课的"产出导向、混合进阶"综合改革,从师生互动向具有鲜明产出导向的师生教学共同体演进。

(一)强化理论研究,推进教研相长

将科研优势转化为教学优势,条理化地提出"四轮驱动"教研范式,以"校内＋校外、专职＋兼职、社科名家＋企业家＋党政干部"等方式组团教研攻关。近十年来,本团队立足负责的 10 余项国家级、省级教改和社科项目,在CSSCI、北大核心等核心期刊发表 10 余篇教改论文;举行 4 场全国性教改、社科论坛;8 篇资政建议获中共中央办公厅、省委办公厅采用,其中 4 篇获中央领导同志、省领导同志肯定性批示(截至 2023 年 10 月)。依托省本科高校教育教学改革研究项目"基于产出导向的形势与政策课线上线下混合式教学探索",撰写的《高校"形势与政策"课的双重属性、建设困境及对策思考》论文发表于《学校党建与思想教育》,并被《复印报刊资料·高校思想政治理论课教学研究》全文收录(从 2012 年 1 月至 2023 年 10 月,该课程仅被《复印报刊资料》收录了 22 篇,其中 2021 年以来仅 2 篇),核心观点是:强化教师主导性,增进价值引领;深化学生主体性,促进思维启发;优化内容丰富性,凸显内容为王;实化形式多样性,有效服务内容。

一系列的教学研究,丰富了"形势与政策"课的教学改革理论体系:一是聚焦教学目标,作为一门政治素养教育课程,以增强学生政治素养、提高政治敏锐性和提升政治鉴别力为逻辑起点,基于系统思维和精准思维,反向建构教学内容、模式、实践。二是改革教学方法,改变以往课堂"拿着文件宣读,没有生命、干巴巴的"情况和以灌输为主要教学方式的局面,用好鲜活的课程素材,发挥教师主导性与学生主体性,建立以学生为中心、以政治素养提升为核心的新型个性化教学模式,不断提高课堂的"抬头率""点头率"。三是改进教学评价,侧重政治素养目标,加强对课堂内外、线上线下学习的评价,推进过程与结果联结、综合评定。课程总成绩＝36％线下定位考勤＋24％平时成绩＋20％专题测试＋20％期末随堂考试成绩。具体来说,线下定位考勤依靠知到 App的网络新技术优势,不占用教师的授课时间;平时成绩包括 10％线上视频学习(约 250 分钟)、14％线下互动(如抢答、头脑风暴、5 分钟微党课、经典研读、时政辩论、专题研讨、师讲生评、生讲生评等);专题测试记录的是"四个专题"的测试情况,各专题测试一般是 20 道客观题(题型为单选、多选、判断);期末随堂考试为 30 道客观题,由教师依托智慧树系统从试题库中自动生成,系统自动计分。

基于上述考虑,本团队加强理论成果向教学方案转化,形成"形势与政策"课程教学方案改革设计(图 4-1),持续推进"产出导向、混合进阶"综合改革(图 4-2)。

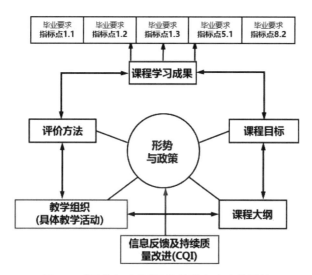

图 4-1　"形势与政策"课程教学方案改革设计

图 4-2　基于产出导向推动"形势与政策"课程建设

(二)深化教学内容,彰显特色内涵

及时推动研究体系向内容体系转化,利用教研成果优化内容,差异化地实现理论性和现实性联结、全国共性和区域特色联接。团队在智慧树网站建设了全省首个线上课程。截至 2023 年 11 月,该课程获全国近 300 所高校 20 余万名学生选用,实现互动 100 万余次,入选国家高等教育智慧教育平台;资源库充实,独具特色,包括 77 个视频(共 1200 多分钟)和 1350 道题。

统筹"四个专题"(全面从严治党、我国经济社会发展、港澳台工作、国际),结合校情、区情、国情、世情,落实"两个重点讲授"(党的理论创新最新成果、新时代坚持和发展中国特色社会主义的生动实践)。与校本结合,紧扣习近平14 次关怀福大等校史校情;与地方特色结合,瞄准《习近平在福建》等 4 本访谈实录、《闽山闽水物华新——习近平福建足迹》及"3820"工程等省情市情;与国情结合,精彩诠释中国特色社会主义生动实践;与世情结合,面向百年未有

167

之大变局。从而,使该课程与习近平在福建十七年半探索实践、对福大14次关怀深度结合,在讲深讲透讲活福大故事、福建故事、中国故事中讲好形势与政策。建设和完善案例库,比如在全面从严治党专题中,通过"宁德廉政17条"案例,启发学生悟深中央八项规定、保持反腐败政治定力,领会我们党一脉相承的治党方略和以自我革命的精神走好新的赶考之路的决心。

(三)优化模式创新,增进形神兼备

在长期扎根一线教学及系统教研的基础上,体系化地形成"产出导向、混合进阶"的教学模式。彰显政治素养的鲜明产出导向,立足"形势与政策"课教学规律,兼顾价值引领、知识拓展、思维训练和能力建构等四个产出点。四者既独立,又构成有机整体(见图4-3),统一于学生政治素养的养成。那么,如何嵌入四个产出点?在价值引领上,通过5分钟微党课夯实思想理论武装;在知识拓展上,设置经典研读环节,在读原著、学原文、悟原理中开阔视野;在思维训练上,组织时政辩论、专题研讨,培养哲学眼光、批判思维、国际视野;在能力建构上,组织分组研讨和撰写资政建议,掌握运用马克思主义立场观点方法。挖掘混合进阶的新生长点,运用现代信息技术手段,驾驭智慧树教学平台,实现线上线下深度混合,共建智慧课堂;"大专家+小先生"联讲,双师联动、师生互动、生生齐动,让学生"动"起来、课堂"燃"起来、思维"活"起来、收获"满"起来;遵循学生形势政策观的形成发展规律,由浅入深地设计教学内容,"认知—拓展—内化"逐级递进、"课前—课中—课后"有序链接(如表4-1);体现不同年级特点,低年级重方法讲解、中高年级重理论传播、毕业班重实践内化,因材施教,使教学从"漫灌"转向"滴灌",同时随着年级的变化形成螺旋上升的发展脉络。

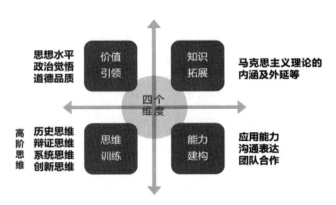

图4-3 "形势与政策"课程的建课模式

表 4-1 "形势与政策"课的学习进度表

周次		教学内容(每周内安排按先后顺序)	方式
课前		1.建 QQ 群,公布教学安排(方法要求、考核方式、时间安排等) 2.学生预习 3.预判学生的疑难点、困惑点	线上
课中	NO.1	1.线上:专题 1 视频学习和测试,抢答、头脑风暴等互动 2.线下:(1)学习马克思主义形势观,政策观;(2)讲专题 1,知识拓展、启发引导;(3)5 分钟微党课、师生点评	线上+线下
	NO.2	1.线上:专题 2 视频学习和测试,抢答、头脑风暴等互动 2.线下:(1)讲专题 2,知识拓展、启发引导;(2)时政辩论、专题研讨	
	NO.3	1.线上:专题 3 视频学习和测试,抢答、头脑风暴等互动 2.线下:(1)讲专题 3,知识拓展、启发引导、双师教学、师讲生评等;(2)经典研读	
	NO.4	1.线上:专题 4 视频学习和测试,抢答、头脑风暴等互动 2.线下:(1)讲专题 4,知识拓展、启发引导;(2)期末随堂考试	
课后		1.部署社会调研考察,鼓励提交资政建议并指导提升 2.专题测试 3.延伸阅读 4.课程建设意见征集、总结	线上+线下

该模式有四个特点。一是把准线上和线下两个教学着力点。线上,课前依照教学日历提前发布学习任务和资源,在师生互动中预判学习的疑难点、困惑点;课中进行定位考勤、短视频学习、抢答、头脑风暴等;课后提交资政建议和进行专题测试、延伸阅读、意见征集。线下,以信息技术增进课堂效益,强化问题导向和学理分析,主动正面地回应现实热点疑点;强化教与学互动;进行科学客观的评价和总结。二是深度"混合"。混合资源,将自行录制的网课和其他网课资源混合梳理,形成本团队教学资源,并划分为不同学习项目;混合策略,广泛借鉴、虚实结合,构建本项目学习理论框架,融入学习要点;混合环境,线上线下混合,增进互动,充分利用碎片化时间提高学习效率;混合模式,建立专门讨论小组,"伙伴式学习""朋辈互助式成长"。三是推行差异化教学。分阵地,线上线下有机结合。线上侧重常规知识、精彩视频学习和答疑解惑,讲清常识和热点;线下侧重汇聚师生合力,使教师的主导性更加突出、学生的主体性更加凸显,在此过程中,讲清难点和疑点。分模块,围绕"四个专题",精心备课和施教。分专业,教学中融入更多学生专业实际,增强具象感、代入感。分年级,大一注重方法教导、大二侧重知识传授,其他年级注重实践创新。分组别,不断推进"中班教学、小班研讨"的教学试点,从总体"漫灌"到因人而异

"滴灌",普遍性与特殊性有效结合。四是建立健全"教学闭环"。从课程设计、课程组织、课前预习、课中互动、课后评价、课程优化等六个环节出发。课程设计上,聚焦立德树人根本任务和产出导向;课程组织上,教研相长、集体备课,建立教学共同体;课前预习上,鼓励学生多角度思考,熟悉背景知识;课中互动上,点面结合,运用现代教学技术,体现专业差异性,调动互动参与面和参与度,使学生从课堂的"客人"变"主人";课后评价上,讲求多元化,过程与结果并重;课程优化上,动态跟踪学生学习成效,促进教学不断完善。

(四)凸显实践感化,加强知行合一

面向知行合一,善用"大思政课",模块化地形成空间、方法、师资"三协同"实践样式,促进"教材体系—知识体系—价值体系"转化。空间协同,打造"课堂＋"(理论主课堂、实践大课堂、网络新课堂、虚拟微课堂),集合课内外、校内外、线上线下全时空领域鲜活素材,构筑多维立体、虚实融合的时空场域。方法协同,开展情境体验、国情观察等,内化外化、内隐外显贯通。例如,讲授习近平关于教育的重要论述时,可采用情境体验、现场讲学、案例教学等方法,引导学生感知习近平早在 2010 年 9 月 4 日就于福大提出了德智体美劳全面发展,并于 2018 年 9 月 10 日在全国教育大会上正式提出该要求,带领学生感悟习近平工作上一以贯之的战略性、前瞻性,进而引导学生增进对领袖的热爱和拥戴,牢记"两个确立"。师资协同,党建引领,锻造骨干教师、遴选特聘教授(社科理论界专家、企事业单位负责人、各行业先进模范),助力二者各显神通。做实集体备课,以教研部、学院或全校为单位,定期开展主题式集体备课活动,广泛探讨案例式、探究式、体验式、互动式等教学方式,持续开展教师教学竞赛、教学观摩活动。完善领导、督导、同行、学生"四方评教",建立末位约谈、淘汰、培训等滚动优化机制。

五、未来的提升重点

当前,"形势与政策"的混合式教学综合改革已取得一定成效,但是立足铸魂育人的高度,仍需抓好以下四个重点,不断提升。

一是产出导向。进一步强化价值引领、知识拓展、思维训练和能力建构等四个产出点,有效增进学生政治敏锐性和政治鉴别力,从而为培养造就大批堪当时代重任的接班人做出更多贡献。

二是混合进阶。更加紧扣学生专业实际,更为充分运用多媒体手段营造

沉浸式学习环境,使智慧课堂的"智慧"元素更为突出,吸引力、感染力不断提升。以形式和手段的革新、优化,带动教学模式的改进,促进教学效益即思想性、理论性的提升。

三是队伍建设。目前,在混合式教学的团队建设上仍然不够,今后要加大力度,定期与不定期研讨结合、走出去与请进来结合,凝练总结好的经验,并借鉴国内主流做法,丰富团队教学手段,加强传帮带,从而提高团队教学水平。

四是资源建设。立足校内基础,更广泛地争取外部支撑,校内外联动。促进线上课程资源体系和案例库更新升级,为学生提供更优质、可持续的学习资源及服务,突出公益性,扩大课程的辐射面、受益面。

第五章

"形势与政策"课的思路启迪^①

　　"形势与政策"课是思政课的重要组成部分,是对大学生进行形势与政策教育的主渠道、主阵地。生逢其时,重任在肩。青少年阶段是人生的"拔节孕穗期",最需要精心引导和栽培。这门课要紧扣国际、国内两个大局,让学生从"变"与"不变"的视野中,更好地感受、感知世界和中国。党的十八大以来,特别是自 2019 年学校思政课教师座谈会召开以来,各地区、各高校加大了"形势与政策"课程改革创新的力度,形成了众多有益的经验和做法,产生了系列理论思考和认识。

　　为深入学习习近平关于教育工作的重要论述特别是学校思政课教师座谈会精神,进一步推进"形势与政策"课改革创新,深化铸魂育人、协同育人、创新育人,以优异成绩迎接党的二十大胜利召开,由福建省委教育工委、福建省教育厅、福州大学、《马克思主义理论学科研究》编辑部主办,福建省高校思政课教指委、福州大学马克思主义学院承办的新时代高校"形势与政策"课程改革创新云论坛于 2022 年 3 月 19 日在福州大学举行。来自北京大学、中国人民大学、上海交通大学、同济大学、西安交通大学、华中科技大学等全国近 30 所"双一流"建设高校马院的 30 余位负责人以线上和线下的方式,探讨了"形势与政策"课建设的理论思考与实践探索,该云论坛吸引了全国 1.2 万余人次参加,为课程发展贡献了思想智慧。本章是对新时代高校"形势与政策"课程改革创新云论坛中专家观点的系统梳理,力求对该课程有序有力有效发展提供理论和实践方面的参考。

----

　　① 本章主要内容已发表于《马克思主义理论学科研究》2022 年第 4 期,原题为《铸魂育人 协同育人 创新育人——新时代高校"形势与政策"课课程改革创新云论坛综述》,收入本书时作了拓展。

"以铸魂育人为导向,理直气壮守好'形势与政策'课建设主渠道":基于立德树人根本任务,引出加强课程建设的重要性。站在思政课的宏观角度,分析该课程的立身之本、建设定位;立足该课程的微观角度,剖析教学要点、教学方法。本节从该课程改革创新的航标、中坚、要诀等方面解析,进一步明晰这门课与其他思政课的紧密联系,"理直气壮地办好思政课",激发"形势与政策"课的铸魂育人作用。

"以协同育人为手段,统筹资源用好'形势与政策'课建设主阵地":基于唯物辩证法,运用全面的、联系的、发展的观点开展探究,打造协同育人模式。鼓励抓好社会实践,引导学生学思践悟,打造独特教学品牌;优化教学队伍,规范教育活动,保障教学质量;革新体制机制,统筹协调建设,促进全社会协同育人新格局的构建。统筹用好有利的校内校外资源,实现人财物等全要素集聚,在全员全程全方位育人中强化这门课的价值引领效应。

"以创新育人为突破,与时俱进抓好'形势与政策'课建设主引擎":"改革创新是时代精神,青少年是最活跃的群体,思政课建设要向改革创新要活力"。[1] 本节站在新时代人才强国战略的高度,凸显创新育人的重要地位,挖掘"形势与政策"课程建设的新的生长点,分别从教学设计、文化内容、教学模式等三方面展开论述,为增进该课程建设的科学性、系统性提供指引,为深化该课程的时代性、创新性提供素材。

第一节　以铸魂育人为导向,理直气壮守好
"形势与政策"课建设主渠道

习近平着眼党和国家事业的长远发展,立足人才培养千秋伟业的战略高度,强调"思政课是落实立德树人根本任务的关键课程",[2]突出了加强思政课建设的重要性,把其提升到新时代为党育人、为国育才"关键课程"的高度。"形势与政策"课是一门较特殊的思政课,理应站在思政课的高度落实立德树人根本任务,并聚力自身特性对元问题深入探赜、改革创新。与会专家紧扣习近平系列重要讲话精神,基于思政课宏观角度和该课程微观角度,从该课程改

① 习近平.思政课是落实立德树人根本任务的关键课程[J].求是,2020(17).

② 习近平.思政课是落实立德树人根本任务的关键课程[J].求是,2020(17).

革创新的航标、中坚、要诀等方面切入,致力于深化课程建设。

一、坚持立德树人为航标,秉持立身之本

2022 年 4 月,习近平在中国人民大学考察时指出,"思想政治理论课能否在立德树人中发挥应有作用,关键看重视不重视、适应不适应、做得好不好"。[①] 重视、适应、做好思政课是实现立德树人目标的题中应有之义。立德树人,蕴含传统文化之魂。崇德尚贤,是中华优秀传统文化的显著特点。孔子提出:"为政以德,譬如北辰,居其所而众星共之。"要以德为政,凝聚民心。习近平善引经据典论"德",筑牢了立德树人的传统文化根基;在夯实文化底蕴的同时又结合时代特征,为立德树人注入新时代生机。学者们立足立德树人,有力诠释了思政课建设中航标的引领作用。

中国人民大学张雷声认为,立德树人是引领思政课改革创新的航标,是"形势与政策"课的立身之本。通过释疑立何德、树何人,赋予"立德"与"树人"新的时代内涵。将以德育人与以德立身有力结合,回答了思政课铸什么魂、育什么人的问题。首先要理解立德树人中的"德"。它内蕴丰富,不仅包含个人品德、家庭美德、职业道德、社会公德,还包括社会主义核心价值观以及理想信念、民族精神、时代精神、人的发展等,思政课教学就是立此"大德"。科学理论和道德要求的结合是立"大德"的内在必然,即将马克思主义理论与德育相结合,坚持课程"姓马""为党"是解决培养什么人、怎样培养人、为谁培养人根本问题的关键。其次要理解立德与树人结合。立德是树人的内在灵魂,树人是立德的价值旨归。立德与树人相结合遵循历史逻辑,根植于中华优秀传统文化,溯源于儒家经典著作,汲取中华民族教育的精华。时空变迁,赋予立德树人新的内涵。习近平从培养担当民族复兴大任的时代新人、培养德智体美劳全面发展的社会主义建设者和接班人的高度,为立德树人注入鲜活元素。最后要促进以德育人与以德立身相统一。立德树人要先立师德,德不仅植于被教育者,更植于教育者,教师承载着传播知识、传播思想、传播真理、塑造灵魂、塑造生命、塑造新人的时代重任。"思政课教师,要给学生心灵埋下真善美的

---

① 习近平.坚持党的领导传承红色基因扎根中国大地 走出一条建设中国特色世界一流大学新路[N].人民日报,2022-04-26.

种子,引导学生扣好人生第一粒扣子"。[①] "重教、引导、立志、自信、素养"五个核心词对教师具有指导意义,教师要以德立身、以德立学、以德施教,用高尚的人格感染学生、赢得学生,用真理的力量、深厚的理论功底感召学生,自觉做学生的表率,做让学生喜爱的人。

华北电力大学王伟从政治建设的高度指出,思政课是立德树人的关键课程、是不可替代的课程,应站在政治建设的高度办好。习近平要求办好思政课,是放眼于世界百年未有之大变局、党和国家事业发展全局来强调的,是基于坚持和发展中国特色社会主义、建设社会主义现代化强国、实现中华民族伟大复兴的高度来部署的。2018年5月2日,习近平在北京大学师生座谈会上就深刻揭示了思政课教育的战略意义。他指出:"古今中外,关于教育和办学,思想流派繁多,理论观点各异,但在教育必须培养社会发展所需要的人这一点上是有共识的。培养社会发展所需要的人,说具体了,就是培养社会发展、知识积累、文化传承、国家存续、制度运行所要求的人。所以,古今中外,每个国家都是按照自己的政治要求来培养人的,世界一流大学都是在服务自己国家发展中成长起来的。我国社会主义教育就是要培养社会主义建设者和接班人。"[②]因此,办好思政课的指向在于立德树人、培根铸魂。对于青少年而言,他们正处于人生的"拔节孕穗期",正值"三观"塑造的关键期,最需要精心引导和栽培,要帮助他们扣好"人生第一粒扣子"。对于党和国家的前途命运而言,我们党立志于中华民族千秋伟业,必须培养一代又一代拥护中国共产党领导和我国社会主义制度、立志为中国特色社会主义事业奋斗终身的有用人才。从世界大势来看,随着世界百年未有之大变局深刻演化,大国博弈愈加复杂激烈,思政课重要性日益凸显,应提高水平而不能削弱。因此,立德树人是学校的根本任务,是学校教育过程的中心环节,是高校的立身之本,要千方百计办好思政课、讲好思政课。

二、坚持元问题为中坚,贯注聚力之点

在哲学层面,"本原"意指一切事物的最初根源或构成世界的最根本实体。"本原性"思考是一种对根基、本质、构成要素等问题的刨根问底式探寻,哲学

---

① 习近平.用新时代中国特色社会主义思想铸魂育人 贯彻党的教育方针落实立德树人根本任务[N].人民日报,2019-03-19.

② 习近平.在北京大学师生座谈会上的讲话[N].人民日报,2018-05-03.

上表现为始终把理解世界的"始基"作为第一问题。放在学科课程视域,刨根问底式地考察这门课的元问题,即最原始、最本质、最朴素的问题。课程定位、教学要点、教学目标等是"形势与政策"课的元问题,对此类问题的洞察是抓住了课程的中坚力量,使教师把握授课的关键。该门课兼具思政课的共同属性和自身的独特属性。对上述元问题的深入阐释,将会在更扎实、更务实的基础上推进该课程内涵式发展。聚焦这一主题,专家们从不同角度探讨,关注该课程改革创新的聚力点。

北京大学孙蚌珠通过"以事说理"和"以理说事"的比较来区分"形势与政策"课与其他思政课的定位,指出研究课程定位是课程规范化建设的需要,也是推进课程高质量发展的前提。她将该课程的教学问题归纳为形势与政策、"变"与"不变"、"内容"与"目标"、"供给"与"需求"、"多样性"与"统一性"等五对关系。她指出,"形势与政策"课讲授现实及其趋势,以及针对现实和趋势采取的政策;现实和趋势的讲授依靠理论和历史,重点运用理论和历史分析现实,让学生理解和认同政策,侧重点是"以理说事"。其他几门思政课是讲理论、讲历史;而理论和历史的讲授不能干巴巴的,必须联系实际,这种联系实际更重要的是让学生掌握理论和历史,侧重点是"以事说理"。她还从课程目标与功能、课程建设定位进一步补充。在课程目标与功能上,是长远性与现实性的结合。现实目标和功能是让学生运用马克思主义理论分析形势,正确认识国内外形势,着眼热点问题,从而理解认同党的大政方针和相应政策,为经济社会发展稳定做出贡献;长远目标和功能是促进学生养成一种习惯——心怀"国之大者",关注国之大事,践行使命担当。在课程建设定位上,"形势与政策"课是战场、阵地和主渠道。百年变局与世纪疫情交织,在自媒体迅猛发展的背景下舆论战异常激烈,在争夺青年的思想高地方面,我们不去占领,敌人就会占领。为此,该课程极高的站位需要得到充分彰显。

上海交通大学邢云文基于高校思政课的宏观视角,生动阐释了"形势与政策"课的课程定位。第一,从内容上来说,是其他思政课的理论生长点。该课程所讲的内容都可以在其他课程中找到对应的理论依据,而其具体内容是跟现实和时代密切相关的正在发生的事情。他指出今天所讲的"形势与政策"课当中的许多内容,未来就有可能演变为其他思政课的内容,这就要求我们对该课程与本科其他5门课的关系有连续性、相辅相成的理解。第二,是检验其他思政课教学效果的试金石。思政课教学的"抬头率""点头率"一直是教学效果的热议话题。各门思政课教学最终效果体现在通过学习基本的理论、历史,帮助学生正确看待正发生的事情,正确评判和分析所面临的形势。在此之上,

"形势与政策"课又是其他思政课的延伸,是检验思政课教学效果的试金石。第三,是高校思政课改革创新的轻骑兵。党的十八大以来,教育部从上到下强力推动高校思政课改革创新,上海很多高校开设了系列的大国方略课,它们最早的课堂来源于"形势与政策"课,因为该课程可以把最具热度的现实问题和最重要的理论更好地结合,更有现实性、针对性,对学生更有吸引力、感染力。从某种程度上讲,这门课的这种性质决定它有可能承担高校思政课改革创新的轻骑兵角色。该课程最终所要解决的问题,不是通过课程的讲授让学生仅仅知道这个世界上正在发生的事情、我们国家正在出台的各种重大方针政策,其核心的问题在于引导、帮助学生运用习近平新时代中国特色社会主义思想观察时代、解读时代、把握时代。

一些学者围绕《高校"形势与政策"课教学要点(2022年上辑)》提出建议。中国地质大学(北京)杨峻岭认为,恰当地把握时、事、史三者的关系是课程建设的关键,教学应坚持以事明理、以理悟道。同济大学徐蓉表示,教学要点要掌握时、度、效,充分发挥课程优势,把课程讲活、讲新。其他的思政课更强调思想性、理论性,而该门课十分注重时效性,以特定的思想理论赋予应有的内涵,结合我国经济社会发展过程中取得的成就、国际国内形势变化,深入浅出、浅入深出地讲解。从如何使课程更受学生欢迎的角度来说,"形势"就是事物发展的状况或趋势,教学任务是根据教育部每学期下发的教学要点,把各个专题重点内容的发展现状和发展趋势讲清楚,把党和国家所采取的应对性举措以及行动准则讲清楚。"讲清楚"的过程也正是"讲鲜活"的过程,因为事物发展的状况和趋势是时效性较强的问题,时、度、效的要求是针对这个过程而言的。各专题都存在"时"的问题,当前需要向学生阐明这些立场和观点,也需要及时收集学生需求,把握课程的供需关系,了解学生需要教师讲解清楚的疑点、难点、热点。比如,这学期我国经济社会发展专题中就要回应全国两会中提出的关键问题。另外,国际专题中学生最关心的问题可能是"俄乌局势",对此,教师就得讲出这门课程特有的"时"的特质,把学生所关注的热点问题的来龙去脉讲解清楚。"时"的把握相对容易,因为各时期的大事、要事比较明显;而"度"的把握相对较难,"时"要讲解的是事物的发展进程,而"度"讲的是如何从事实判断转向价值判断,即在教育教学中怎样给学生讲清立场和观点。由于在讲课中可能存在只是陈述事实的现象,学生听起来会觉得不过瘾,教师还得表明自己的立场和观点,即站在何种立场作出从事实判断向价值判断的转化。有些问题不一定有答案,重要的是推动学生思考。作为思政课教师,不能没有立场观点,但更重要的是用什么样的立场和观点表达自己对事物的判断。

如果观点错了或者经不起检验，课程的教学目标就很难达成，"效"则无法实现。

　　厦门大学张有奎表示，新时代"形势与政策"课程普遍采用专题教学方法是合理的、必要的，专题设计更符合形势与政策的教学目的，更容易达成教学目标。专题设计的关键在于问题选择，应从学生关切出发，以教材为依据、以社会热点为抓手。专题教学不是信息发布会，而是要以理服人，依据马克思主义理论深入分析社会痛点，解答学生心中困惑，目的在于避免学生被社会上的错误思潮或某种假象迷惑，帮助他们树立正确的"三观"，形成对重大社会事件的正确看法，确保意识形态领域安全。该课程的目标不仅仅是认知，更在于认同。以理服人的"人"并非被动接受的客体，也非被愚弄的对象，而是参与互动并塑造自己价值观的现实个人，在高校就是受教育的大学生，他们有着自由的、独立的、创造的思想和精神。培养他们的家国情怀和马克思主义世界观，有利于他们克服错误思想的污染，增强精神上的免疫力。为此，要避免两种误区：一种是仅强调政治性，忽视学术性。思政课首先是一门政治课，承担着政治教育功能，培养学生的政治觉悟和政治认同。具体来说，就是让学生理解和认同马克思主义，坚定"四个自信"，坚定为实现中华民族伟大复兴和中国式现代化努力奋斗的信念。没有这一教学目标的实现，思政课就失去了根本价值和意义。但现实的教学实践中存在偏颇的理解和做法——单纯讲政治，而不讲道理。这种"不讲理"，有些是不愿讲，有些是不会讲、不能讲、讲不了，使思政课蜕变为单纯的意识形态灌输，变成干巴巴的说教。不讲理式的讲政治，表面看来是政治立场坚定，深层次看则是效果不好甚至适得其反。原因在于它导致学生对马克思主义反感，甚至产生误解和抵制情绪。这种说教式的讲政治，表现为"念文件式"的讲解，不能运用马克思主义理论分析解决问题，不能激活这一理论的强大生命力，或者表现为"传教式"地把结论硬性塞给学生，不管学生能不能接受、消化和吸收这"夹生饭"。它的根本失误在于把马克思主义等同于教条化知识。另一种则是仅强调学术性，忽视政治性。面对枯燥乏味的教条式教学，有些教师强调思政课的学术性，而淡化了思政课的政治性，为学术而学术，陷入琐碎的词句考证、概念辨析和其他学科介绍，难以发挥应有的价值引领和信念塑造作用。这种以学术为幌子，实际上是价值中立的所谓学术化教学，丧失了马克思主义信仰的培养，也不是合格的思政课。两种偏颇性的观点表面上截然相反，本质上拥有共同的前提——割裂政治性和学术性的内在联系。

三、坚持特定功能为要诀,肩负"三进"之任

《教育部关于加强新时代高校"形势与政策"课建设的若干意见》指出,"形势与政策"课是第一时间推动党的理论创新成果进教材、进课堂、进学生头脑,引导大学生准确理解党的基本理论、基本路线、基本方略的重要渠道。这就凸显出该课程的特定功能。如何实现"三进"? 要掌握其要诀,使特定功能得以发挥。党的十九届六中全会通过的《中共中央关于党的百年奋斗重大成就和历史经验的决议》(简称《决议》)是马克思主义纲领性文献,其中提出的新思想新观点新论断是党的理论创新最新成果。党的十九届六中全会精神(简称"全会精神")融入该课程备受关注,这既落实了思政课教学的政治任务,亦彰显了课程建设的特定功能。

山东师范大学王增福认为,"形势与政策"课开展全会精神教育要把握三个原则。第一,整体性与分领域相结合。全会不仅全面总结了党百年来的奋斗历程、重大成就、历史意义、基本经验,涉及理论与实践、国内与国际、历史与现实、党内与党外等多个维度,而且提出了一系列新论断、新表述、新思想,实现了对党的创新理论的与时俱进和一脉相承。教学中,既要将全会精神的基本内容、核心要义讲全面、讲透彻,也要在有限的课时安排中将全会精神的重点内容、关键领域讲清楚、讲深刻。第二,学理性与实践性相统一。2016年5月17日,习近平在哲学社会科学工作座谈会上指出,"这是一个需要理论而且一定能够产生理论的时代,这是一个需要思想而且一定能够产生思想的时代"。① 但当前哲学社会科学的研究都有一种共识——一定程度上缺乏理论创新。这种现象何以产生? 除了知识分子应有的理性批判与反思精神有所弱化外,就是对党的创新理论基础问题的研究深度不够。我们应避免两个极端:一个是理论创新不足,对理论发展贡献不到位;另一个是实践指导不足,解决经济社会发展问题的能力不强。所以,"形势与政策"课中既要注重学理性,提升研究基础理论问题的能力,又要关注现实性,关心不同时期党的创新理论的基本问题研究。理论讲授要关涉现实问题,把实践案例提升到学理阐释,增进课程讲授的理论性与实践性、学理性与现实性,以及与学生兴趣点的有机结合。第三,小切口与大视域相结合。全会精神对该课程的融入好比写学术论

---

① 习近平.结合中国特色社会主义伟大实践加快构建中国特色哲学社会科学[N].人民日报,2016-05-18.

文,选题要小,便于切入、容易把握,但视域要宽要广、立意要高,要以小见大、把小放大。该课程教学也应如此,专题中的内容涉及点要小、要聚焦,关联度要高,但要从小的点、聚焦的领域拓宽学生视野,使学生容易接受,增强其对党的创新理论的宏观融通。

山东大学张士海立足社会发展和人类解放角度,阐释了"归根到底是马克思主义行"这一命题的正确性,强调要引导学生坚持和发展马克思主义,防范僵化、自由化倾向。南京师范大学王刚表示,要重点讲清楚七个问题:一是在党的第一个历史决议通过76年、第二个历史决议通过40年的背景下,党的十九届六中全会为什么要通过第三个历史决议?二是如何认识党的百年奋斗取得的四个重大成就?三是如何理解习近平新时代中国特色社会主义思想的新定位?四是如何理解马克思主义中国化的三次飞跃?五是为什么"两个确立"具有决定性意义?六是党的百年奋斗为什么深刻影响了世界历史进程?七是党的百年奋斗怎样锻造了走在时代前列的中国共产党?南京航空航天大学王智提出,可以从史实为据、史观为要、内容为体、形式为用四方面着力,提升学习效果,以应对现实中存在的"有口无心""有心无口"、个案颠覆、史观颠倒、娱乐替代等不良现象,强化课堂专业性。

华中农业大学梁伟军根据自身教学经验,深切感受到党的百年奋斗伟大成就比较好讲,容易讲出亮点,但党的百年奋斗的历史经验理论性强、内涵丰富,讲起来难度较大。关于历史经验的讲授,他颇有见地。首先,要遵循教学要点,把握七个要领:紧扣党的百年奋斗主题;坚持正确的党史观和大历史观;深刻揭示党的百年奋斗历史经验的深刻意涵;彰显百年大党的政治智慧;引导学生正确运用马克思主义唯物史观;厚植学生爱党爱国爱社会主义的情感;增强学生担当民族复兴大任的历史自觉。其次,讲清楚、讲透彻历史经验,这要从马克思主义经典著作中寻找启示。马克思关于理论的彻底性与其说服力之间有深刻论述,"理论一经掌握群众,也会变成物质力量。理论只要说服人,就能掌握群众;而理论只要彻底,就能说服人"。[①] 这启示我们,只有讲清楚、讲透彻百年奋斗历史经验,才能引导学生真正掌握理论、积极投身实践,做到知行合一。再次,培育学生历史自觉,一要引导学生坚持正确的党史观。《决议》指出:"全党要坚持唯物史观和正确党史观,从党的百年奋斗中看清楚过去我们为什么能够成功、弄明白未来我们怎样才能继续成功,从而更加坚定、更加

---

① 马克思恩格斯选集:第1卷[M].北京:人民出版社,2012:9-10.

自觉地践行初心使命,在新时代更好坚持和发展中国特色社会主义。"①这表明坚持唯物史观和正确党史观,进行党史学习教育具有重大意义。二要教导学生运用唯物辩证法。这既是党史学习教育过程中习近平多次强调的方法论,也是应教给学生的一种认知工具,可以采用实例教导。三要带领学生实事求是看问题。教育引导学生以全会精神为依据,正确认识和科学评价党史上的重大事件、重要会议、重要人物。四要激励学生砥砺奋进新时代。习近平在"七一"重要讲话中对青年学生寄予厚望,"新时代的中国青年要以实现中华民族伟大复兴为己任,增强做中国人的志气、骨气、底气,不负时代,不负韶华,不负党和人民的殷切期望",②这在青年学生中产生热烈反响。人们常说"00后"赶上了一个好时代,不管是 2021 年、2035 年还是 2050 年,他们既是民族复兴的亲历者、见证者,也是贡献者、受益者。为此,要激励他们增强报效国家的使命感和责任感。

第二节　以协同育人为手段,统筹资源用好 "形势与政策"课建设主阵地

唯物辩证法指出,联系和发展是普遍的哲学范畴。联系是指一切事物、现象之间及事物内部诸要素之间相互依存、相互影响、相互制约和相互作用;发展是事物运动过程当中前进的、上升的运动。我们要以普遍联系和变化发展的眼光看问题,深谙奥旨、汲取精髓,并以此指导实践。育人是复杂的系统,与之相关的各个领域之间互相联系。推进新时代"形势与政策"课改革创新,要厚植联系和发展的观点,构建全社会协同育人新格局。要明确教育导向、聚合教育内容、打通教育场域,形成协同育人的大思政格局。聚焦协同育人,与会学者从社会实践、师资建设、体制机制等角度指明要统筹资源用好课程建设主阵地。

---

①　中共中央关于党的百年奋斗重大成就和历史经验的决议[N].人民日报,2021-11-17.
②　习近平.在庆祝中国共产党成立 100 周年大会上的讲话[N].人民日报,2021-07-02.

一、抓好社会实践，守好课程建设制高点

马克思指出，"全部社会生活在本质上是实践的"[①]。人的生存和发展的一切需要都离不开实践活动，作为社会实践的主体，在不断改造客观世界的同时也在实现自我智力和体能的提升，社会在实践中进步与人在实践中提升具有整体统一性。实践育人是指个体在掌握理论知识基础上进行实践教育，用理论指导实践、以实践验证理论，在实践中实现学生的自我教育，提升解决实际问题的能力。大学阶段作为学生踏入社会前的过渡环节，对学生能否顺利进入社会、实现个体的独立发展至关重要。承载思想政治教育功能的实践活动，蕴含个人、家庭、社会等多方面因素，是促进学生德智体美劳全面发展的重要途径，是课程高水平建设的制高点。"形势与政策"课作为思政课之一，理当强化实践育人。

华中科技大学岳奎认为，"'大思政课'我们要善用之"这一命题指明了"形势与政策"课改革创新的路径，为上好该课程提供了根本遵循，要调动一切育人主体、发掘一切育人资源、形成强大育人合力，更好地支撑、落实立德树人根本任务。他介绍，该校近年来不断创新理念、方法和教学形式，先后推出了"深度中国""百年中国""智造中国"等课程，受到学生欢迎。他认为要结合伟大抗疫精神与该校师生员工参与武汉抗疫的具体实践，明确教育导向，坚持理论与实践相统一、历史与现实相贯通、学校与社会相联通，这将有利于引导学生坚定党的领导和社会主义制度的优势，在家国关系中彰显人生价值、升华人生境界，在厚植爱党爱国爱社会主义情怀中坚定实现中华民族伟大复兴的信心和决心。身在被称为"英雄的城市"的武汉，该校一是积极动员、全力以赴参与武汉抗疫保卫战。学校有 10 座医院、3.3 万名医护人员、0.9 万张床位、6.66 万个方舱床位。作为抗疫的一线主阵地，该校投入了很多精力，也积累了诸多"形势与政策"课程资源。二是汇聚力量、全方位讲好抗疫故事。按照习近平"坚持用身边事、身边人讲好思政课"的要求，该校坚持课内与课外相结合、大课与小课相结合、专家学者讲与亲历者讲相结合、校内讲与校外讲相结合。在抗疫关键时刻，2020 年 3 月 22 日，时任校长李元元院士在云端给全校 3 万余名学生讲授 2020 年首堂思政课——"同舟共济克时艰，众志成城抗疫情——抗疫大考中的华中大和华中大青年"。通过大量典型案例、现实图片、翔实数

---

① 马克思恩格斯选集：第 1 卷[M].北京：人民出版社，2012：135.

据,讲述了全国人民"一方有难,八方支援"的感人故事,全国医务人员特别是华中大医务人员勇敢"逆行"、冲锋在前的英雄故事,专家教授勇挑重担、科技攻关的励志故事,各地校友彰显爱心、支援一线的担当故事,专业教师、辅导员、心理咨询师停课不停教、关心学生成长的育人故事以及广大华中大学子从我做起、加强学习、志愿服务的青春故事。他还结合抗疫精神融入"形势与政策"课的实践经验,强调要注意三点:一是把握要点,根据每学期的教学要点拟定讲课关键点,并在上课前进行充分的学情调查。只有讲课关键点与学生关注点结合,才能有效提高学生"抬头率"。二是选准切入点,时事背后的主题关切较为复杂和宏大,从小切口出发见微知著、从小切口入手条分缕析,在"就事论事"中以小见大,提升该课程学理性。三是挖掘引导点,该课程虽然不是"心灵鸡汤",但也需要亲和力和针对性。这就要求不能进行简单的强势灌输,而要在引导点上深入挖掘和思考,不断提升学生的关注度和增加学生的兴趣点。

中国农业大学张晖表示,在"两个大局"背景下上好"形势与政策"课要正确把握教育目标,秉持"大思政课"理念,既要遵循思政课的一般规律也要体现课程特殊性。她以鲜活的实践案例教学为重点,认为既要关注学生的思想、学习、生活实际及其变化状况,用动态跟进的教学供给有效地回应学生关切,及时从学理依据、价值立场、思维方法等角度解惑释疑,又要充分发掘中国特色社会主义建设的新发展、新成就、新经验,注重把国家政治盛事、经济社会大事、民生幸福要事等话题及时融入课堂教学,创造性地讲好习近平新时代中国特色社会主义思想在各地生动实践的新故事和新时代中国故事。要善于把中国共产党带领人民治国理政的鲜活事实有效地转化为课堂教学案例,尤其是要把打赢脱贫攻坚战、全面建成小康社会、新冠疫情防控取得重大胜利等发生在学生身边的案例加以梳理概括,不断充实教学内容,增强这门课程的延展面和厚实度,为学生理解教学内容提供可感触甚至可视化的现实例证,使之成为阐明我国政治优势和制度优势的有力依据。另外,要围绕该课程的教学要点,紧密结合现实,保持课堂教学内容的张力。通过对政治性强、关注度高的话题进行设置和热点剖析,有力地诠释马克思主义及其中国化时代化理论成果的真理力量,立体式展现中国共产党领导人民进行革命、建设、改革的历史成就与发展大势,用令人信服的理论分析、典型案例和现实图景使学生形成对该课程教学内容的真正理解与强烈认同,进而逐梦奋斗,成长为时代新人。

河北工业大学祝大勇表示,"形势与政策"课运用好实践教学资源,应把握好四对辩证关系:其一,在教学指导理念上,处理好价值导向与知识输出的关系。这门课与本科其他5门思政课一样,同时具有知识性和导向性,是教书与育人的统一,不能淡化课程立场导向性。突出价值导向性,就要在价值引导和知识输出二者辩证统一的基础上将价值导向性放在首位。强调价值导向性,并不是忽视课程的知识性,忽略素材的积累、整理和铺陈。课程思想性、导向性的育人目标需要通过知识素材进入学生的认知体系,通过知识载体和学生进行观念碰撞,唯其如此才能激起学生的认知兴趣并有效传递思想性、政治性。其二,在课程内容体系建设方面,权衡好新闻时效与学理沉淀的关系。该课程具有理论武装时效性的特点,这要求教师对国内外时政保持敏锐洞察力,第一时间捕捉国家发展方向的大事件以及学生关注的难点、热点并及时回应,突出时效性。此外,学理性知识的架构是必然要求,如此才能在稳定的理论逻辑之内讲清楚、讲透彻时事热点,这是该课程作为一门思政课的题中应有之义。其三,在教学模式方法探索中,处理好专题式与贯通式结合的关系。专题式是固定模式,但仍存在一些问题,而贯通式能弥补缺点使教学效果更佳。为此,在发挥专题式教学独特魅力的同时,要坚持系统的贯通式指导观念。其四,在课程建设中,把握好品牌影响力营造与制度建设的关系。课程内容时效性强,跟踪国内国际时政,与社会热点联系紧密,这决定了其容易产生吸引力和影响力。国际形势风云变化和国内时局发展,使学生产生强烈的认知需求,该课程要把握住教学生长点。例如,举行某一重点时事的名家报告会,有利于产生课程品牌、教师个人品牌的影响力,深受学生欢迎。但是,这种临时性报告会不能取代常态化课程建设,无法代替课程课堂教学主渠道和主阵地,教学品牌的生长需要依赖坚实的课程建设基础。

二、优化教师队伍,托举课程高质量发展

习近平在学校思政课教师座谈会上指出:"办好思想政治理论课关键在教师","思政课教师队伍责任重大"。[①] 思政课教师在立德树人中扮演着重要角色,是实现协同育人的主力军和主心骨。高品质的"形势与政策"课,离不开高素质的教师队伍,但长期以来无论是教师队伍的建设、教育教学的开展还是教学质量的保障都存在较多问题,这也是论坛的热点话题。

鉴于亲历思政课各方案的演化和形成过程,张雷声指出,教学中做到思想性、政治性、理论性三者结合至关重要。这就对该课程教师提出了较高要求:

---

① 习近平.用新时代中国特色社会主义思想铸魂育人 贯彻党的教育方针落实立德树人根本任务[N].人民日报,2019-03-19.

一方面,教师要把知识、理论寓于实践和生活之中,让理论直面社会实践和生活实际,使学生能够在接受知识、理论教育中领悟到思想的精髓和政治的要求。激发学生对社会实践感悟的自觉性,就需要教师在教学中用社会实践中的案例来支撑,解释知识和理论时必须要将思想性、政治性、理论性相结合。另一方面,教师要把知识和理论放入发展过程来考察,追本溯源、把握思路,使学生领略马克思主义理论的独特政治魅力。教师要激发学生对历史实践感悟的自觉性,使他们通过掌握理解问题、分析问题的方法,形成规律性认知,从而在把握历史主动、历史自觉中树立起大历史观,提高历史思维能力,做到史论兼备。

如何应对该课程的"新""全""变"三大教学难点?邢云文指出,首先,教师要有一定的专业性,只有致力于成为某一领域长期追踪的专家才有可能对某一领域、某一问题有学理性储备,才能从理论与历史结合上分析现实问题,讲课才有针对性和学理性。其次,教师要掌握分析形势与政策的方法,牢固树立两种思维——历史思维和辩证思维。历史思维就是习近平再三强调的,用大历史观来观察现在,把现今发生的事情放到党史、新中国史、改革开放史、社会主义发展史的历史维度思考,让问题更具有深度;辩证思维即引导学生用正反两方面的角度看待现实问题。再次,要形成稳定的教学团队,通过集体备课、借助外援来凝聚智慧结晶,发挥团队协作力量。

西南大学白显良指出,此课程难点、痛点、堵点与自身特殊性密切相关。该课程教学内容变化大,涉及面宽泛且动态更新;教师队伍组织结构不合理,总体上以兼职教师为主体,而在马克思主义学院专门从事"形势与政策"课教学的不多;教学时间跨度大,贯通本科各年级,增加了课程教学难度。他侧重于课堂教学质量的提升问题,生动地将该课程教学比喻成教师给学生奉献的精神大餐,这需要教师做好筹备和服务。第一,抓好集体备课,建好教学的中央厨房。能为学生奉献怎样的精神大餐关键在于中央厨房能做出怎样的餐食。不下足集体备课的功夫,就难以给学生奉献营养价值很高的精神大餐。教师要做好教学要点的解读和转化,以2022年上半年的教学要点为例,全会精神如何融入?冬奥会精神如何融入?在教学过程中不能简单化,没有适用于所有地区所有学校所有专业的普遍文本,教师要吃透精神。教师要用好"周末理论大讲堂"、大思政课讲堂以及专题报告等资源。网络技术高度发达,为丰富教学资源的共建共享提供了极大便利,但实际运用并不尽如人意,中央厨房的建设要更充分利用。高校要组织专门的专家团队开展教学讲义编制,依据教育部教学要点,围绕怎么上、上什么、如何贴近学校与学科实际等问题攻关,抓好中央厨房的"大厨"。第二,抓好队伍建设,搞好教学的餐桌服务。让顾客满意的不只是中央厨房备好的菜肴,还有菜肴的呈现方式即餐桌服务。餐厅的有关服务人员要对顾客有所把握、对菜品有所了解。例如,菜品该怎么端出来?对顾客的特点和偏好是否有所把握?服务态度怎样?是否热情、真诚、周到?如果是莽撞的、简单化的,就起不到良好效果。所以,教师要掌握教学内容,把握学生特征与需求。此外,教师要认真对待、真情投入、精彩演绎,使授课过程精彩、富有内涵,而非敷衍了事、潦草塞责;高校要重视教师队伍建设,针对兼职教师居多的事实,开展相关理论培训,规范备课活动。

四川大学李建华剖析了"形势与政策"课的特殊性。一是理论武装实效性要求教师召之即来、来之能讲、讲则讲好。思政课旨在引导学生运用思想政治理论透过现象看本质,但有时候现象已经在路上了,而本质或真理还在"穿鞋",普遍态度是"让子弹再飞一会儿",但该课程"让子弹飞"的时间短促,增加了挑战难度。二是释疑解惑针对性要求教师站位有高度、理论有深度、授课有温度,对于相关主题理论上要精通、把握上要精准、研究上要精深。三是教育引导综合性要求教师不仅要晓之以理、动之以情,更要导之以行。他还基于综合性大学实际指出:该课程教师配备不平衡,总体达标但仍有缺口;队伍素质有差距,部分教师综合素质和中央的要求、学生的期待相比存在较大差距。为此,他认为应按照"六个要"标准,发挥学校学科门类齐全、师资力量雄厚的优势,以三方面举措提升整体素质。第一,狠抓教学改革,提高课堂质量。一抓集体备课,提高整体质量。通过备教材、教法、学法、作业,新进教师试讲,备课小组说课,骨干教师示范讲,名师名家领衔讲,鼓励跨教研室、跨学院、跨学校集体备课。二抓专家领衔,带动"群雁齐飞"。许多主题、专题的专业性较强,要发挥综合性大学优势,邀请相关领域专家领衔备课、讲授。三抓现代技术,消弭师生代差。作为互联网"原住民"的"00后""05后"对现代信息技术有着天然的亲切感和亲近欲。要用好智慧教学环境,恰当引入 VR、AR 等新技术,有效提高课堂吸引力和参与度。四抓教学督导,实现全过程追踪。补齐课程短板,全面督导、精准督导,把握教学质量、教学运行、教风学风等状况,既找出问题,更开出"药方"。第二,优化质量结构,提升队伍总体水平。规范使用集体备课成果,紧扣自身优势创造性教学。发挥好高校思政工作队伍研修中心的作用,强化辅导员全面规范的专业培训。打通马克思主义学院、学工部(处)、教师发展中心等相关单位,构建辅导员学生工作能力迁移为教学能力的机制。鼓励思政课教师承担该课程教学,扩大专职教师队伍。严格准入机制,辅导员不宜"全员上岗",而应优中选优,与专职教师同等要求、同样管理、一同考核。第三,理顺管理机制,激发教师内生动力。对于兼职教师特别是辅导员,将承担该课程作为职称评定必备条件,将获得教学竞赛奖励等作为优先条件;提供学术研讨、学术交流、学术发展、评优评奖等机会;视承担该课程,参与课程建设、资源建设的情况给予相应绩效;争取党政领导支持,用好社会资源,落实中央关于"建立和完善省(自治区、直辖市)党委领导班子成员联系高校和讲思政课特别是'形势与政策'课制度"的要求,建好特聘教师队伍。

三、革新体制机制,协力铸建教育格局

2018 年 9 月 10 日,习近平在全国教育大会上强调,"要健全全员育人、全过程育人、全方位育人的体制机制,不断培养一代又一代社会主义建设者和接班人。这是教育工作的根本任务,也是教育现代化的方向目标"。[①] 体制机制建设是一个庞杂的系统工程,要促进各要素之间相互协调,建立党委统一领导、党政齐抓共管、有关部门各负其责、全社会协同配合的"形势与政策"课教育格局。

王伟以政治建设为切入点,从"最本质特征""最大优势""最高政治领导力量"的角度谈中国共产党的核心地位,表示旗帜鲜明讲政治是我们党作为马克思主义政党的根本要求。他引证荀子和亚里士多德的政治观点来阐释政治内涵;由赵汀阳的政治观点明晰政治的发生和起源问题,释疑"政治就是命运"这一命题;贯通古今,从黄帝的胜利讲到毛泽东领导中国革命的成功,阐明政治的三个功能及其内在联系,即联盟、维护权力公正和精神生活的共享性。他还强调,思政课建设关系到中国特色社会主义事业的存续问题,是意识形态安全问题、政治安全问题,必须千方百计办好思政课,要从政治建设的高度讲好"形势与政策"课,牢牢掌握意识形态领域主导权,构建政治秩序,实现政治领导。

李建华强调,要加强统筹协调,形成建设合力。建立一个包括教务、社科、学工、马克思主义学院等部门在内的协调机制,按照"专兼职教师一体化管理、特聘教师专门化管理"的原则建立专兼职教师、特聘教师管理激励机制。根据"形势与政策"课建设需要,将全校学科资源、教师资源、教学资源整合起来,构建课程资源体系,并针对不同类别的教师提出发展措施。

---

① 习近平.坚持中国特色社会主义教育发展道路 培养德智体美劳全面发展的社会主义建设者和接班人[N].人民日报,2018-09-11.

白显良指出,抓好教学管理,营造"形势与政策"课教学的良好"用餐文化"是提供"精神大餐"的重要一步。学校、学院和学生层面要凝心聚力,推进该课程教学,教学质量才能提升。学校层面上,整体营造全方位重视该课程的环境,齐抓共管、齐心协力。学院层面上,无论是相关备课制度的建立、课程规范管理还是考核制度,都要以思政课待之,使之规范化、严格化、标准化。学生层面上,要使学生把这门课当作主课,而非学院辅导员、副书记这支队伍的私人课以及本科其他5门思政课以外的、辅助性的、可有可无的"水课"。

第三节　以创新育人为突破,与时俱进抓好　"形势与政策"课建设主引擎

2021年9月27日,习近平在中央人才工作会议上要求,"深入实施新时代人才强国战略,全方位培养、引进、用好人才,加快建设世界重要人才中心和创新高地"。[①] 创新是破旧立新、勇于挑战、谋求发展,是一个国家兴旺发达的不竭动力,也是中华民族最深沉的民族禀赋。厚植创新理念的育人,是植根创新来培育创新,为深入实施"科教兴国""人才强国""创新驱动"发展战略注入源头活水。专家们紧扣创新育人的题旨,从教学设计、文化内容、教学模式等三方面展开讨论,旨在利用有利因素发挥主引擎的带动作用。

一、拓新教学设计

教育心理学家加涅将教学设计定义为"计划教学系统的系统过程",强调了系统化。当代教育设计理论家赖格卢特认为,"教学设计是一门涉及理解与改进教学过程的学科。任何设计活动的宗旨都是为了提出达到预期目的的最优途径,因此,教学设计主要是关于提出最优教学方法的处方的一门学科,这些最优的教学方法能使学生的知识和技能发生预期的变化"。他指出了教学设计的目的,即用最优化的教学方法促进学生掌握知识和提升技能。任何学科领域都离不开教学设计,对其科学性、系统化的研究需随时代、地域实时跟进。

---

① 习近平.深入实施新时代人才强国战略 加快建设世界重要人才中心和创新高地[N].光明日报,2021-09-29.

新时代科学技术的腾飞,为高校"形势与政策"课创新发展提供了物质条件。华中师范大学万美容回顾了新中国成立以来我国形势与政策教育的演进历史,认为当前课程的内容鲜活性、教育者权威性均有所弱化。他认为,作为一门从新时代国内外形势发展角度对大学生进行思想政治教育的课程,"形势与政策"课需坚持守正创新、与时俱进,不断拓展教学途径。针对当代青年网络化生存的明显趋势,该课程应在坚守课堂教学阵地的同时,不断拓展实践体验教学、开辟新媒体线上平台教学途径,积极运用现代信息技术手段,扩大优质课程的覆盖面。

华南理工大学解丽霞介绍了该校"形势与政策"课独具特色的方案,此方案促进了教学效果的提升,形成两大创新成果。一方面,是结合命运与共的时代特征、粤港澳地域特色、理工科校本特点进行教学设计创新的1.0。根据教学要点、习近平新时代中国特色社会主义思想的主要精神、国家重大发展战略以及华南理工大学地处粤港澳大湾区的地域特色和优势,该校设计"粤美中国"系列特色课堂,具体包括4个子系列:一是"新时代,新思想"。党的十九大以来,宣传、阐释、研究习近平新时代中国特色社会主义思想成为热点、难点。该校及时将"新时代,新思想"融入该课程。二是"粤港澳,新蓝图"。粤港澳大湾区的建设是国家重大的发展战略,党中央和国务院出台了相关建设规划,要阐清规划里科技创新、国际交流、人文湾区等系列战略方针。根据特殊地理位置,立足广东、放眼全国,真正了解广东在我国改革开放大格局中的重要地位以及改革开放对推进中国特色社会主义伟大历史进程的重要意义。三是"立潮头,创人生"。根据学生实际,发挥学校创新创业优势,邀请"三创型"人才培养目标下的优秀校友分享经验。四是"夕阳红,绽芳华"。充分发挥已退休的资深教授作用,就其学科及相关的重大理论和实践问题做专题讲座。另一方面,是符合学生进阶性思维逻辑的虚拟仿真实验教学创新2.0。单向教学模式、固化课程内容、机械的学习方式和单一的评价方式是该课程的现实困境,虚拟仿真实验教学能实现对这些问题的颠覆、革新与突破。它具有三个功能:深化沉浸式的教学体验,利用虚拟现实、人工智能交互、人工智能技术有效拓展传统教学内容;过程性的身心健康管理和监测,即充分关注学生情绪生成、发展、病变、治愈的过程;开放引领性的教学资源,面向全国,共建共享虚拟仿真教学专题。它在教学内容上实现了爱国主义教育、科学精神培养和身心健康守护三者结合;在教学方法上体现了还原情景式、精准主题式、生本启发式的创新;在教学目标上达成了知识目标、能力目标、情感目标三者统一。据此,该校设计了不断进阶的三个教学系列:"养育健康心灵"借助"心育培养和健康监测"实验的技术支持,逐步分析结果,干预治疗,达成目标;"领略国之重器"通过"中子反射法测薄膜磁矩"虚拟仿真实验,观摩最新薄膜磁矩,真切领略科技创新;"涵养家国情怀"则以该校电信领域前辈冯秉铨先生的虚拟仿真实验为例,包括情景虚拟、对话先贤,切身融入情景,真实体悟先贤精神品质,涵养家国情怀。

二、拓深文化内容

2018 年,习近平在北京大学师生座谈会上提出高校要"真正做到以文化人、以德育人"。"以文化人"是新时代提出的新策略,是对长期以来"以德育人"和"以理服人"教育思想的补充。高校肩负着传承和发展社会主义先进文化的重大使命,依托文化进行思想政治教育,具有重要的理论价值和实践蕴意。中华民族历经岁月积淀了博大精深的优秀传统文化,我们党带领人民在革命、建设、改革过程中锻造的革命文化和社会主义先进文化,为"形势与政策"课建设积蓄了深厚力量。全面贯彻党的教育方针,坚持用习近平新时代中国特色社会主义思想铸魂育人,应发挥文化融入式、嵌入式、渗入式等多样化手段的育人功能。

福州大学刘有升在坚持用好福建优秀地域文化资源的基础上,认为将习近平在福建的故事融入"形势与政策"课的着力点在于"会讲故事",并按课程规定的专题划分,有机融入故事内容;发力点是"讲好故事",这需要多措并举。第一,从多重维度讲清故事。该课程的特性决定了教师要以马克思主义认识论和方法论作为指导思想,树立多种思维,将摆事实、讲道理、话情感一并落实到课堂实践中。用辩证思维讲清楚习近平在福建的故事,站在中华民族伟大复兴战略全局的高度讲清楚个体人物在中华民族发展进程中的角色地位和使命担当;用历史思维结合社会热点、重要纪念日等契机营造故事语境,讲清楚习近平在福建的工作生活背景和心路历程,通过故事"活化"增强"代入感",使学生感悟正是不同阶段的历练才铸就习近平卓尔不群的领袖魅力;用创新思维通过新形式再现习近平在福建故事的新内容,以此加深学生的红色记忆,引导学生传承红色基因,在形势多变、价值多元的现实社会中站稳政治立场、明确自身定位。第二,从互动角度讲好故事。一方面,全员参与,共同构建大思政格局。专职教师要变"我们想说"为"学生想听",就需要在叙事话语上下功夫,消解学生与这门课之间的疏离感。还可请领导干部、习近平在福建故事的亲历者等走上讲台,作为兼职教师队伍的补充。另一方面,鼓励学生既做习近平在福建故事的倾听客体,更做讲好故事的参与主体,利用朋辈优势提高故事融入的内隐性效果。教师要在有限的课堂里赋予学生讲好故事的时间和空间,提高学生的课堂参与度。第三,从价值深度讲透故事。要讲深故事,明理增信。坚定政治方向,旗帜鲜明地批驳错误立场观点是该课程的本质规定。教师要结合学生的经验世界,引导学生在故事中思考,实现学思践悟同步,使批判不至沦为低效的空喊口号,让学生坚定"四个自信",强化党性修养。要讲透故事,崇德力行。教师要领会领袖的可贵品格及其彰显的时代价值,发挥典型示范作用,让学生形成精神共振,激发爱国情、报国志、强国行,自觉地将个体属性和社会属性合二为一,在实现中华民族伟大复兴的伟大事业中书写人生华章。

贵州大学郭红军诠释了红色文化融入"形势与政策"课程的路径。他界定了红色文化的含义,从发生学视角而言,是中国共产党领导全国人民在长期的革命、建设和改革过程中创造的一笔取之不尽、用之不竭的精神财富。具体分为三个层面:以典型人物为代表的红色行为文化;以纪念场馆为代表的红色器物文化;以具体精神为代表的红色精神文化。红色文化是该课程的优质资源,他从"遴选、凝练、展览、调研"四个基度探析融入路径。遴选红色人物的典型事迹,启迪学生心智;凝练红色精神文化内涵,丰富文化滋养;组织文化展览,领略精神风采;展开实地调研,提升学习兴趣。遴选、凝练是红色文化融入的前提条件。红色器物文化和红色精神文化遍布全国各地,内容丰富、内蕴深刻,例如闽西的红色器物文化、沂蒙山区的沂蒙精神。教师要对红色文化了然于胸、心中有数、信手拈来,并通过微视频、PPT等形式把红色文化片段融入授课内容,使教学效果不断显现。另外,组织文化展览、开展实地调研也是许多学校正在开展的教学实践。例如,打造富有特色的红色文化墙,加深学生对课程的认同感;组织红色文化实地调研,通过身临红色文化纪念场馆增强课程吸引力。

桂林电子科技大学苏国辉把广西优秀历史文化融入"形势与政策"课教学,润物细无声地进行世情、国情、区情教育,为少数民族聚居地区如何办好该课程提供了经验借鉴。首先,以文化人的教学资源开发。广西是边疆民族地区,又是自然与人文融合的地方,还是革命老区,有着非常丰厚的历史文化资源。该校依托地方优秀历史文化编写了《美丽广西——广西大学生区情教育读本》《精神家园的回眸与守望——广西民间故事中的社会主义核心价值观因素阐释》《榜样的力量》等校本教材。其次,以文化人的教学模式探索。开拓场景化教学,把教学内容与教学环境深度结合。比如到广西的合浦始发港口去讲"一带一路",去漓江边讲"绿水青山就是金山银山",在柳州工业博物馆讲"中国制造",往湘江边的界首渡口讲"长征精神"等。优化故事思维教学,把教学内容用讲故事的方式来设计。比如讲"脱贫攻坚",就引用一个对联的故事——2021年,江西井冈山村民邱冬华贴上一副对联,上联为"脱贫全靠惠民策",下联为"致富迎来幸福春",横批为"共产党万岁"。1928年,中国共产党人打土豪分田地,穷苦农民获得土地,他的曾祖父也曾写下一副对联,上联为"分田不忘共产党",下联为"幸福牢记毛委员",横批为"共产党万岁"。两副对联,一样的横批、一样的感恩,铭记着我们党为人民谋幸福、为民族谋复兴的庄严承诺。展开实践研学,把理论教学与实践教学有机结合。该校组建"沧桑岁月忆初心,传承百年奋斗史——百名老党员口述史调研"学生团队,走访了13个省(自治区、直辖市)的117名老党员,聆听他们口述我们党领导下的奋斗历程,追忆初心使命,感受百年变迁,形成了一个真实的、原汁原味的党的历史资料数据库。

东北林业大学谷松将"三农"相关内容作为"形势与政策"课教学专题的方向,将该课程本身的要求与国情、省情和校情等"三情"结合,体现实效性和针对性。她表示,只有理解新发展阶段"三农"工作的系列重大理论和实践问题,才能更好理解我们的党、国家和民族。厚植"三农情怀",实现立德树人的教育教学目标,离不开课程实践中各环节有效协同。这门课既是本科其他5门思政课知识体系上的延伸和深化,又是对现实问题的及时回应。如在"打赢脱贫攻坚战"专题教学中,教师结合近代史和党史学习,启发学生理解"一部中国史,从某种角度看也是一部中华民族同贫困作斗争的历史,从新民主主义革命时期打土豪分田地、实现耕者有其田,到全面建成小康社会,在不同历史时期,党都在领导人民为摆脱贫困而奋斗……"。从党的历史到当前热点话题,从国家的脱贫政策到学校教师驻村扶贫的点滴故事,以小见大、举一反三,学生在教师的讲述中感受着党史的思想伟力。根据成果导向教育理念,明确教学专题与课程目标、学生培养目标的支撑关系,设计教学大纲,这是提升课程质量的前提;配合学校各学科认证和一流学科建设要求,在教学内容、实践环节上采取针对性方案;严把教学质量关,在各学期设计备课环节,充分发挥教研部"团队作战"的优良作风,配合全国全省的各类备课培训,不断优化教学设计;有效利用多媒体教学手段,以超星、智慧树等平台为依托构建多元化混合教学模式;以"三下乡"小分队、乡村问题调研、农业专家事迹微电影、乡村发展成就板报大赛等实践形式配合课堂教学的理论理解;聘请校内外名师名家助力该课程教学,形成长效机制;构建教学管理共同体,马克思主义学院、教务处、团委、网络信息与教育技术中心等多部门协同配合,延伸课堂教学的深度广度。目前,这一教学实践取得了丰硕成果:从课程建设来看,已申报 2 项课程思政项目并筹备在线开放课程;从师资队伍建设来说,形成科研团队,获批多项省级课题、参加各级教学大赛并获奖,如在全国高校思政课教学展示活动中获该课程特等奖;从学生培养来讲,学生专业思想更牢固,更深刻地体会到"三农"情怀和责任担当,积极参加社会实践。这一教学实践充分发挥了立德树人的主渠道作用,让更多学生成为乡村振兴战略的拥护者、实践者和贡献者。

三、拓展教学模式

日新月异的信息化技术和逐渐式微的传统教学模式,成为刺激教学模式变革的原因。在思想政治教育领域,更多学者投身于教育模式的理论研究和实践探究,其目的就是充分利用外部环境的有利因素,有效发挥学生主动性、积极性、创造性,推进学生自主意识、创新精神和实践能力的培养。因此,探索切实可行的"形势与政策"课新型实践教学模式也备受期待。

北京理工大学刘新刚以百年未有之大变局为研究背景,认为形成研究问题的基本视角是关键。马克思主义为新时代"形势与政策"课提供理论视野,助力解析百年未有之大变局下的全球重大事件,进而形成观点判断体系。"视角—视野—体系"层层递进的思路,有助于学生在面对波诡云谲的国内外形势时,不断增强以简驭繁的能力,更加善于判断全球发展态势。

郑州大学郑丹群和周倩通过大规模问卷调查,归纳了当前"形势与政策"课教学模式痛点:班额过大影响教学效果;实际教学与学生期望相矛盾;师生互动交流不足;课堂反馈机制缺失;授课制度类型单一;课堂赋权体系失衡;赋权体系尚未形成。他们将教育赋权理论和"分众教学模式"有机结合,以期解决上述问题。教育赋权理论是赋权理论在教育领域的衍生物,旨在将教育资源的决策权和控制权转移到教育场域中的弱势群体手中,让他们更多地参与、掌握教育资源。此模式基于学生学习能动性的发挥,使学生能有目的地参与学习,并具备相应的能力和倾向。教师在教学设计和学习指导中更多地体现对学生学习方法的指导,促使学生掌握自主学习技能,落脚点是引导学生深度学习和主动学习,对知识进行深度应用、分析、评价和创造。而后,他们以"中美关系"和"台湾问题"为例,进行传统教学模式和赋权型分众教学模式的对比教学。课程结束后,对四个班级共 710 人进行书面访谈,总结教育赋权理论融入该课程的价值所在:第一,有利于提高学生参与度。传统的"形势与政策"课多是以教师为中心，以课堂为场域，以教育部教学要点为核心的相对单一、封闭的教学活动。赋权型"形势与政策"课堂教学中，教学不再依靠师道尊严的地位优势，而是"俯下身段"与学生组成学习盟友，实现以"教"为中心向以"学"为中心转变，从"传授模式"向"学习模式"转变。第二，有利于提升教学实效性。传统"形势与政策"课教学往往片面追求教学目标的达成，忽视教学过程的丰富性和多样性，学生的个体性和差异性被日益边缘化。教育赋权理论强调教学权力的转化与赋予，注重引导和鼓励学生参与教学，既培养了学生的主体性意识和个性化思维，又提高了学生的逻辑思维能力和交流能力。第三，有利于推动教学的范式转换。传统教学从"知识本位"出发，一味强调工具性、知识性和灌输性，是一种典型的知识本位的、只见知识不见人的教学方式。而教育赋权下的民主化、能动性课程则从"学生本位"出发，强调要把"以学生为本"作为一种价值取向和思维方式灌注到思政课教学全过程；在坚持教材基本内容和政治方向的基础上，注重语言表达的通俗化和个性化，力求将教材内容恰当、准确地变成学生乐于接受、易于理解的话语，实现文本体系向课堂话语体系转换。第四，有利于优化教学评价方法。传统的"形势与政策"课教学评价多为课程论文考察的结果性评价，但一次性考核不能直接判断学生对知识的理解和运用程度以及思维提升情况。在赋权型课堂中，教师更关注教学过程，注重学习过程多样性和动态性，以期对学生进行科学、合理、公正的评价。从评价方法看，赋权后的课程支持教师对学生持续评价，能提升学生的知识储备和实践技能。从评价内容上看，赋权后的思政课不仅要考查学生"学得怎样"，更要考查学生"做得怎样"，既重"知"，更重"行"。

教育部印发的《新时代高校思想政治理论课教学工作基本要求》（教社科〔2018〕2号）提出了"中班教学、小班研讨"的要求。文山学院王猛表示，在"形势与政策"课上应用小班研讨的教学模式，可以激发学生兴趣、提高学生能力。针对此课程教学出现的课堂管理难度较大、教学效果不理想的现状，该校从2016年开始探索小班研讨的教学模式，旨在将教师主导性和学生主体性结合，经过四年实践，摸索出一套行之有效的做法。首先，教研室精选研讨专题，组织小班研讨。研讨主题每学期根据教育部教学要点，结合学校实际精选而成，既保证鲜明政治性，又结合学生实际，与学生现实生活有机联系。其次，各班自行组织研讨，发挥学生学习主体性。以各行政班级为单位，在指定时间内利用一次主题班会完成小班研讨。各班班长或信息联络员作为主持人负责组织，选定研讨题目，安排主题发言，学生分小组讨论和交流，成为课堂教学主体。最后，指导教师全程参与，提升教学水平。现代教育固然要提倡"以学生为中心"的教学理念,但并不意味着抛弃教师在教学中的主导作用。小班研讨虽然可以充分调动学生主动性、发挥主体性,但是教师在教学中的主导性作用不能忽视。教师虽然不再是课堂的主宰者,但通过对整个教学环节的引导,仍然发挥了主导作用。小班研讨的过程,充分贯彻了"坚持主导性和主体性相统一"的要求,提升了学生学习兴趣和学习能力,改善了学习风气,也为其他思政课教学模式改革提供了借鉴。但该校"形势与政策"课小班教学模式仍存在一定问题,比如师资力量缺乏,无法实现指导全覆盖;教师水平参差不齐,影响小班研讨效果;管理班级众多,学生主体性发挥不充分。

第六章

"形势与政策"课的热点观察

习近平在学校思政课教师座谈会上强调,"要教育引导学生正确看待、辩证认识、理性分析现实问题","实际上,有时候不一定讲得那么高大全,从一个问题切入,把一个问题讲深,最后触类旁通,可以带动很多关联问题,有可能是一通百通,提纲挈领","要高度重视思政课的实践性,把思政小课堂同社会大课堂结合起来"。① "形势与政策"课不仅要实现形式的革新、内容的变革、方法的创新,而且要将理论与实践相结合,更加着眼于现实,才能进一步满足学生的认知需求。这门课程深刻的时代性要求教育教学要紧跟最新的形势与政策,善于发现现实问题,对热点、难点、痛点解疑释惑,在课堂内外引导学生学思践悟。本章从三个角度遴选了 11 个热点进行解读,力求带来思想的碰撞。

第一部分围绕以史为鉴为主线展开,对柳宗元的治学之道、古田会议的精神传承、斗争本领的锻造锤炼进行阐释。欲知大道,必先为史。剖析先贤的治学之道,为我们增强学习本领提供重要启迪;总结历史经验、汲取真理力量、得出历史规律、把握历史主动,为我们增强斗争本领提供重要启发。从历史经验中感悟思想伟力,汲取前行智慧,汇聚起奋进新征程的磅礴力量。

第二部分择取青年这一群体为研究对象,以青年马克思主义者培养、深化爱国主义教育、斗争精神培养、应急处突能力培育等热点问题为着力点,将其置于国内国际的空间场域中,精准把握青年脉搏,为淬炼青年品格能力提供可行途径。站在百年未有之大变局的历史节点上,对青年这一特殊群体进行研究更显价值和意义,有助于引导青年激荡青春力量、践行爱国情怀,以实现中华民族伟大复兴为己任,不辜负党的期望、人民期待、民族重托,不辜负我们这

---

① 习近平.思政课是落实立德树人根本任务的关键课程[J].求是,2020(17).

个伟大时代。

第三部分紧扣社会治理方面的难题,聚焦制度优势转化成治理效能、打赢脱贫攻坚战、推进美丽乡村建设、抗击新冠疫情等"形势与政策"课的部分专题热点展开分析。从国计民生的角度出发,着力为解决现实问题提供一定参照;聚焦学生身边的事,引导学生在感受中国特色社会主义生动实践中增进对形势的研判和对政策的理解。

第一节　汲取历史智慧　凝聚磅礴力量

一、感悟柳宗元的"四为"治学之道①

柳宗元,字子厚,号河东,又称"柳柳州",是中唐时期杰出的文学家、思想家、哲学家和政治家,唐宋八大家之一,与韩愈共同倡导古文运动,并称"韩柳"。从为学、为文、为师、为人等"四为"视角简析柳宗元的治学之道,可为我们增强学习本领提供重要启迪。

(一)为学:"利于人,备于事"

柳宗元在《时令论》中提出,"圣人之道,不穷异以为神,不引天以为高,利于人,备于事,如斯而已矣。"利于人和事,是柳宗元治学的要旨,章士钊就曾用"有益于世"来评价柳宗元。

抱负宏大。他抨击"学而为己""决科求仕"观念,立志"延孔子之光烛于后来"。他传道利民,"以兴尧舜孔子之道,利安元元为务"。贬谪中"行则膝颤,坐则髀痹",但他穷且益坚,"虽万受摈弃,不更乎其内",写就《永州八记》等佳作。

突破创新。他以批判革新为治学风气,《天对》回答了屈原《天问》中的170 余个疑问,《天说》批驳了韩愈的天命论,发展了朴素辩证法和朴素唯物

---

① 本部分内容已发表于《学习时报》(2020 年 4 月 22 日读书治学版),原题为《柳宗元的"四为"治学之道》。

论。毛泽东称赞说,"屈原写过《天问》,过了一千年才有柳宗元写《天对》,胆子很大",[①]"柳宗元是一位唯物主义哲学家,见之于他的《天说》,这篇哲学论著提出了'天与人交相胜'的论点反对天命论"。[②]

爱憎分明。他任柳州刺史时,针对两税法运行乱象,"定经界,核名实",清查土地数量和贫富户口,切实按贫富差异纳税。他对弱者深切同情,为"手刃父仇,束身归罪"的徐元庆鸣不平,驳斥谏臣陈子昂"诛之而旌其闾"的荒唐见解,认定"达理闻道"不应治罪。柳宗元赞赏吴武陵的文采,却毫不客气地批评其宿命论的观点。

(二)为文:"文者以明道"

柳宗元在《答韦中立论师道书》里总结,"始吾幼且少,为文章,以辞为工。及长,乃知文者以明道"。这既反映了他的写作态度,又折射出其写作技巧。

改进写作态度。一方面,目的从"以辞为工"转变为"明道",更为注重阐明道理,正所谓"凡为文,以神志为主"。另一方面,重心从形式演进为内容,改变重句式而轻内容的歪风,不再一味苛求形式及文辞,避免在学术上误入歧途。

提升写作技巧。柳宗元注重"羽翼夫道",考究方法。比如,规避"轻心""怠心""昏气""矜气",使文章深厚、严谨、清晰、谦敬;讲求"抑""扬""疏""廉""激""固",让文章含蓄、明快、通达、精简、清雅、庄重。着重"取道之原",深汲精髓。譬如,借鉴《尚书》的质朴、《诗经》的情理永恒、《三礼》的内容合理、《春秋》的褒贬、《易经》对趋势的把握,阐明思想应当源于五经等儒家经典和尧舜孔子等儒道本原。侧重"旁推交通",知一万毕。他遵循儒学思想,又兼习百家之言,力推融会贯通。例如,学习《谷梁传》的气势、《孟子》《荀子》的通畅、《庄子》《老子》的视野、《国语》的趣韵、《离骚》的幽深和《史记》的简洁。

(三)为师:"不敢为人师"

柳宗元在十多篇论著里阐述了师道,如在《答韦中立论师道书》中明确表态"不敢为人师"。这固然有他自身的深层考虑,但也映射出其对师道的深刻感知。

重视师道。他痛心疾首于"由魏、晋氏以下,人益不事师"的师道衰微现象,认为反对从师的人就像"邑犬群吠"。他自称,以前在长安时,每天有时会

---

① 毛泽东在上海[M].北京:中共党史出版社,1993:143.
② 缅怀毛泽东:下册[M].北京:中央文献出版社,1993:566.

有几十个后辈学者到他家门前求教。韩愈在《柳子厚墓志铭》中记载,"经承子厚口讲指画为文词者,悉有法度可观"。可见,柳宗元所培育的后辈学者数量多、效果好。

力戒虚名。柳宗元提议"拒为师弟子名,而不敢当其礼者也",坚守"取其实而去其名""去其名,全其实"。这充分显示出他对避师之名而就师之实的期待。由此可知,他排斥老师学生的名义,不愿接受学生的尊师礼节;更关注的是能否尽为师之实、能否给学生带来实际的帮助。

遵循规律。他提倡"顺木之天,以致其性"种树诀窍,凸显因势利导、因材施教。柳宗元倡议"交以为师""苟自择之,取某事,去某事,则可矣",彰显出对亦师亦友的希冀、对学生主体性的推崇。他强调日积月累,做实做深做透文献的搜集、整理、比较和综合,以量的积累换取质的提升。

(四)为人:"文以行为本,在先诚其中"

柳宗元在《报袁君陈秀才避师名书》中写道,"大都文以行为本,在先诚其中",力主人品决定文品,将德行特别是真诚视为文学修养的根本。

端正心态。柳宗元告诫秀才"慎勿怪、勿杂、勿务速显",也就是慎重对待,不贪图怪异、不杂乱无章、不急于扬名。由此看来,他将一以贯之的内心净化和实践历练作为学问之基。

持续学习。尽管柳宗元"少精敏,无不通达",但仍非常重视学习。他指出,"圣人之道,学焉而必至",表达了学习圣人之道并学成的决心。他绘制了由六经到《论语》《孟子》,再到《左传》《国语》《庄子》《楚辞》,最后到《谷梁传》《史记》等的学习图谱,供后辈学者熏陶思想、陶冶情操。

知行合一。他期望妻弟杨诲之"圆其外而方其中",并表示"恒中者轴"。"方"即车箱,"圆"为车轮,"轴"是平衡用的车轴。"轴"牵制"方""圆",而"中"则是备受各家认可的"大中之道"。这些映射出知行关系,涵盖内在境界和外在处事方略:在认知上"方其中",在践行中"圆其外",二者有机统一于"大中之道"。

二、古田会议的历史价值与时代贡献[①]

1929年召开的古田会议留下了思想建党、政治建军等弥足珍贵的精神财

富及宝贵传统。习近平在福建任职时,7次来到古田。2014年,他亲自部署,在古田召开全军政治工作会议并表示:"历史,往往在经过时间沉淀后可以看得更加清晰。回过头来看,古田会议奠基的政治工作对我军生存发展起到了决定性作用。"党的十九届四中全会要求建立不忘初心、牢记使命的制度,并将其置于党的领导制度体系的首要位置。站在新时代历史方位上,回溯古田会议并从中提炼对建立该制度的启示,是个重要的时代命题。

(一)古田会议的历史背景及主要贡献

红四军成立于1928年,朱德任军长,毛泽东是党代表,后又任前委书记,陈毅为政治部主任。这年底,共产国际指示中共中央,农村穷困、革命形势严峻,红军应分散、潜伏活动。1929年2月7日,《中共中央给润之、玉阶两同志并转湘赣边特委——关于目前国际国内形势和党的军事策略》要求"将武装力量分小,分散入村,调回朱毛回中央"。毛泽东代表前委于4月5日回信称"对客观形势及主观力量都太悲观了"。为保持党的无产阶级性质,共产国际力主中共多发展工人党员、提任工人干部,但6月1日《红军第四军前委书记毛泽东给中央的报告》表明,红四军1329名党员中农民近半(626人)、工人(实质是手工业工人,而非上级要求的产业工人)仅二成多(311人),滋生党内非无产阶级意识问题。6月初前委扩大会议上,毛泽东提议取消临时军委并获高票支持(累计41票,赞成36票),但时任军委书记刘安恭不仅不执行决议,反而坚持军事领导政治,激化朱德和毛泽东的矛盾。6月22日,在红四军"七大"上,毛泽东被攻击"家长制"作风,作为中央直接指定的前委书记却未能当选(陈毅当选)。9月下旬,红四军"八大""无组织状态地开了3天"。

错综复杂背景下,中央和红四军展开力挽狂澜准备。8月下旬,中央政治局掌握陈毅有关红四军工作翔实汇报后,指派周恩来、李立三、陈毅3人组建专门委员会研判红四军问题。9月28日,《中共中央给红四军前委的指示信》积极评价红四军,指示前委和全体干部战士支持朱德、毛泽东领导,明示毛泽东"应仍为前委书记"。陈毅带着该信和周恩来请"毛泽东复职"的指示回来。11月18日,陈毅在前委会议上传达该信,派人将其和请毛泽东回红四军前委负责工作的亲笔信送到毛泽东住所。12月3日,红四军开启为期十天的"新泉整训"。毛泽东、陈毅展开政治整顿,克服非无产阶级思想;朱德组织军事训练,增进战斗能力。12月28日至29日,红四军"九大"于古田举行,120余名代表出席会议。会议通过了毛泽东草拟的《中国共产党红军第四军第九次代表大会决议案》(《古田会议决议》),中心思想为如何用无产阶级思想建设党和军队,明确了红军性质和任务,确立了思想建党、政治建军思想,破解了以农民为主要成分的军队如何打造成无产阶级性质新型人民军队的难题,堪称治党治军纲领性文献及重要里程碑。

(二)古田会议对建立不忘初心、牢记使命制度的启示

90多年来,古田会议的历史和时代价值不断显现。不忘初心、牢记使命已成为党的建设和全体党员及干部都要认真完成好的"两个课题",古田会议对建立该制度有多方面启发。

1.思想建党

高度重视思想建党,开篇即认为党内非无产阶级意识浓厚,"若不彻底纠正,则中国广大革命斗争加于四军的任务,是决然担负不来的"①,"红军党内最迫切的问题,要算是教育的问题"。② 正视农民党员占多数现实,以思想建设方式解构党员成分与党的性质间的矛盾,这是马克思主义建党学说的一大发展。多角度、深层次地解析8种不正确倾向,为党内教育提供10种材料、18种方法。要求因材施教,因人(区分城市贫民、妇女等)因时(区别秋收和年关等)因地(到一个地方要适合那一个地方)而异。建立不忘初心、牢记使命制度,旨在解决理想信念的"神经中枢"问题。古田会议启发着从思想建设上率先突破,更加深刻地认识重要性、迫切性和规律性,直面意识形态领域斗争的严峻性和党员思想领域问题的交织性,有效应对精神懈怠危险。

2.政治强党

指出"红军是一个执行革命的政治任务的武装集团",③批判"军事是政治的领导"等观点危害,确立党对军队绝对领导的原则。正视"极端民主化的根苗"④,强化民主建设,倡导"厉行集中指导下的民主生活"。⑤ 重视各级组织作用,认为"担负党的政治任务,才算得到成功"。⑥ 强调"用马克思主义的方法去作政治的分析和阶级势力的估量"⑦;政治训练涵盖19种材料、7种方法,政治课设3类班级、10种教授法。发展党员要求"政治观念没有错误(包括阶级

① 毛泽东选集:第1卷[M].北京:人民出版社,1991:85.
② 毛泽东文集:第1卷[M].北京:人民出版社,1993:92.
③ 毛泽东选集:第1卷[M].北京:人民出版社,1991:86.
④ 毛泽东选集:第1卷[M].北京:人民出版社,1991:88.
⑤ 毛泽东选集:第1卷[M].北京:人民出版社,1991:88-89.
⑥ 毛泽东文集:第1卷[M].北京:人民出版社,1993:88.
⑦ 毛泽东选集:第1卷[M].北京:人民出版社,1991:92.

觉悟),忠实,有牺牲精神,能积极工作,没有发洋财的观念,不吃鸦片、不赌博"①,这同习近平强调的"忠诚干净担当"内蕴一致。透视古田会议,建立不忘初心、牢记使命制度,抓紧抓好政治建设,既要系统抓牢党的组织建设,也要科学抓实党员、干部的政治塑造,双管齐下,使"四个意识""四个自信""两个维护"成为党员干部干事创业的根本遵循,全面应对能力不足危险。

3.群众兴党

驳斥了认识不到红军"还要担负宣传群众,组织群众,武装群众,帮助群众建设政权等重大任务"②等错误观点,采取"一切工作在党的讨论和决议后,再经过群众路线去执行"③等匡正办法。规定"官兵生活平等";④设立士兵会维护利益;加强监督,发动"群众政权机关(苏维埃)对红军的批评"⑤;分析蛟洋医院"与当地群众关系不良"⑥等缺点。多次强调要懂"群众工作的策略和技术"⑦,修正"不相信群众力量"观点,要"从斗争的工农群众中创造出新的红军"⑧。古田会议呼唤着建立不忘初心、牢记使命制度应凸显和坚守人民性,走好群众路线,让其成为推动和检验工作的利器,有力消减脱离群众危险。

4.制度治党

通过"编制红军法规"等端正单纯军事认识,从制度、政策方面厘正"枪毙逃兵的制度和肉刑制度"⑨等盲动主义残余。规避入党随意现象,规定五个条件,实行资格审查、谈话考察、介绍人负责,并要求"将旧的基础厉行清洗",矫正党的组织松懈问题。红军中建立"经济的来源,管理经济的组织,经济公开主义及士兵审查制度"⑩等制度。提出"招呼伤病兵的方法,要定为一种制度",⑪改良待遇上"恢复每月发鞋袜费的制度"。⑫ 规范政治生活制度,"党的

---

① 毛泽东文集:第1卷[M].北京:人民出版社,1993:90.

② 毛泽东选集:第1卷[M].北京:人民出版社,1991:86.

③ 毛泽东选集:第1卷[M].北京:人民出版社,1991:88.

④ 毛泽东文集:第1卷[M].北京:人民出版社,1993:113.

⑤ 毛泽东选集:第1卷[M].北京:人民出版社,1991:88.

⑥ 毛泽东文集:第1卷[M].北京:人民出版社,1993:111.

⑦ 毛泽东文集:第1卷[M].北京:人民出版社,1993:95.

⑧ 毛泽东文集:第1卷[M].北京:人民出版社,1993:87.

⑨ 毛泽东文集:第1卷[M].北京:人民出版社,1993:95.

⑩ 毛泽东文集:第1卷[M].北京:人民出版社,1993:106.

⑪ 毛泽东文集:第1卷[M].北京:人民出版社,1993:112.

⑫ 毛泽东文集:第1卷[M].北京:人民出版社,1993:106.

纪律之一是少数服从多数",①党员"必须出席支部大会及小组会,并做工作报告","会议要政治化实际化"②等。正确处理军政系统关系,如"凡有全军意义的事项,如发布政纲等,军事政治两机关会衔发布"。③ 以党内法规形式要求"每连建设一个支部,每班建设一个小组",使"三湾改编"首创的"支部建在连上"制度成熟定型。建立不忘初心、牢记使命制度,内核是制度建设,出发点和归宿点在于坚持和完善党的领导制度体系,提高党科学、民主、依法执政的水平,顺利应对"四大风险"、承受"四大考验",为新时代新长征提供制度保障。为此,要抓实制度建设,重长远、管根本。

(三)借鉴古田会议启示,把不忘初心、牢记使命制度建立好

党的十九届四中全会要求,坚持和完善党的领导制度体系,从夯实思想基础、党的建设和党员干部教育、党的工作三方面对建立不忘初心、牢记使命制度作出了前瞻性部署。汲取古田会议滋养,建立该制度应从以下四方面发力。

1.坚定理想信念,锻造精神支柱

领悟古田会议将思想建党置于首位的理念,砌牢党长期执政的思想基石。一方面,认识理想信念教育的重要性。马克思主义政党建立在共同理想信念根基上。马克思提出,"哲学把无产阶级当作自己的物质武器,同样,无产阶级也把哲学当作自己的精神武器"。④ 习近平指出,"坚定理想信念,坚守共产党人精神追求,始终是共产党人安身立命的根本"。⑤ 通过透彻的思想建设统一全党意志,引导全体党员恪守党的性质和宗旨,铭记中国共产党人的初心和使命,为人民幸福及民族复兴接续奋斗。另一方面,把握理想信念教育的规律性。马克思指出:"如果没有严格的科学思想和正确的学说来号召工人,那就等于玩弄空洞虚伪的传教把戏。"⑥既要增进理论性,增添远大理想及共同理想合力,深化马克思主义理论尤其是马克思主义中国化时代化最新成果的引领及凝聚效益,筑牢党执政的思想本源,为自发自觉地贯彻落实党的决策部署提供原生动力;又要借鉴古田会议抓思想建设的经典做法,因时因势因

---

① 毛泽东文集:第1卷[M].北京:人民出版社,1993:82.

② 毛泽东文集:第1卷[M].北京:人民出版社,1993:92.

③ 毛泽东文集:第1卷[M].北京:人民出版社,1993:113.

④ 马克思恩格斯选集:第1卷[M].北京:人民出版社,2012:16.

⑤ 习近平.坚定理想信念 补足精神之钙[J].求是 2021(21).

⑥ 中共中央马克思恩格斯列宁斯大林著作编译局.回忆马克思[M].北京:人民出版社,2005:274

人因地制宜,促进理想信念教育走深走实、入心入脑,避免党员干部"缺钙"、患"软骨病"。

2.坚持党的领导,发挥最大优势

恩格斯将"政治行动"视为"革命的手段";《共产党宣言》指出,"共产党一分钟也不忽略教育工人尽可能明确地意识到资产阶级和无产阶级的敌对的对立","共产党人不屑于隐瞒自己的观点和意图"。马克思恩格斯一贯要求加强"政治宣传工作""政治鼓动工作",体系化地提出政治强党方面的思想和论断,突出共产党人领导的立场和优势。党的十八大以来的成就及变革有目共睹,但任何一项成就和变革均离不开极大的政治勇气与胆魄。办好中国的事情,关键在党。党的领导是"中国之制"的最大优势。传承古田会议政治强党的经验,建立不忘初心、牢记使命制度,一要旗帜鲜明地促进党的建设。将不忘初心、牢记使命这一永恒课题落小落实,总结国内外经验教训,尤其要谨记东欧剧变、苏联解体、苏共垮台等惨痛教训,把政治建设摆在龙头位置,使马克思主义指导地位坚不可摧,强化党员、干部的政治敏锐性、坚定性,巩固中央、地方和基层组织建设,确保党的先进性和纯洁性,在实现中华民族伟大复兴征途中展现党的生机及活力。二要持之以恒地推进党员、干部政治品格培育。将不忘初心、牢记使命这一终身课题落细落小,发扬斗争精神,特别是须要让大家照照"忠诚干净担当"的镜子,并抓住"关键少数"、激发"头雁效应",在应对百年未有之大变局及经济社会发展爬坡过坎中彰显党员干部的担当和作为。

3.坚守人民立场,夯实执政根基

马克思恩格斯提出唯物史观的逻辑起点为进行物质生产的人,群众是"使用实践力量的人",群众是历史的创造者。"历史的活动和思想就是'群众'的思想和活动。"[1]这些核心论断映射出马克思主义充分相信及依靠群众的立场。习近平总结道:"共产党最基本的一条经验是一刻也不能脱离人民群众"。[2] 全心全意为人民服务是党的唯一宗旨。弘扬古田会议群众兴党风气,建立不忘初心、牢记使命制度,一方面要增进以人民为中心的思想自觉、政治自信、行动自为,这是马克思主义的根本立场,也是"我将无我,不负人民"承诺的折射。要使群众观点、群众路线全面体现及落实于增进人民利益的作为中,并以此为检验标尺,优化党员干部实践。另一方面要发扬密切联系群众的优良作风,永葆党的初心和使命,让根植中华文化的人民性这棵参天大树万古长

---

① 马克思恩格斯文集:第1卷[M].北京:人民出版社,2009:286.
② 之江新语[M].浙江:浙江人民出版社,2007:146.

青,使工作顺乎时代潮流、适乎发展逻辑、合乎人民愿景,要发挥人民首创精神和主观能动性,使党能勇立时代潮头、书写崭新华章。

4.坚固制度建设,形成长效机制

邓小平明确指出:"制度好可以使坏人无法任意横行,制度不好可以使好人无法充分做好事,甚至会走向反面。"[1]学习古田会议制度治党思路,重点推动如下制度实践。一是坚持民主集中制。恩格斯强调,"团结并不排斥相互间的批评"。要避免批评和自我批评流于形式;还要戳破"一言堂""独角戏"等乱象,让民主集中制生根奏效。二是传承创新制度。传承"中国之制"的显著优势,科学构建不忘初心、牢记使命制度,为"中国之治"提供制度支撑。三是廉洁自律制度。打铁必须自身硬,健全全面从严治党制度,营造不敢腐、不能腐、不想腐的清朗空间,及时将"围猎"及乐于被"围猎"的利益链斩断并清除。四是激励担当制度。《共产党宣言》指出,共产党人"没有任何同整个无产阶级的利益不同的利益"。让有担当有作为的现象蔚然成风,将不担当不作为的现象一网打尽。引导党员干部妥善处理好功成不必在我、功成必定有我的辩证关系,奋力跑好中国特色社会主义事业接力赛,向时代和人民交付最优答卷。

三、锤炼敢于斗争、敢于胜利的秉性[2]

习近平在庆祝中国共产党成立 100 周年大会上概括了内含"不怕牺牲、英勇斗争"的伟大建党精神,并强调"敢于斗争、敢于胜利,是中国共产党不可战胜的强大精神力量",从精神层面揭示了我们党的兴党强党密钥。正如恩格斯指出的,"一个真正想达到这个目的并且具有达到这个目的所必不可缺的顽强精神的政党,——这样的政党将是不可战胜的",[3]我们党就是这样的典范。她在斗争中应运而生并发展壮大,斗争已经渗入共产党人的血脉和灵魂。无数先辈英勇顽强的斗争谱写了一部可歌可泣的斗争史诗,让后人得以"享受前人披荆斩棘的幸福"。我们党在斗争中团结并带领人民创造了世所罕见的奇迹,中华民族伟大复兴强劲推进。在斗争中锤炼了敢于斗争、敢于胜利的秉性,成为我们党最鲜活耀眼的特征。

---

① 邓小平文选:第 2 卷[M].北京:人民出版社,1994:333.

② 本部分内容已发表于《福建日报》(2021 年 11 月 30 日理论周刊·求是),原题为《发扬斗争精神 增强斗争能力》,略有调整和拓展。

③ 马克思恩格斯全集:第 39 卷[M].北京:人民出版社,1974:139.

"我们党依靠斗争走到今天,也必然要依靠斗争赢得未来"。① 奋进新的赶考之路,"必须进行具有许多新的历史特点的伟大斗争"。这是因为,从百年未有之大变局来看,要在错综复杂、纵深博弈的世界形势中下好先手棋、赢取主动权,丢掉幻想、勇于斗争日趋重要。从中华民族伟大复兴战略全局来说,要循序渐进地实现"十四五"规划、2035 年远景目标、本世纪中叶战略擘画,攻坚克难、斗争致胜日显关键。从经济社会新发展格局来讲,把握重要战略机遇期,系统地向高质量发展蝶变,敢于斗争、敢于胜利日益迫切。这就需要大力发扬斗争精神,多向发力、多措并举,不断增强斗争能力。

(一)树牢斗争思想

正确的思想武装和理论指导,是发扬斗争精神、增强斗争能力的"引擎"。一方面,应常怀"斗罢艰险又出发"的斗争意识。社会在矛盾运动中前进,有矛盾就会有斗争。我们党的百年征程本身就蕴藏斗争主线。迈上新征程,重大挑战、重大风险、重大阻力、重大矛盾不可避免,必然需要逢山开路、遇水搭桥,在斗争中抢抓机遇、应对挑战,才能"踏平坎坷成大道"。因此,应熟稔斗争的长期性、复杂性、艰巨性,葆有"为有牺牲多壮志,敢教日月换新天"的斗争锐气。另一方面,应具备"山登绝顶我为峰"的理论自信。党的历史是最富生动性、说服力的教科书,已经精彩诠释了中国共产党的"能"、中国特色社会主义的"好",是源于马克思主义的"行"、中国化时代化的马克思主义的"行"。这实际上也回答了什么是斗争的指南。马克思主义是阶级属性显著、革命特质丰富的理论,指引着人类探寻历史规律和追寻自身解放。中华五千年文明内蕴丰富的斗争理路,为我们开创今天的中国特色社会主义道路提供珍贵滋养。因此,要坚持马克思主义科学理论指导,既要"顶"马克思主义的"天",又要"立"中国国情及中华优秀传统文化的"地"。我们党在马克思主义与中国具体实际、中华优秀传统文化的结合中焕发蓬勃生机、汲取斗争养分,丰富中国化、时代化成果,以理论自觉、自信、自强来增强斗争的志气、骨气、底气。

(二)涵养斗争定力

正确的斗争方向是发扬斗争精神、增强斗争能力的"方向盘",理应具有"不畏浮云遮望眼"的远见卓识和"乱云飞渡仍从容"的政治定力、战略定力。

---

① 习近平.在中央党校(国家行政学院)中青年干部培训班开班式上发表重要讲话[N].新华网,2021-03-01.

首先,坚持党的领导。中国共产党的领导是中国特色社会主义最本质的特征,其关键性、决定性不可替代,这也是国家制度和国家治理体系十三个显著优势中的首位和最大优势,关乎全党全国各族人民的前途命运。这个大方向要一以贯之,走好自己的路、办好自己的事,"风雨不动安如山"。其次,瞄准"两大理想"。我们党的斗争贯穿于实现共产主义远大理想与中国特色社会主义共同理想的整个实践。胸怀千秋伟业,让共产主义社会的原则、理念更多地在我国生动演绎,用"两大理想"的灯塔照亮我们前行的路,永远为了真理和理想而斗争。仰望星空、脚踏实地,唯有斗争让我们追求"两大理想"的征途愈走愈宽广、开阔。再次,实现"两大梦想"。中国梦牵引个人梦,个人梦丰富中国梦。促进二者交织融合,将梦想照进现实,在斗争中凝心聚力,集聚起实现中华民族伟大复兴的磅礴力量。

(三)坚守斗争立场

从石库门到天安门,从兴业路到复兴路,我们党百年来的斗争目标一贯指向实现人民幸福和民族复兴。牢记"国之大者",这是发扬斗争精神、增强斗争能力的出发点和归宿点。一是始终代表和维护人民利益。中国共产党作为马克思主义执政党,人民性是最根本的属性,代表的利益只属于最广大人民,与任何利益集团、权势团体、特权阶层格格不入。这与西方资本主义政党是截然不同的。自古以来,得民心者得天下。我们打江山、守江山,守的是人民的心,为了人民利益是斗争的内在要义。时刻围绕人民这一江山,将人民安危冷暖作为斗争的核心基点,将人民期不期待、满不满意作为参照标准。二是紧紧依靠广大人民。只有人民才是社会生生不息的动力源泉,发挥其创新、创造的潜力、活力是干事创业的必然要求,也是保证斗争目标实现的前提条件。犹如淮海战役靠老百姓用小车推出来、渡江战役靠老百姓用小船划出来一样,经济社会发展新征程中同样需要坚持群众路线,发挥人民的主动性、创造性,汇聚不竭的"源头活水",彰显人民无限伟力。三是确保人民共享斗争成果。我们党的百年奋斗史、发展史一向紧扣初心、使命,把 14 亿人民的幸福作为斗争的最高目标,团结带领人民为美好生活而奋斗,让斗争果实更多更公平地惠及人民。

(四)增进斗争智慧

改进斗争方法、锤炼斗争艺术,是发扬斗争精神、增强斗争能力的"金钥匙"。首先,掌握马克思主义矛盾观。坚持两点论、重点论,在斗争中化解矛盾、孕育新机。直奔矛盾问题、潜在风险,剖析斗争的焦点、难点、痛点,寻求破解的着力点、突破点、创新点。其次,运用大历史观。历史是一面镜子。积极总结我们党在成长发展中的斗争经验、不足,科学研判并把握发展大势,在斗争中克服困难、再攀高峰。同时,深刻汲取国际共产主义运动挫折尤其是苏共垮台、苏联解体的惨痛教训。再次,筑牢底线思维。基于面临的风险和考验,强化忧患意识,恪守底线,防范风险的先手与应对化解风险挑战的高招兼具,努力成为敢于斗争、善于斗争的勇士。复次,讲究韬略。在斗争方式上,原则问题寸步不让、策略问题灵活机动;在斗争火候上,主动驾驭形势,动态把握时、度、效;在斗争力量上,最广泛地团结、调动,画出最大同心圆,在斗争中谋团结、促合作、求共赢;在斗争谋略上,战略判断和战术决断统一,软的更软、硬的更硬,有理有利有节。最后,创新话语体系。加强研究阐发、优化舆论传播、讲好斗争故事,以喜闻乐见的话语使大家准确认识斗争的内涵和外延,以免谈"斗争"色变、引发混乱。

(五)丰富斗争实践

大道至简,实干为要。实践是发扬斗争精神、提高斗争能力的"大熔炉"。一要练就本领功夫。在斗争中提升政治能力,特别是要塑造鲜明的政治品格,提升政治判断力、政治领悟力、政治执行力;夯实调查研究、科学决策、改革攻坚、应急处突、群众工作、抓落实等方面的能力。二要磨炼党员干部。"无限风光在险峰",唯有在复杂严峻的斗争中经风雨、见世面、壮筋骨,领导干部才能锻造成为烈火真金。多选拔一些具有坚定理想信念、在斗争实践中经过磨砺、经受考验的干部,在斗争一线考察、培养干部,持续激发干事创业的内生动力,接续绘就建功立业的生动图景。三要扫出朗朗乾坤。聚焦及回应社会关切,反邪气、扬正气,推进我们党的自我革命进而引领社会革命,在实现个人自由全面发展及社会共同富裕上夺取更为明显的实质性进展。四要抒写发展新篇。立足发展这个中心,统筹国际与国内两个大局,着眼历史、现实与未来三大维度,在斗争中共谱发展华章,建立经得起人民和历史检验的功绩,为我们党的百年奋斗史、发展史增添亮丽风景。

第二节 把握青年脉搏 淬炼品格能力

一、青年马克思主义者培养三个维度[①]

马克思主义与中国青年有着天然关联,"一百年前,一群新青年高举马克思主义思想火炬,在风雨如晦的中国苦苦探寻民族复兴的前途",喊出了"社会主义不会辜负中国"的响亮口号;一百年后的今天,中国青年赓续先辈的红色基因,"请党放心,强国有我"掷地有声。青年在筚路蓝缕、以启山林的百年党史上留下了浓墨重彩的一笔。立足新时代,面对新的机遇及挑战,怎样培养出一大批可担时代大任的坚定青年马克思主义者,是一个重大课题,需要从历史、现实与未来等维度持续探索。

(一)历史维度

毛泽东曾说:"如果要看前途,一定要看历史。"[②]29岁的李大钊在国内首提马克思主义,28岁的毛泽东出席中共一大,雷锋的生命永远定格在22岁,抗疫医务人员中有近半是"90后""00后"……无论是纵向梳理还是横向对比,青年无疑是推动社会进步的重要力量。站在新的历史起点上,从经验中汲取养分,可以为新时代青年马克思主义者的培养启智增慧。

坚持党的领导是培养强国一代的最大政治优势,中国共产党在青年马克思主义者培养过程中发挥着提纲挈领的作用。《中长期青年发展规划(2016—2025)》明确提出"党管青年"的原则,回答了"为党育人、为国育才"的时代使命。习近平强调:"为实现中华民族伟大复兴的中国梦而奋斗,是中国青年运动的时代主题。"[③]"党管青年"坚持青年培养过程性和目标性相统一。面对不同的发展阶段,中国共产党作出了不同的时代回答,无论是"三好""四有""又

---

① 本部分内容已发表于《海峡通讯》2021年第12期,原题为《青年马克思主义者培养的三个维度》,略有调整。

② 毛泽东文集:第8卷[M].北京:人民出版社,1999:383.

③ 习近平.在同各界优秀青年代表座谈时的讲话[N].人民日报,2013-05-05.

红又专"还是"时代新人"的培养,本质皆与国家发展目标一致。把培养和造就青年马克思主义者作为重大课题,坚持与中华民族伟大复兴同甘共苦的培养目标,社会主义事业才会兴旺发达、长盛不衰。

思想是行动的先导,电视剧《觉醒年代》通过还原一代先进知识分子和革命青年在上下求索中选择马克思列宁主义作为政治指引的革命史实,深刻揭示了思想觉醒的伟大意义。习近平在深刻把握青年工作历史地位、现实作用、职责使命的基础上,创造性地提出"扣扣子""补钙总开关""牛鼻子"等论述,生动地阐述了"思想引领"的重要性。建设社会主义现代化国家是一场接力赛,实现第二个百年奋斗目标的关键在强国一代。青年马克思主义者的培养必须坚持与时代需要、社会发展同向同行的培养方向。中国青年的命运也总是与祖国的命运紧密关联,新时代给每一位志存高远的青年都提供了成长成才的机会。青年马克思主义者要牢记习近平对广大青年的殷切嘱托,在百年未有之大变局、中华民族伟大复兴战略全局以及新发展格局的大势中认清自己的职责和使命。

立于群山之巅,方能俯视万千沟壑;立于理论之巅,方能把握历史规律。培养新时代青年马克思主义者,一要坚持以马克思主义理论为指导,这是我们的理论根基,是中国共产党团结带领人民创造"当惊世界殊"的根源。要始终坚持以马克思主义武装头脑、指导实践。二要以马克思主义中国化的三个飞跃成果为遵循。中国共产党为什么能,中国特色社会主义为什么好,归根到底是马克思主义行、中国化时代化的马克思主义行,必须以马克思主义中国化时代化理论特别是习近平新时代中国特色社会主义思想铸魂育人。

(二)现实维度

大学是青年成长为青年马克思主义者最关键的阶段。2007 年 5 月,共青团中央正式推出"青年马克思主义者培养工程"(简称"青马工程")。在各高校积极响应下,"青马工程"为培养一大批坚定的青年马克思主义者进行了大量的工作,取得了显著成效。但我们要清醒地意识到,随着经济社会的不断发展,影响青年马克思主义者培养的因素越来越多、越来越复杂。

从主体特点来说,青年处于人生的"拔节孕穗期"。他们的生理、心理正处于发育和成熟期,加之当代青年个性更加鲜明、网络化生存趋势更加明显,容易并且愿意主动接受新鲜事物,但其理性判断能力有待加强。从客观环境来说,国内外发展环境,尤其是国际环境风云变化,世界局势本就存在诸多不确定、不稳定因素,部分资本主义国家逆全球化而行,各种暗流涌动甚至汹涌澎湃。

在全球经济面临困境的当下,西方资本主义国家对我国实行"颜色革命"渗透,通过意识形态输出迷惑、争夺我国青年,从而达到搞乱中国的目的。培养青年马克思主义者,不仅要使他们具有扎实的马克思主义理论素养,还要不断锻铸其马克思主义信仰,使共产主义和马克思主义成为他们不可动摇的政治信仰。

青年马克思主义者的培养是一个不断与各种社会思潮相斗争的历史过程,从我国当前青年马克思主义者培养机制来看,并没有形成一个完整的"知情意行"闭环。主要表现在以下三方面:一是教育内容不够系统。青年马克思主义者培养内容主要由马克思列宁主义、马克思主义中国化时代化理论体系构成,要掌握该内容需要较强的学习力、领悟力,然而青年的认知体系还处于发展和完善阶段。因此,培养过程要遵循育人规律及青年成长规律,优化内容结构。二是教育培养对象不够自觉。目前,在我国青年马克思主义者培养过程中对青年的利益诉求、现实压力等实际问题关心少,没能和青年建立亲密良好的信任关系,这导致主体需要和社会需求结合不到位,阻碍青年行为从自发向自觉转化。三是考核评价机制不够全面。现阶段我国考评机制的重心仍在分数上,忽略对其行为的考察。片面的考评机制使考评结果与实际培养效果不相契合,难以达到青年马克思主义者培养的预期效果。

当前社会对青年马克思主义者培养存在偏颇认识,在实践中突出表现在以下两点。一方面,覆盖数量有限。目前,我国高校在"青马工程"中坚持把大学生骨干队伍建强,却在一定程度上忽视了普通大学生。调研显示,高校"青马工程"的学员选拔方式较为单一、片面,培养重点聚焦在小基数的大学生骨干上,从而忽视了基数较大的普通大学生,挫伤普通大学生的积极性,这有可能导致培养工作与普通大学生脱节,出现断层现象。另一方面,培养场域有限。当前,诸多单位的青年马克思主义者培养工作主要以课堂、书本等传统教学物质为载体,实践场域建设不够完善,这在一定程度上使得青年马克思主义者不能很好地将理论与实践结合起来,培养效果大打折扣。

(三)未来维度

青年马克思主义者的培养是一项紧迫性、系统性、长期性的工程。要破解新时代培养青年马克思主义者的难题,必须高举中国特色社会主义伟大旗帜,为实现强国目标着力培养一大批德智体美劳全面发展的社会主义合格建设者和可靠接班人。

固本培元。要在巩固青年政治信仰的基础上丰富其人文信仰,前者关系到政治的方向和导向,后者更多指人文素养,二者辩证统一。新时代青年马克思主义者培养首先要固本,要求在政治信仰上"不退步"。坚持马克思主义的指导地位,使广大青年深刻认识到"中国共产党为什么能,中国特色社会主义为什么好,归根到底是马克思主义行,是中国化时代化的马克思主义行"。其次要培元,要求在人文信仰上"不越步"。文化以无形的精神纽带将民族内部紧密联系在一起,铸成坚不可摧的精神长城,这是民族精神旗帜,决定着个体乃至整个民族的命运。青年马克思主义者应清醒地认识到:文化认同是最深层次的认同,中国自信的深层之源就在于中华文化。新时代青年马克思主义者培养工作要充分挖掘、发挥中华文化育人的禀赋优势。

提质赋能。在把握马克思主义本质的基础上积极实践是培养青年马克思主义者的出发点和落脚点。新时代青年马克思主义者培养需坚持"真学、真信、真用",实现理论剖析、意义升华、凝聚共识、躬身践行"四位一体"的统一。首先是"真学"。青年正处在人生学习成长的关键时期,我们要用马克思主义中国化时代化的最新成果武装青年。尤其可利用在每年"十一黄金档"上映的优秀影片开展实地教学,如《我和我的祖国》《长津湖》等,将青年喜爱的观影形式与爱国主义教育有机结合,提高培养有效性。其次是"真信"。青年对马克思主义理论的信任既是对其内容本身的认可,也是对其在指导我国革命、建设和改革开放中发挥的指导性作用的认可。把学习"四史"与学习习近平新时代中国特色社会主义思想结合起来,筑牢青年的信仰之基。最后是"真用"。培养青年马克思主义者要坚持以问题为导向,用马克思主义及其中国化时代化理论成果解决实际问题,确保青年在中国特色社会主义事业建设过程中能够真用、会用并且用好马克思主义立场观点方法。

增量扩面。在"三全育人"视域下思考新时代青年马克思主义者的培养,通过全员联动、全程贯穿、全方位协调着力提升培养成效。首先,全员联动以拓展培养广度。全员既指培养对象,也指培养主体。从培养对象角度出发,"各学科专业的学生、不同学段的学生都要学习马克思主义理论,掌握科学的世界观和方法论"。① 从培养主体角度出发,着力构建学校主导、家庭配合、社会参与的培养机制,画好培养工作"同心圆"。其次,全程贯穿以拓展培养长度。青年马克思主义者培养是一项"功在当代,利在千秋"的德政工程,培养工作绝不是"一次秀",而是"终身行",尤其要善用、活用"大思政课",将培养过程贯穿到青年成长、成才的整个过程。最后,全方位协调以厚植培养深度。坚持

---

① 习近平.把思想政治工作贯穿教育教学全过程 开创我国高等教育事业发展新局面[N].人民日报,2016-12-09.

教育教学、科学研究、社会实践、互联网等平台同向发力、同频共振。充分发挥"互联网＋"的作用,形成双向互动的培养模式,全方位推进青年马克思主义者的培养。

二、多角度深化新时代爱国主义教育[①]

爱国主义是中华民族精神的核心,是凝心聚气促发展、同心协力铸国魂的重要一环。从现实背景上看,当前正迎来难得的教育契机,这对增强新时代爱国主义教育成效具有重要实践意义。从理论背景上看,学界关于爱国主义教育的研究成果颇丰。比如,《新时代爱国主义教育实施纲要》(简称《纲要》)是对新时代爱国主义教育内容、方法、途径的时代升华。在内容构建上,红色文化是爱国主义教育的重要资源,要进行国情教育、爱国主义内涵和意义的教育;应深入开展中华优秀传统文化、中国近现代史和中华人民共和国史教育。这些研究基于新时代、结合新要求,为爱国主义教育奠定坚实的理论基础。但着眼于中华民族伟大复兴,我们还要放眼世界,正确认识不同意识形态、国家实际、文化传统间的区别与联系。因此,立足当代国情,理性考量国外爱国主义教育重要内容,对我国新时代爱国主义教育意义深远。

(一)当前爱国主义教育重要契机

新时代中国正日益走近世界舞台中央,深入审视爱国主义教育契机,有助于把握爱国主义教育方向,创新爱国主义教育话语体系。

1.《纲要》指明新时代爱国主义教育方向

《纲要》要求新时代爱国主义教育面向全体人民,聚焦青少年,融入国民教育和精神文明建设全过程。它体现了新时代爱国主义教育前进方向,对于增强民族凝聚力,增进国家意识和民族认同有着重要的指导价值。回望砥砺前行的历史,爱国主义自古便在中华民族血脉中流淌,深植于中国人民心中。中华民族之所以能摆脱屈辱,昂首走在复兴大道上,是因为各民族以强烈家国情怀将爱国情化为报国行。在当前历史条件下,爱国主义教育面临更为纷繁芜杂的国内外环境,这对爱国主义教育的持续推进提出了新的更高的要求。《纲要》汲取以往经验,继承爱国主义传统,结合历史发展新特点,丰富爱国主义教

[①] 本部分内容已发表于《思想教育研究》2020 年第 10 期,原题为《深化新时代爱国主义教育的思考》,略有调整。

育内涵,是铸就新时代爱国主义信仰的有力指导,是实现中华民族伟大复兴的制胜法宝。

2.新中国成立70周年庆典积累爱国主义教育宝贵经验

《纲要》认为,仪式礼仪的运用是开展新时代爱国主义教育的重要载体。仪式的神圣性、秩序性、规范性使其有着强烈的教化作用。新中国成立70周年庆典活动就是一场盛大的爱国主义教育仪式,大型成就展、授勋仪式、群众游行是突出亮点。大型成就展利用历史发展逻辑的展览方式,将历史向参观者娓娓道来,唤醒人们内心深处的记忆;授勋仪式通过表彰为中国特色社会主义建设事业做出重大贡献的先进典型,激发民众荣誉感、自豪感;群众游行以情境式行进的方式把人们代入历史,使人们迸发出浓厚的爱国情感,将纪念活动推向高潮。今后,爱国主义教育应更注重仪式礼仪,深挖爱国主义符号,创新仪式教育形式,涵养国家意识、集体观念。

3.抗击新冠疫情使爱国主义情绪高涨

抗击新冠疫情是对我国治理能力和治理体系的大考验。全国人民风雨同舟、众志成城,汇聚起巨大力量。在国家层面,全国一盘棋、集中力量办大事的优势凸显出无可比拟的力量。党统领全局,协调各方,着力满足群众合理需求,显示出打赢疫情防控战役的坚定信念和强大力量。在社会层面,这是一场凝聚十四亿人磅礴伟力的人民战争、总体战、阻击战。尤其在疫情防控第一线,大量榜样涌现,各行各业发挥巨大作用,展现出"生命至上,举国同心,舍生忘死,尊重科学,命运与共"[①]的伟大抗疫精神。往后,爱国主义教育既要合理运用抗疫期间的珍贵教育资源,开展社会教育,弘扬爱国热忱,也要加强对学生的形势与政策教育,筑牢爱国意识,厚植家国情怀。

4.全面建成小康社会呼唤新时代爱国主义教育

"民亦劳止,汔可小康"。小康社会是中华民族世代追寻的千年梦想,中国共产党带领人民脱贫致富奔小康,为爱国主义教育提供了珍贵的素材。爱国不是喊口号、装样子,而是人世间最深层、最持久的情感,更是一种自觉的行动。2020年是全面建成小康社会的收官之年。深化新时代爱国主义教育,是全面落实立德树人根本任务、为实现第二个百年奋斗目标增添动力的现实需要。人民群众是推动社会发展进步的不竭动力,培养强烈民族自豪感、自信心势在必行。在日益复杂的新形势下,应抓好全面建成小康社会重要时点,加强爱国主义教育,更广泛地调动、团结一切积极力量,让全国人民心往一处想、智

---

① 习近平.在全国抗击新冠肺炎疫情表彰大会上的讲话[N].人民日报,2020-09-09.

往一处谋、劲往一处使,奋力建设美好家园。

5.建党百年夯实新时代爱国主义教育基石

2021年是中国共产党成立100周年,这是极其难得的爱国主义教育机会。中国共产党是植根于人民,始终全心全意为人民服务的马克思主义政党。在我们党的坚强领导下,中国人民完成了新民主主义革命,建立了中华人民共和国。新中国成立70多年来,我们党领导人民创造了经济快速发展及社会长期稳定的"两大奇迹"。在中国特色社会主义新时代,爱国就是要爱由中国共产党领导的、人民当家作主的社会主义中国。我们必须时刻葆有斗争意识,同一切企图污蔑、歪曲中国共产党的邪恶势力作斗争,进一步推进党的建设新的伟大工程,向着实现中华民族伟大复兴的方向砥砺前行。

(二)国外爱国主义教育重要内容

爱国主义是一个永恒的话题,受到世界各国普遍重视。法国有着灿烂的民族文化,重视传统文化教育;新加坡是以华人为主的多民族移民国家,致力于培育民族认同;日本与我国一水之隔,突出忧患意识教育;俄罗斯在新的历史时期强调寓教于军,爱国主义教育取得重要突破。剖析它们爱国主义教育的重要内容,可为我们提供启发。

1.法国注重传统文化教育

法国在漫长的历史发展过程中积聚了深厚的传统思想文化。前任总统奥朗德认为法国通过文化而存在;马克龙就任总统后更为重视优先发展文化教育。法国传统文化教育突出表现在三方面。政策引导方面,政府积极制定文化政策。国家文化的繁荣兴盛离不开文化政策的有力引导,法国传统文化教育在各阶段都有相应政策支持。语言方面,致力推广法语。法语在十八世纪备受欧洲人推崇,但二战后英语逐步取代法语成为"国际普通话",这对法语产生巨大冲击。为保护传统语言,法国颁布《法语使用法》,建立推广法语教学的国际机构。文化遗产方面,法国是世界上首个颁布实施文化遗产保护法的国家。它拥有众多博物馆、档案机构、历史遗迹等文化资源,在世界上首创"文化遗产日",让民众在此期间免费游览、提升传统文化认同感。

2.新加坡侧重培养国家意识

新加坡作为一个曾被英、日长期殖民统治的多民族国家,因民族、语言、思想文化等不同,各民族间情感淡薄,缺乏对国家的认同感。为此,新加坡爱国主义教育旨在增强国家意识、公民意识,形成共同的行为规范、民族精神与价值体系。新加坡属于亚洲文化圈,在教育内容上矢志发展儒家文化。李光耀曾表示:"形成价值观念需要继承东方的优秀传统文化,发扬儒家伦理精神。"在教育实践中总体依托课程教育、社区建设。从课程教育来说,根据学生认知水平,讲究层次性、系统性,将课堂作为第一阵地,进行历史、地理、宗教教育,增进国家认同;从社区建设来说,由于殖民者根据种族分配居住区域,对新加坡居民"分而治之",各民族间严重缺乏沟通,种族意识狭隘。因此,新加坡摆脱殖民统治后,便出台混合组屋计划打破这种局面,促进各民族沟通交流,构建国家认同。

3.日本着重忧患意识培育

日本地少人多、灾害频发,这不仅强化了国民忧患意识,且成为全民族凝聚的强大动力。日本人的忧患意识明显体现于文艺创作、忧喜观、对待邻国态度等方面。文艺创作方面,灾难小说《日本沉没》于1973年出版,是日本当年第一畅销书,于同年被拍摄为电影,大大激起国民忧患意识。2006年该电影被重新拍摄,再次引起社会轰动。忧喜观方面,"日本焦虑"持续存在。尽管二战后日本经济快速崛起,但国民却愈发冷静。例如,在国际业界都看好日本经济走出十年萧条并进入高速发展期时,世界一流企业——丰田的前董事长却说:"日本要当亚洲盟主?没品格也没力量啊!"对待邻国态度方面,日本对于苏联这一北邻国十分警惕。日本不仅能及时掌握苏联远东地区军事情报,且对其外交政策和军事活动颇有探究。直至今日,日俄在北方四岛的领土问题上依旧争端不断,日本对俄罗斯这一军事强国仍恐惧不安。

4.俄罗斯偏重军事爱国主义教育

俄罗斯是具有悠久的爱国主义传统的多民族国家。苏联解体使俄罗斯意识形态领域出现重大危机,爱国主义教育陷入失落境地。俄罗斯军事爱国主义教育的独特之处在于新时期令爱国主义旗帜重扬。首先在理论知识上,加强青年历史、军事教育,使之在思想上做好为国服务的准备。针对以往教科书否定民族英雄、丑化国家领导人等问题,普京政府要求统一编写新版历史教科书,还原历史真相、重塑英雄形象,引导青少年树立正确观念,强化民族自豪感。其次在社会实践上,重视全俄公民积极参与,尤其是青少年的踊跃参加。各种军事爱国主义教育活动大大凸显出英雄示范引领作用,如"与英雄对话""关爱老兵行动""俄罗斯搜索运动"等全俄教育活动,通过向英雄致敬、向英雄学习,为青少年创造与英雄交流沟通的机会,塑造尊重及关爱英雄的情感价值,有力激发全社会爱国情感。

(三)对我国新时代爱国主义教育的启示

我国正处在改革开放深水期、社会转型关键期,外部意识形态斗争激烈、内部教育对象思想发生剧变且存在非理性行为,这些要求爱国主义教育内容应更全面。法、新、日、俄爱国主义教育的重要内容为我国提供了一定启发。提升我国新时代爱国主义教育成效,要立足国情,审慎对待不同意识形态的交锋,把握历史与现实机遇,在如下四方面多下功夫。

1.坚定文化自信教育

文化体现着一个国家、民族最深层次的精神风貌,必须坚定文化自信,建设社会主义文化强国。首先,中华优秀传统文化是中华民族的"根"与"魂",是当代中国文化软实力的力量根基。学校要善于挖掘中华优秀传统文化中宝贵的爱国主义教育资源,激起学生情感共鸣;社会可通过传承传统节日,保护传统文化遗产,留住并用活爱国主义教育的文化载体。其次,革命文化在党领导新民主主义革命时期形成,充分体现了中华儿女不畏艰险、顽强抗争的爱国主义精神。要积极保护、利用革命文化资源,创作大众喜闻乐见的革命文艺产品,发掘保护革命历史遗迹,表彰纪念革命英雄,大力传承革命精神。最后,社会主义先进文化是中国特色社会主义文化自信的前进方向,是实现中华民族伟大复兴的力量支撑。发展社会主义先进文化,要坚持马克思主义指导,发挥社会主义核心价值观凝神聚气的重要作用。树立创新意识,立足国家现实,建设符合时代发展方向的文化。

2.强化国家认同教育

爱国主义的产生以国家认同为基础,增强国民凝聚力、向心力,要促成高度的文化认同、民族认同、制度认同。在文化认同上,文化属于上层建筑,对于社会经济基础有着能动的反作用。改革开放以来,外来文化的大量涌入使一些民众产生文化迷茫,无法有效分辨精华与糟粕。部分民众盲目鼓吹西方文化,试图以西方价值理念取代中华文化。因此,应正确对待外来文化,用中华优秀传统文化涵养爱国根基,用革命文化凝聚爱国精神,用社会主义先进文化引领爱国风尚,培育文化安全意识,巩固文化认同。在民族认同上,一个忘记来路的民族必定是没有出路的民族,一个抛弃历史的国家是不会有民族认同的。历史是最好的教科书,也是最好的清醒剂,学好"四史"是推进党和国家事业的必修课,是提高民族认同的重要途径。在制度认同上,当代中国的爱国主义与爱党、爱社会主义本质上相统一。在机遇与风险并存的新时代,要坚持和完善中国特色社会主义制度,推进国家治理体系和治理能力现代化。我国疫情防控、经济恢复等走在世界前列,彰显了中国特色社会主义制度的独特优势。因此,爱国主义教育要重视制度认同教育,稳大局、明方向、定人心,将制度优势转化为话语优势、治理优势,防范敌对势力的"西化""分化"图谋,以"中国之制"助力书写"中国之治"新篇。

3.加强忧患意识教育

居安思危。思则有备,有备无患。党的十八大以来,习近平多次强调在各项工作中要坚持底线思维,增强忧患意识。在国家发展态势总体良好的新时代,我们党依然面临着"四大考验""四大危险",前进道路上仍旧困难重重。从国际视野来说,"颜色革命"、民族主义、单边主义等纷纷抬头,逆全球化浪潮此起彼伏。从国内视野来看,拜金主义、享乐主义、利己主义等兴起,不断侵蚀中华民族的健康肌体。因此,应时刻葆有"中华民族到了最危险的时候"的忧患意识,弘扬爱国主义奋斗精神,拒绝只见"鲜花"不见"荆棘",奋力爬坡过坎,走好新时代长征路。青年是希望之花,是复兴路上的重要战斗力,要"坚定理想信念,培育高尚品格,练就过硬本领,勇于创新创造,矢志艰苦奋斗"。[①] 当代青年沐浴在祖国荣光之下,不曾经历国家飘摇、民族存亡时刻。"凿井者,起于三寸之坎,以就万仞之深",要切实提高青年忧患意识,使其树立"天下兴亡,匹夫有责"的爱国信念,与时代同心同向,勇担民族复兴大任。

4.推进理性爱国主义教育

爱国不仅需要热情,而且需要理性。一方面,爱国主义是具体的、现实的,要具体问题具体分析。首先,优化正面宣传引导。必要地灌输正确思想,抵制错误倾向,特别是"低级红""高级黑"行为。其次,高度警惕"伪爱国"。一些媒体为追求自身利益,利用爱国情怀"薅羊毛",需要我们正确辨识。再次,永葆斗争精神。环顾世界,敌对势力蓄意挑衅、搬弄是非,利用负面舆论造势,弱化主流价值观和国家历史地位,妄图诱发民众非理性行为。如新冠疫情中,丹麦刊登辱华漫画、美政客称病毒为"中国病毒"、多国要求中国赔款等,其险恶居心可见一斑。对此,我们要勇于亮剑、善于斗争。另一方面,要坚持中国立场,怀有国际视野。毛泽东曾指出:"中国共产党人必须将爱国主义和国际主义结合起来。我们是国际主义者,我们又是爱国主义者。"[②]中国顺应历史潮流,早在革命时期就坚持将爱国主义与国际主义相结合,高呼"全世界无产者和被压

---

① 习近平.坚定跟党走 奋进新时代 为党和国家事业发展作出新的更大的贡献[N].人民日报,2020-08-18.

② 毛泽东选集:第2卷[M].北京:人民出版社,1991:520.

迫民族联合起来";在新时代,更是突破狭隘民族主义,致力于增进人类福祉。在抗击新冠疫情中,中国有效开展国际联防联控,携手打造人类卫生健康共同体,用实际行动展示大国担当,稳定国际防疫大局,获得许多国家和国际社会有识之士赞誉。为此,加强爱国主义教育既要植根中国,又要放眼世界。

三、新时代新征程的新青年斗争精神①

党的二十大强调,"全党要把青年工作作为战略性工作来抓"。② 以党的战略性工作为尺子衡量青年工作,是以习近平同志为核心的党中央立足党的事业后继有人高度作出的一项重要决策。这凸显了青年工作对党的事业发展的关键性、全局性意义,关乎现代化建设人才支撑,为坚持战略思维、系统协同打造全方位引领青年的大格局提供了根本遵循。斗争精神是中华民族自强不息的宝贵品格,是中国共产党人精神谱系的一大特征。面对新际遇新考验,习近平站位时代高度提出,"我们党依靠斗争创造历史,更要依靠斗争赢得未来"。③ 夯实青年工作的战略地位,离不开加强青年斗争精神培育。

(一)新时代呼唤青年增强斗争精神

时代赋予青年重任。从革命年代、建设时期、改革之路再到新时代,一代代青年在党的坚强领导下,以"敢教日月换新天"的拼搏精神和"不破楼兰终不还"的英勇气概,跨越"雪山""草地",攻克"娄山关""腊子口",淬炼了敢于斗争、敢于胜利的斗争风骨。习近平强调:"社会主义是拼出来、干出来、拿命换来的,不仅过去如此,新时代也是如此。"④新时代,中国共产党传承和发扬斗争精神,领导青年团结奋斗。青年锤炼的斗争精神书写在为攻克科技难关而隐姓埋名的青年科技工作者身上,绽放在抗击新冠疫情勇往直前的最美逆行者身上,印刻在决战脱贫攻坚默默奉献的优秀党员、干部身上,展现在为过上美好生活、建设和谐社会的"打工人"身上……

---

① 本部分内容已发表于《人民网》2023 年 3 月 1 日理论频道,原题为《加强青年斗争精神培育 夯实青年工作战略地位》,略有调整。

② 习近平.高举中国特色社会主义伟大旗帜 为全面建设社会主义现代化国家而团结奋斗:在中国共产党第二十次全国代表大会上的报告[N].人民日报,2022-10-26.

③ 习近平.以史为鉴、开创未来,埋头苦干、勇毅前行[N].人民日报,2022-01-02.

④ 习近平.全面推进乡村振兴 为实现农业农村现代化而不懈奋斗[N].人民日报,2022-10-29.

党的二十大既全面总结了过去十年以来的历史性成就与历史性变革、正面回应了包括青年在内的广大人民群众的现实关切，也理性认识到"我们的工作还存在一些不足，面临不少困难和问题"。① 这表明新时代青年建功立业既有无比坚实的发展基础、无比广阔的发展平台，也面临风高浪急甚至惊涛骇浪的重大考验。习近平指明："胜利实现我们党确定的目标任务，必须发扬斗争精神，增强斗争本领。"②党的任务完成需要赢得青年、依靠青年、发展青年。青年应在党的领导下，科学分析、有效应对新时代际遇与挑战，增强斗争精神、提升斗争本领。

（二）新征程需要青年接续奋斗逐梦

我们正在昂首阔步迈向全面建设社会主义现代化国家新征程。这是充满光荣和梦想的远征，承载了我们党为中国人民谋幸福、为中华民族谋复兴、为世界谋发展的美好愿望；开创了一条人类发展史上最为伟大与独特的、既发展自身又造福世界的现代化之路。这也是充满挑战与艰险的远征，以中国式现代化推进中华民族伟大复兴的发展任务极其艰巨、协调难度前所未有。"惟其艰巨，所以伟大；惟其艰巨，更显荣光"。我们只有保持头脑清醒，依靠顽强斗争激流勇进，才能创造出不负时代、不负人民的伟绩。

蓝图已绘就，冲锋号已响，青年要奋发。青年生逢其时，习近平强调："实现第二个百年奋斗目标也就是一两代人的事，我们正逢其时、不可辜负"，"中国发展要靠广大青年挺膺担当"。③ 从现在起到社会主义现代化强国全面建成时期正是青年大有可为的黄金时段，这一黄金时段与国家战略安排的征程有机契合。青年肩负重任，要作出属于"平视世界一代"的贡献，通过感知"中国速度"、见证"中国奇迹"、共同成就"中国之治"，更加坚定"四个自信"。"中国青年始终是实现中华民族伟大复兴的先锋力量"④，是奋进第二个百年奋斗目标的搏击者、开拓者、奉献者。新征程上，青年要从历史中汲取奋斗滋养，从未来号召中激发斗争精神，奋力在新赛道上跑出当代青年的最好成绩！

---

① 习近平.高举中国特色社会主义伟大旗帜 为全面建设社会主义现代化国家而团结奋斗：在中国共产党第二十次全国代表大会上的报告[N].人民日报，2022-10-26.

② 习近平.发扬斗争精神增强斗争本领 为实现"两个一百年"奋斗目标而顽强奋斗[N].人民日报，2019-09-04.

③ 习近平.全面推进乡村振兴 为实现农业农村现代化而不懈奋斗[N].人民日报，2022-10-29.

④ 习近平.在纪念五四运动100周年大会上的讲话[N].人民日报，2019-05-01.

(三)新青年依靠顽强斗争打开新天地

坚定斗争信念,增强思想淬炼。新青年要清晰认识到全面建成社会主义现代化强国的长期性、复杂性、艰巨性,坚定斗争毅力,摒弃"丧""摆烂""躺平"等消极懈怠思想。这就要求用科学理论武装头脑,深学笃行马克思主义矛盾观、斗争的立场观点方法,筑牢斗争思想根基。这还要求妥善把握斗争规律,因为斗争不是盲动、冲动,"斗争是一门艺术,要善于斗争",要做到有理有利有据有节,把握火候。在这个过程中,根据形势需要及时调整斗争策略,在坚定闯关夺隘的斗志基础上增进斗争智慧。

坚持斗争方向,加强政治历练。政治上坚定,斗争起来才能淡定从容。要破"浮云遮望眼"的狭隘视野。国际形势波谲云诡、周边局势复杂敏感、改革发展任务艰难繁重,要教育引导新青年提高科学把握国内外形势的政治判断力、提升认清西方"普世价值"渗透实质的政治领悟力、增强与有损中华民族根本利益行为作斗争的政治执行力。同时,还要立"乱云飞渡仍从容"的战略定力。在事关中国特色社会主义前途命运的大是大非问题上坚守底线,保持不信邪、不怕鬼、不怕压的风骨;面对接踵而至的考验,扬帆搏浪,不断夯实做中国人的志气、骨气、底气,永葆政治本色。

坚守斗争立场,强化实践锻炼。新青年要在重大斗争中经风雨、见世面,在真刀真枪实干中练就敢于斗争的"铁肩膀""硬骨头"。一方面,依循问题导向,在重大岗位淬火。新青年决不能在重大问题前得"软骨病"、患"恐惧症",要学会利用时代舞台、工作平台解决问题,夯实斗争本领。另一方面,坚持人民至上立场,在广大基层墩苗。自觉加强化解人民群众矛盾的斗争磨炼,把脚印扎根在基层、好口碑立在民心,为实现人民对美好生活向往而不断斗争,提升斗争实效。

将青年工作提升至党的一项战略性工作高度,实现党的青年工作在理论上的升华与实践上的深化,汇聚起实现中华民族伟大复兴的新生力量具有深远意义。广大青年要坚定不移听党话、感党恩、跟党走,葆有"咬定青山不放松"的姿态,敢于斗争、善于斗争,将个人"小我"融入祖国"大我",以青春力量推动历史车轮滚滚向前。

四、基于新时代的应急处突能力培育[①]

应急处突能力由习近平在 2020 年中央党校（国家行政学院）中青年干部培训班开班式上首次提出，是我们党成立百年来取得伟大胜利的重要原因。当前，我国发展环境面临深刻复杂的变化，应急处突能力的培育是应对国际国内两大环境发展变化的时代之需，是推进国家治理体系和治理能力现代化的应有之义，是建设社会主义现代化强国的强力支撑。目前学界在不同视角下对应急处突能力进行分类研究。如从危机本身出发，侧重由表及里探究危机成因，由内向外探索国外危机管理机制特点，由此及彼探求新时代中国共产党治国理政常态化风险的主因。从现实治理出发，注重开发矛盾危机效应下公共危机对国家治理的建设性潜能，动员公共危机治理中的社会力量，利用法治思维和法治方式应对重大风险等。从能力培育出发，阐述领导干部应急处突能力的构成要素，阐发提高应急处突能力的路径，强调发挥系统观念提升应急处突能力的积极作用等。已有研究得出培育应急处突能力是大势所趋，应紧跟时代、多领域合作推进等结论。《中共中央关于党的百年奋斗重大成就和历史经验的决议》（简称《决议》）中表示，"党的十八大以来，国家安全得到全面加强，经受住了来自经济、政治、意识形态、自然界等方面的风险挑战考验，为党和国家兴旺发达、长治久安提供了有力保证"。站在新的历史起点上，深化应急处突能力培育倍显重要，总结党百年应对危机的历史经验、理论脉络、发展实践的研究备受期待。正确把握我们党百年来培育应急处突能力的历史逻辑、理论逻辑、实践逻辑是推进国家治理体系和治理能力现代化的基本要求，也是确保我国社会主义现代化事业行稳致远的基本遵循。

（一）历史逻辑

历史赓续传承，毛泽东曾说："如果要看前途，一定要看历史。"[②]中国共产党百年来应对危机事件的经验，可以集中概括为"五大战略"，即人民至上的战略使命、党集中统一领导的战略取向、调研考察的战略准备、居安思危的战略布局、辩证分析的战略方法。深入剖析历史，为应急处突能力的培育启智增

---

① 本部分内容已发表于《中国应急管理科学》2022 年第 1 期，原题为《建党百年背景下应急处突能力培育探究》，略有调整。

② 毛泽东文集：第 8 卷［M］.北京：人民出版社，1999：383.

慧,开辟探索新思路。

1.战略使命:人民至上

与旧哲学对人的漠视相比较,马克思高度重视现实生活中的人,其唯物史观的思想精髓体现在,认为"有生命的个人的存在"①是全部社会生活的基础。中国共产党与生俱来的无产阶级政党性质,体现在党性与人民性的高度统一。百年来我们党立于不败之地的根本原因在于,党始终代表中国最广大人民的根本利益,没有任何自己特殊的利益,从来不代表任何利益集团、任何权势团体、任何特权阶层的利益。"江山就是人民、人民就是江山,打江山、守江山,守的是人民的心。"②该论述一语中的地指出人民在我国社会主义事业中的重要地位。首先,服务人民是最大政治。人民至上是当代马克思主义政党最靓丽的底色。例如,湖南沙洲瑶族村徐解秀家的"半条被子"是我们党与人民鱼水情深的时代记忆。无论是对抗洪水、飓风、地震等自然灾害,还是抵御经济、政治、文化等方面的社会风险,党始终以人民满意为价值旨归。其次,造福人民是最佳政绩。中国共产党将增进民生福祉作为发展的根本目的,坚持造福人民的政绩观。比如,热播剧《山海情》,用村落成长折射"脱贫路上一个都不能少"的时代奋进。2018年独龙族实现整体脱贫,独龙江公路将带领全族人民奔赴下一场"山海"。征途漫漫,中国共产党初心始终不渝,中国奇迹还将续写。最后,植根人民是最强根基。马克思强调:"不是国家制度创造人民,而是人民创造国家制度。"革命时期,小推车推出淮海战役胜利;改革开放时期,人民创造深圳奇迹;新时代,各族同胞共同谱写"脱贫攻坚全面胜利"的恢宏史诗。历史雄辩地证明,把人民视作水之源、木之本,社会主义事业才会源远流长、欣欣向荣。

2.战略取向:党的领导

马克思恩格斯强调:"在无产阶级和资产阶级的斗争所经历的各个发展阶段上,共产党人始终代表整个运动的利益。"③这就要求,社会主义的革命、建设、改革事业必须由共产党领导。学界将中国发展奇迹背后党的领导概括为"三力"。④ 一是政治领导力。恩格斯在《论权威》中表示,"一艘穿行在暴风雨中的航船,要想行稳致远,关键靠拥有绝对权威的优秀船长掌舵领航"。我们

---

① 马克思恩格斯选集:第1卷[M].北京:人民出版社,2012:146.

② 习近平.在庆祝中国共产党成立100周年大会上的讲话[N].人民日报,2021-07-02.

③ 马克思恩格斯选集:第1卷[M].北京:人民出版社,2012:413.

④ 马克思恩格斯选集:第1卷[M].北京:人民出版社,2012:413.

党是中国特色社会主义事业的领导核心,善于通过政治领导力引领发展、化解挑战,如应对信息技术产生的风险。毋庸讳言,信息技术发展初衷是服务于人类,但国际社会仍有部分人利用网络信息技术,攻击、丑化、污蔑中国。在国际舆论"敌强我弱"的现实背景下,我们党充分发挥政治领导作用,不断提高人民的政治判断力,引导人民坚定"四个自信"。二是思想指引力。思想是行动的先导,其正确与否直接影响实践的结果好坏。通过统一思想来凝聚意志、引领前行,是我们党荆棘载途仍历久弥新的原因之一。如古田会议将思想建党置于关键位置,筑牢党长期执政的思想基石,意义重大而深远。当前,面对鱼龙混杂的社会思潮,占领意识形态主阵地尤为重要。三是社会向心力。列宁指出:"没有千百万觉悟群众的革命行动,没有群众汹涌澎湃的英勇气概,没有马克思在谈到巴黎工人在公社时期的表现时所说的那种'冲天'的决心和本领,是不可能消灭专制制度的。"①对一个政党而言,社会向心力意味着通过价值理念、施政纲领、制度优势和未来愿景将各种社会力量最大可能地团结起来而统一行动。比如,在抗击新冠疫情过程中,我们党一如既往地坚持集中力量办大事,生发了广泛的吸引力、凝聚力,充分彰显"全国一盘棋"的绝对优势,赢得社会的广泛赞誉。

3.战略准备:调研考察

"没有调查就没有发言权,没有调查就更没有决策权。"②调研考察是我们党在革命、建设和改革开放中取得胜利的关键武器。如"枫桥经验""三进下党""四下基层""闽宁模式"等皆表明,调研考察在我们党治国理政中发挥着提纲挈领的作用,将其应用于应急处突能力培育,具有积极作用。一是增进见识。"调查研究是谋事之基、成事之道。"③这就要求我们走出"办公室",亲近"百姓屋",将"读万卷书"与"行万里路"结合起来。聚焦问题导向,抓住问题的本质和规律,将调查研究作为应急处突能力培育的过程。二是提高辨识。在应对危机时,较高的辨别力往往起到事半功倍的效果,反之亦然。例如,随着新冠疫情的蔓延,出现了"灵媒疗法""顺势疗法""整体整疗"等谣言,若单靠官方辟谣并不能起到立竿见影的效果,关键还是需要民众提高自我辨识能力。深入分析危机事件的成因,对已有的经验进行有针对性、辨别性、选择性的借鉴。三是强化胆识。当前,我们迎来了"开局就是决战,起步就是冲刺"的关键

---

① 列宁全集:第 17 卷[M].北京:人民出版社,2017:151.

② 江泽民文选:第 1 卷[M].北京:人民出版社,2006:308.

③ 习近平.在党的十九届一中全会上的讲话[J].求是,2018(1).

时刻,各种矛盾风险积聚,要求我们在危机突发事件面前见事早、行动快、措施硬。特别是在具有政治智慧的前提下要有敢为人先的精神、不怕困难的勇气、迎难而上的魄力,在危机事件面前敢担当、能担当、善担当。

4.战略布局:居安思危

居安思危是指在安全的环境下能对日常生活中可能出现的危机风险事件时刻保持高度警惕。站在新的历史起点上,我们必须坚持底线思维,居安思危,未雨绸缪。一方面,思则有备。台湾地区儒学大家徐复观将"忧患"意识作为中国文化精神的特点。增强忧患意识是马克思主义唯物辩证法的体现,我们既要对光明的前途充满信心,又要对复杂的道路保持清醒。新中国成立前夕,毛泽东用"进京赶考"和"两个务必"告示大家,警惕"糖衣炮弹"。现代社会发展风云莫测,增强忧患意识比任何时候都必要。另一方面,有备无患。当前经济、政治、文化、科技、生态、党建、意识形态、外交工作、外部环境等领域都存在重大风险,且越来越复杂。如部分西方资本主义国家将中国的和平崛起认为是对其国家利益的威胁。在领土主权方面,频频挑衅,企图分裂中国;在意识形态方面,对我国实行"颜色革命"渗透,企图扰乱中国。面对重重挑战,我们要全面认识风险类型,制定相关预案,防止风险相互交织。对风险类型、性质心中有数,做到靶向治疗,推进风险防范工作精细化、精准化、科学化。

5.战略方法:辩证分析

辩证思维是依据辩证唯物主义立场、观点和方法全面把握事物。当前我们正处于百年未有之大变局、中华民族伟大复兴战略全局以及新发展格局,"三局"交叉,风险矛盾比任何时候都要复杂。要破解这些矛盾问题和风险挑战,尤其需要我们增强辩证分析能力,充分认识到危机是危险与机遇的统一,既具有破坏性也具有发展性。一方面,危如累卵。世界动荡加剧,特别是新冠疫情的全球大流行引发全球治理停滞、极端思潮上升,我国发展不平衡不充分问题突出,经济、科技、民生等方面存在明显短板,腐败——这个党执政的最大风险仍然存在等。我们面临的国内外风险挑战只增不减。另一方面,危中有机。危机内蕴着丰富的社会治理潜能和经验。世界局势暗流涌动,但和平与发展仍是当今时代主题。经济全球化遭遇逆流,但其根本方向没有改变。新冠疫情肆虐,我国成为全球抗疫成功典范,凸显我国制度优势和治理效能的同时,还让有识之士看到资本主义的虚伪。坚持对危机事件进行辩证分析,要求我们既不能做只看到危如累卵的消极悲观主义者,也不能做只看到危中有机的盲目乐观主义者,要从分析方法上解决问题,走出"危机怪圈"。

（二）理论逻辑

治理的前提是知理,站在理论之巅,方能掌握社会发展规律。从理论逻辑出发,应急处突能力的培育坚持以马克思关于人的全面发展学说为理论基础,以总体国家安全观为理论来源,以中华文化为理论底蕴,从而丰富个人知识、提高安全意识、凝聚民族共识。

1.研习马克思关于人的全面发展学说,丰富个人知识

人的全面发展包含应急处突能力的培育,应急处突能力是人的全面发展的表现。马克思强调人的全面发展,不是狭隘的单向度发展,而是追求每个人全面发展的过程,这符合我国现代化建设目标。随着 2020 年全面建成小康社会取得历史性成就,中国的现代化进程步入快车道,标志着中国的现代化事业来到了全新时代。这个时代,除了实现制度、经济、军事、科技等现代化,更注重人的现代化。人处于时代环境之中,随着经济社会的发展进步,在享受更加便捷生活的同时,也面临诸多诱惑,尤其是迅速发展的网络加快了个人成长成才道路上的风险形成。综上,要实现人的现代化,应急处突能力的培育就必须坚持马克思关于人的全面发展学说,加强风险防范教育,满足人的成长发展期待。

人类有效应对风险灾害的前提,是对危机风险的产生机理和影响建立科学认知。联合国《2015—2030 年仙台减少灾害风险框架》强调,要加强灾害风险方面的公众教育,提高个人知识,以此减少灾害损伤。丰富个人知识需做到"三学"。首先要"面面学",即全面学习,不仅要潜心钻研专业知识,还要广泛涉猎经济、政治、文化等各类知识。尤其是应急管理专业知识,并对了解、掌握的应急处突领域的相关知识做好精准凝练和加工提炼,练就解决问题的实际本领,做到见招拆招。其次要"时时学",学习知识需要持之以恒,久久为功。把功夫下在平时,在危机突发事件面前利用平时积累做到行之有策、行之有理、行之有效。随着互联网的发展,学习早已打破时空的局限,"国务院""人民日报""学习强国""知乎"等 App 搭载新技术、富有科技感,为我们时刻学习提供平台。最后要"人人学",培育应急处突能力不仅是对年轻干部的殷切期望,也是社会稳定发展的必然要求。有关各方应共同发力,营造良好的学习氛围,定期开展模拟演练。比如地震预警演练、火灾演练等,构建具有实用性、体验性的灾害宣传教育体系。

2.学习总体国家安全观,提高安全意识

基于对"历史向世界转变"规律的深刻把握,习近平审时度势,提出了"总

体国家安全观"概念。这是我们党历史上第一个被确立为国家安全工作指导思想的重大战略思想。总体国家安全观内涵丰富,强调了自身安全与共同安全的统一,打破了"国强必霸"的旧时代逻辑,也证明了中华民族的血液中没有侵略他人、称王称霸的基因,实现了对西方排他主义和霸权主义的超越,为我国国家安全事业指明了方向。尤其要"增强全民国家安全意识,巩固国家安全人民防线"。需要指出的是,"意识"二字在《中共中央关于制定国民经济和社会发展第十四个五年规划和二〇三五年远景目标的建议》中频频出现,特别是在统筹发展和安全部分着重强调"加强国家安全宣传教育,增强全民国家安全意识",这是贯彻落实总体国家安全观的具体部署。

当前,我国发展环境风云变幻,面临的安全威胁更加多元复杂,国家安全的特点也发生了深刻变化,主要表现在以下三点。一是整体性。长期以来,公民对国家安全内涵与外延的认识一直存在误区,使国家安全狭义化。表现为忽视总体国家安全观和传统国家安全观的区别,多将其与军事战争、领土争端和反间谍工作联系在一起,且这种认知在公众头脑中根深蒂固。事实上,国家安全涉及军事、经济、政治、文化、社会、信息、生态、资源等诸多因素,是一个密不可分的整体。二是关联性。联系是事物发展的普遍规律,国家安全的诸多因素是相互关联的统一体,呈现出牵一发而动全身的特点。大安全格局的建立需要正确认识这种关联性,融合国家安全内部各个领域、因素,避免局部风险转变为系统性风险、文化风险转变为意识形态风险、国际风险转变为国内风险。三是统筹性。总体国家安全观的背景下,安全与发展并非对立,而是相互协调、相互促进的。如2021年3月举行的中美高层战略对话,与1901年我国屈辱的外交历史形成鲜明对比。网友感叹:"世界还是那个世界,中国却不是那个中国了。"历史清晰地告诉我们,国家安全不是他人给予的,而是要依靠自身的发展去争取的。安全和发展唇齿相依,安全为发展创造条件,发展为安全提供保障,两者统筹协调才能达到理想的和谐状态。我们要坚持学懂、弄通总体国家安全观理论本质,以庆祝建党100周年为契机,从我国国情出发,提高公民安全意识,培育公民应急处突能力,维护国家安全。

3.博习中华文化,凝聚民族共识

文化往往伴随民族发展的整个过程,为民族和国家的进步提供绵延不断的精神力量。中华文化是中华民族的精神支柱,是中国自信源源不断的川流。提高国家文化软实力是增强综合国力的重点,也是难点。党的十九届五中全会明确指出了建成文化强国的具体时间。因此,应急处突能力的培育要高度重视文化建设,主动从中华优秀传统文化的厚度、革命文化的温度、社会主义先进文化的高度入手,充分挖掘、发挥文化育人的禀赋优势。在守正创新的基础上,发挥其丰富的感染力,将各族人民紧密地团结在一起,凝聚起强大的民族共识,从而为应急处突能力的培育赋能。

危机突发形势下,共识凝聚对危机治理至关重要。共识主要指共同情感、愿景和信仰。首先,中华优秀传统文化侧重维系共同情感,熔铸民族认同。美国学者本尼迪克特·安德森认为"民族被想象成为一个共同体",由于时空限制,民族内部不可能都认识,但文化可将其紧密联系在一起。特别是随着天龙山石窟第八窟北壁主尊佛首回归、《唐宫夜宴》和水下飞天洛神舞《祈》的火速出圈,中华优秀传统文化再次给人以强烈的情感冲击。应急处突教育要善于挖掘内含的教育资源,达到凝聚人心、积聚力量的目的,为熔铸民族认同提供丰厚滋养。其次,革命文化侧重构筑共同愿景,锻铸民族意志。共同理想孵化共同愿景,赋予各族人民共同奋斗的力量。要善于讲党历经风霜雪雨的故事,积极运用革命文化中同仇敌忾、顽强斗争的共同体精神,保护、利用有生命、有记忆、有语言的革命文物,使中华儿女在重大危机面前实现愿景上高度统一、意志上坚韧不拔。最后,社会主义先进文化侧重坚定共同信仰,凝铸民族信念。毛泽东强调,"主义譬如一面旗子,旗子立起了,大家才有所指望,才知所趋赴"。[①] 作为看不见也摸不着的信仰就是一面精神旗帜,决定个体乃至民族的前途命运。马克思主义既是文化发展的导向,也是民族的共同信仰。在培元固本的背景下坚持一元主体,用社会主义先进文化引领新时代文化建设,坚定信念,让信仰激发出共情共鸣的力量。

(三)实践逻辑

"发现问题、研究问题、解决问题,始终是推动一个国家、一个民族向前发展的重要动力。"伴随着国家治理体系和治理能力现代化的发展,对于危机突发事件的治理越来越显现为中国持续健康稳定发展的一个重大实践课题。知、信、行是一个有机统一整体,在实践中培育应急处突能力是笃行的关键一步。

1.在把握质量互变的关系中对风险苗头进行预判谛视

绝对运动和相对静止是对立统一的关系,在事物发展过程中体现为质量互变规律。量变是质变的前提,当事物的量变超过了度的界限就会发生质变,从而改变事物的性质。这一规律在现实中体现为危机事件质变的突发性和量

---

① 毛泽东传(1893—1949)[M].北京:中央文献出版社,2004:70.

变的渐进性。危机事件爆发前,部分细微变化慢慢积累,最终以质的改变为表现,从而破坏社会治理。因此我们要坚持底线思维,时刻关注事物量的变化,守好度的边界,发现风险苗头应将其扼杀在摇篮里,防止事物性质变化带来不可挽回的损失,做到防微杜渐和防患于未然。

国家治理体系和治理能力的现代化要求应急处突能力的培育对质量互变规律深入了解,对风险苗头进行预判谛视。其一,要具有"不畏浮云遮望眼"的锐利目光。现实中的危机事件由量变到质变的发展过程具有特殊性,这种特殊性集中表现为积累的隐蔽性和事件的突发性。如火山岩浆喷涌而出的瞬间是经历成百上千万年甚至是上亿年地壳内部细微变化所引发的。因此,我们要在把握危机质量互变规律的基础上保持敏锐性,在任何细微的变化面前"绷紧弦",透过量变把握本质,抓住主要矛盾、直击问题关键。其二,要具有"乱云飞渡仍从容"的青松定力。危机突发事件的生命周期也从侧面体现了量变和质变的关系。据科学统计,危机事件一般会经历潜伏、爆发、高潮、缓和、消退五个阶段。面对如此长的周期,我们要有青松般的定力,不能自乱阵脚,应将重心更多转移到危机质变前的量变前兆阶段,建立危机预警机制,有效应对风险事件。其三,要具有"直挂云帆济沧海"的宏大视野。在风险苗头面前需要我们"理清路子""定好点子""开对方子",形成战略思维。"对国之大者心中有数",站得高、看得远、想得深,才能对灾害风险的本质、存在和影响的领域、持续时间、可能带来的损失等进行科学判定,实现从"治已乱"到"治未乱"的转变,从而为后续有效治理争取宝贵时间。

2.在明晰危机成因的条件下对防范机制进行制度检视

学界通常把危机突发事件置于风险社会的理论框架下分析,关于危机的成因,已有研究表明"自然因素和社会因素是主因"。事实上,除了自然因素,社会因素是更深刻的制度性根源。虽然社会归因和制度归因具有相似性,但在危机突发事件多由于预防失效和治理失效而频发的当下,制度归因更为突出。习近平指出:"我们要打赢防范化解重大风险攻坚战,必须坚持和完善中国特色社会主义制度、推进国家治理体系和治理能力现代化,运用制度威力应对风险挑战的冲击。"①事实充分证明,发挥我国社会主义制度的治理效能是抵御各种风险挑战、聚力攻坚克难的根本保证。

科学治理危机,必须在明晰危机成因的条件下,重视对防范、治理机制的

---

① 习近平.关于《中共中央关于坚持和完善中国特色社会主义制度 推进国家治理体系和治理能力现代化若干重大问题的决定》的说明[N].人民日报,2019-11-06.

制度检视,防止制度反噬治理。对此,我们可以从三方面入手。第一,进行符合中国国情的制度检视。简言之即"顶天立地","顶天"是统筹危机管理制度,"立地"是植根中国大地。作为世界上最大的发展中国家,我国正处于社会主义初级阶段,这是动态发展的过程。党的十八大以来,我国应急管理体制、机制建设都取得了重大进步。新冠疫情防控中出现的一些问题,表明我国应急制度建设仍待完善。当前危机治理要健全体制、机制,明晰责任,防止泛化问责。第二,进行彰显中国特色的制度检视。办好中国的事情,关键在党。伟大的事业必须由坚强的党来领导,只有我们党把自身建设好,才能得到人民的拥护,推动社会主义事业发展。近年来,反腐败斗争取得压倒性胜利,但我们也必须清醒地认识到,反腐败没有休止符。在应对重大风险挑战时要完善党的作风建设长效机制,毫不松懈惩治"四风",不断提高政治判断力、领悟力和执行力,把党建设得更加坚强有力,在应对各种风险挑战时始终成为中国人民和中华民族的主心骨。第三,进行展现中国情怀的制度检视。这种情怀是我将无我、不负人民。共建共治共享是人民情怀在我国治理体系和治理能力现代化的集中表现,对危机突发事件的防范、治理不仅要为了人民更要依靠人民。积极动员社会成员参与,形成社会治理合力,对部分技术性要求较高的危机,发挥智囊和专家人才作用,避免"群体盲思",并将法治和人治有机统一,体现人心之治、良心之治。

3.在归纳百年图谱的基础上对经验教训进行复盘审视

百年党史内蕴了丰富的精神营养、政治智慧和教育资源,是最好的教科书、最丰富的滋养剂。2021年是中国共产党成立100周年,党中央已印发《关于在全党开展党史学习教育的通知》。在这特殊的时间节点上,我们要应时顺势,增强历史自觉,不仅要学党史,还要把领悟党史同总结经验、对比历史、推动防范化解重大风险攻坚战结合起来,积极开展培育应急处突能力的实践活动。应对当前甚至以后可能发生的危机风险事件,我们都需借鉴党的成功治理经验,避免"走错路"的同时,还要"少走弯路"。

对经验教训进行复盘审视,要求我们做到以下三点。第一,要有勇于刮骨疗毒的决心。应急处突能力的培育是在面对、破解、总结危机中不断地规范和改进自我中进行的,只有正视治理危机过程中已经出现的错误并及时改正,时刻保持刀刃向内的勇气方可自胜。需要特别强调的是,自我革命、自我批评需有真实性,而非"凑数式"的形式主义,坚决反对搞繁文缛节、做表面文章,对错误思想要"连根拔起",绝不能避重就轻、避实就虚。第二,要有坚定依法治国的信心。在危机面前,坚定信心不是一句简单的口号,而是依法治国的不断完善和发展,"坚定不移走中国特色社会主义法治道路,为全面建设社会主义现代化国家提供有力法治保障"。① 例如,2021 年 3 月通过的《全国人民代表大会关于完善香港特别行政区选举制度的决定》,彰显法治在应对"修例风波"中的积极作用。第三,要有进行伟大斗争的恒心。《决议》强调:"先进的马克思主义政党不是天生的,而是在不断自我革命中淬炼而成的。"我们党从最初的 50 多名党员到今天成为拥有 9800 多万名党员的大党,一个重要原因就是勇于自我革命,敢于向党内被利益集团、权势团体、特权阶层所裹挟的人开刀。随着改革开放的不断深化,中国国际地位与影响力日益提高,部分西方资本主义国家将中国视为二十一世纪的重要战略对手,甚至是最严峻的竞争对手;我国发展不平衡不充分问题依然突出,实现人的全面发展和全体人民共同富裕仍然任重道远。"敢于斗争是我们党的鲜明品格",②面对种种风险挑战,我们绝不能在欢呼声、赞扬声中丧失斗争精神,应努力学习斗争知识、掌握斗争本领,驰而不息,久久为功,用伟大斗争推动社会主义事业长足发展。

(四)结语

中国特色社会主义事业是以百年、千年为计的。2021 年是中国共产党百年华诞,是我们党千秋伟业的新起点,也是开启历史新征程、朝着第二个百年奋斗目标进军的重要关口。建成社会主义现代化强国的蓝图已擘画,国内外形势纷杂多变,面对波谲云诡的环境,历史和现实已经证明,应急处突能力的培育既是一项紧迫性工作,也是一项长期性工作。在中国共产党成立百年、国家治理体系和治理能力现代化推进发展的背景下,立足特有的历史、理论和实践逻辑培育应急处突能力,不仅可以帮助我们解开"从哪里来"的历史密码、夯实"走向何方"的理论基础,而且也有利于防范化解各类重大风险挑战,引领"中国号"巨轮乘风破浪。

---

① 习近平.坚定不移走中国特色社会主义法治道路 为全面建设社会主义现代化国家提供有力法治保障[N].人民日报,2020-11-18.

② 习近平.在中央党校(国家行政学院)中青年干部培训班开班式上发表重要讲话[N].新华网,2021-03-01.

第三节　紧扣难点焦点　感悟生动实践

一、制度优势转化成治理效能的保证①

中国特色社会主义制度是中国共产党筚路蓝缕取得的历史性成就,是马克思主义中国化时代化的创造性成果,是久经历史和实践检验的科学制度体系。党的十九届四中全会提出,中国特色社会主义制度具有十三个方面的显著优势,这是我们不断取得一个又一个胜利的密钥,是我们坚定"四个自信"的基本根据。这些显著优势蕴含了丰富的逻辑,最大的优势在于中国共产党的领导。历史和现实都证明,只有中国共产党才能带领人民确立和完善中国制度和治理体系,定国安邦、造福于民。制度优势转化成治理效能,是实现国家治理现代化的应有要义。党的领导是制度优势转化成治理效能的根本保证,要坚持和加强党的领导,用制度优势为国家治理保驾护航,把党的领导落实到国家治理各领域各方面各环节,提高党把方向、谋大局、定政策、促改革的能力,推动治理体系各要素的协调发展,确保如期实现国家治理现代化图景。

(一)中国特色社会主义制度具有显著优势

经济基础决定上层建筑。作为我国"上层建筑"中极为重要的组成部分——中国特色社会主义制度以马克思主义为指导,植根中国大地,在其多方面的显著优势中,内蕴着丰富的逻辑。

党的领导是最大优势。中国共产党的性质、宗旨,马克思主义中国化时代化的创新发展,使我们党具有政治、理论、组织和领导等方面的独特优势,生动诠释着"办好中国的事情,关键在党"。新中国成立 70 多年来,中国共产党坚持和完善了体现马克思主义普遍真理、具有深厚中华文化根基的中国特色社会主义制度,创造了经济快速发展和社会长期稳定的奇迹,使中华民族走出挨打、挨饿的艰难窘境,并不断从挨骂困境中突围,迎来由"站"到"富"再到"强"

---

① 本部分内容已发表于《理论与评论》2020 年第 1 期,原题为《推进制度优势向治理效能的有效转化》。

的质的飞跃,击垮西方强加的"中国崩溃论""社会主义失败论"等谬论,为世界提供新镜鉴。只要党的领导这个"火车头"跑得更好更快,就能使中国特色社会主义制度更为成熟、更加定型。

人民立场是根本立场。习近平指出:"人民是我们执政的最大底气",要"坚持以人民为中心的改革价值取向不能变。"①这既蕴含着人民立场的"价值取向",也彰显了"与人民同呼吸、共命运、心连心"的初心、恒心。在以增进民生福祉为追求的经济制度和体制保障下,巨大的经济绩效不断释放,人均国内生产总值已迈上1万美元的台阶。在以人民为中心的政治体制、社会制度庇护下,人民从水深火热的深渊踏上人民当家作主、社会公平正义、国家稳定统一的康庄大道。在为人民服务的文化建设制度、人才培养机制的引导下,人民凝心聚力、各尽其能、尽展其才。中国特色社会主义制度体现了人民意志,着力化解发展不平衡不充分问题,为人民解决想解决的难题、办成想办成的大事,深得人民信赖与拥护。

实践观点是基本观点。"理论在一个国家实现的程度,总是取决于理论满足这个国家的需要的程度。"②中国制度不是凭空产生,也不是"飞来峰",而是在马克思主义光辉映照下,立足中国实际,对我国传统文化中民本、法治、德治等国家治理思想的批判性继承,是党和人民在实践探索中总结国内外正反两方面经验教训才确立并不断自我完善和发展的科学制度体系。中国制度能为国家治理实践提供政治宣言和行动纲领,满足党和国家事业发展需要、符合中国特色社会主义要求,确保各项工作有序有力有效开展,确保一个又一个规划圆满完成。中国特色社会主义制度已在实践中交出了回答历史之问、时代之问、未来之问的绚丽答卷,还将随着实践的深入与时俱进,克服缺失、缺位、失灵等问题,不断与制度需求相匹配,永葆生机活力。

统筹协调是重要逻辑。中国特色社会主义制度囊括党的领导和经济、政治、文化、社会、生态文明、军事、外事等各项制度,统筹协调是相关制度同向同行的主基调,"统筹兼顾、综合平衡,突出重点、带动全局"③是中国制度运行的内在机理。蕴含全局观念和系统方法,注重总揽全局、协调各方,统筹谋划各要素、发挥联动效益,实现全国一盘棋、集中力量办大事。统筹推进"五位一

① 习近平.全面贯彻党的十九大精神 坚定不移将改革推向深入[N].人民日报,2017-11-21.

② 马克思恩格斯选集:第1卷[M].北京:人民出版社,2012:11.

③ 习近平接受俄罗斯电视台专访[N].人民日报,2014-02-09.

体"总体布局,既突出经济建设中心地位,又协调其他领域共同发展,合理配置资源、寻求动态平衡,满足人民对美好生活新期待、共谋民族复兴伟业。统筹政府与市场的关系,促进系统优化,有效应对各种风险、化危为机,使经济社会向上向好发展。统筹国内国际两个大局,从容应对世界百年未有之大变局,不断增强国际影响力和感召力。

(二)制度优势转化成治理效能是实现国家治理现代化的必然要求

习近平指出,要"在加强国家制度建设和治理能力建设上下更大功夫,使我们的制度优势充分发挥出来,更好转化为治理效能"。[①] 唯有用"中国之制"成就"中国之治",才能实现国家治理现代化。

中国制度为国家治理现代化提供根本遵循。"中国是一个大国,决不能在根本性问题上出现颠覆性错误。"[②]中国制度能为实现国家治理现代化提供全局性的方向、思路和方法遵循。把牢中国特色社会主义方向,抵御形形色色的诱导、误导,确保国家治理为全面建成社会主义现代化强国服务。厘清思路,坚决维护党中央权威和集中统一领导,既遵循马克思主义基本规律,又符合我国发展实际,贯彻落实党中央重大决策部署,强化制度执行监督,推动制度自我革新,更好发挥根本制度、基本制度、重要制度等各项制度的作用,造福当下、泽被后世。掌握唯物辩证法,坚持问题导向、保持战略定力、重视调查研究,在增强制度自信中强化制度的自我否定、自我发展,增进社会共识、优化行为逻辑,促进国家治理现代化。

中国制度为国家治理现代化提供可靠保障。"法安天下,德润人心。""中国之制"能为实现国家治理现代化提供法律和道德双重保障。一方面,坚持依法治国,把依宪治国放在首位,深化宪法实施和监督,坚持和完善中国特色社会主义法治体系,以良法保障善治,促进"中国之治"沿着法治轨道蹄疾步稳,为实现社会公平正义、国泰民安提供可靠保障。另一方面,注重以德治国,把社会主义核心价值观融入日常、抓在经常,筑牢公民道德建设工程,使道德与法律相得益彰,引导群众维护合法权益、履行法定义务、提升思想道德素养,推动党中央重大决策部署顺利转化为地方和部门的具体任务,发挥中央和地方

---

① 中共中央政治局召开专题民主生活会强调 带头把不忘初心牢记使命作为终身课题 始终保持共产党人的政治本色和前进动力[N].人民日报,2019-12-28.

② 习近平在亚太经合组织工商领导人峰会上的演讲[N].人民日报,2013-10-08.

"两个积极性",为"两个一百年"奋斗目标的实现提供厚实保障。

中国制度为国家治理现代化提供不竭动力。实现国家治理现代化离不开人民和改革创新这两大动力。毛泽东指出,"人民,只有人民,才是创造世界历史的动力"。[①] 中国制度以人民为中心,以制度体系保障人民当家作主,坚守人民立场,将群众路线贯彻于各领域各方面的具体工作中,确保惠民举措落地生根,解民忧、纾民怨、暖民心,使人民群众在共建共治共享中有更多获得感、幸福感、安全感。中国制度凸显改革创新、与时俱进,坚持改革发展与保持稳定相统一,攻克体制机制顽瘴痼疾,推进国家制度和治理体系优化重构,在守正基础上加快制度创新,在实践检验中增进系统性、整体性、协同性,实现质量与效益并举,全力推进制度优势转化为治理效能,开创"中国之治"的璀璨未来。

(三)坚持和加强党的领导是推进制度优势转化成治理效能的根本保证

进入新时代,国家治理工作的专业化、专门化、精细化要求不断提高。坚持和加强党的领导,发挥好中国制度最大优势,是提升治理效能的根本保证和关键所在。

增强政治领导力。"方向决定前途,道路决定命运。"[②]要不断提升政治胜任力、执行力、影响力,在国家治理现代化进程中发挥纲举目张的作用。打铁必须自身硬,要全面从严治党,勇于自我革命,在坚持和完善党和国家监督体系中发扬斗争精神、增强斗争本领、永葆政治本色,不断提升胜任力,适应和引领新时代的国家治理工作。健全全面领导制度,以马克思主义立场观点方法优化顶层设计、强化战略部署、领导政治方向、增强执行合力,力促各项制度相互协调、发挥效应,推动战略实施不变形、不走样。把准国家治理现代化的方向和大局,辨别政治是非,防范政治风险,在影响力上不断释放倍乘效应,为实现"中国之治"创造良性稳定的环境,在国家治理现代化的中国道路上行稳致远。

增强思想引领力。当前,党员、干部的精神状态总体是好的,但也存在不作为、慢作为、假作为等问题。要依托思想建设工作和党的建设机制凝聚思想共识,汇聚起将制度优势转化成治理效能的精神力量。一要加强思想建设,用

---

① 毛泽东选集:第 3 卷[M].北京:人民出版社,1991:1031.

② 习近平在庆祝改革开放 40 周年大会上的讲话[N].人民日报,2018-12-19.

共产主义远大理想和中国特色社会主义共同理想凝聚全党、团结人民,让习近平新时代中国特色社会主义思想在人民思想深处扎根,弘扬马克思主义学风,统一思想和意志,厚植制度自信,抵御错误思潮,把牢理想信念"总开关",推动制度的有效执行。二要完善党的建设机制,始终把不忘初心、牢记使命作为必修课、常修课,作为加强党的建设的永恒课题和全体党员、干部的终身课题,形成长效机制,淬炼忠诚干净的政治品格,进而使中国制度生根生效、国家治理硕果累累。

增强群众组织力。"历史是这样创造的:最终的结果总是从许多单个的意志的相互冲突中产生出来的。"①实现"中国之治"最终依靠的是人民群众的合力。党要当好群众的学生,落实好群众路线,激发群众首创精神,为实现国家治理现代化增添强大合力。始终牢记初心使命,矢志不渝地把人民对美好生活的向往作为奋斗目标,有效解决群众最急最忧最盼的问题,争取广大人民群众衷心拥戴和真切信任。完善体制机制,维护人民群众在国家治理中的主体地位、加深党同人民群众的鱼水深情、防范脱离人民群众的危险、增进战胜挑战的底气、巩固党执政的群众基石。创新工作载体和方式,驾驭互联网技术和信息化手段,拓展工作阵地,增强群团组织政治性、先进性、群众性,组织鼓舞群众齐心协力为国家治理现代化献计献力。

增强社会号召力。人心向背关乎政党和政权的前途命运。精准研判分析社会发展形势,广泛动员社会力量,有效化解社会矛盾,促进社会合力最大化,我们党才能为国家治理现代化夯实阶级基础、群众基础。动员社会力量,拓展宣传阵地、巩固意识形态,团结一切可以团结的力量,大力号召和凝聚社会各个阶层、不同群体、各方力量,奋力投身国家治理现代化宏图伟业,在推进共建共治共享上下更大功夫,精心勾勒全国一盘棋、集中力量办大事的工笔画。化解社会矛盾,健全正确处理新形势下人民内部矛盾的有效机制,坚持和发展新时代"枫桥经验",畅通诉求表达、利益协调、权益保障通道,在最大的公约数中理顺社会有关利益和诉求,在最大的同心圆中汇聚"中国之治"的磅礴力量。

---

① 马克思恩格斯选集:第 4 卷[M].北京:人民出版社,2012:605.

二、在攻克深度贫困堡垒中践履使命[①]

脱贫攻坚是全面建成小康社会的底线任务及标志性指标,精准脱贫是全面建成小康社会的三大攻坚战之一,取得脱贫攻坚战胜利的关键在于打赢深度贫困地区脱贫攻坚战。习近平指出,"脱贫攻坚本来就是一场硬仗,而深度贫困地区脱贫攻坚是这场硬仗中的硬仗"。[②] 情系"国之大者",破解深度贫困,打赢打好精准扶贫这一攻坚战,完成好第一民生工程,是中国共产党践行初心和使命的应有之义,是实现我们党对人民、历史庄严承诺的应然要求,是中国特色社会主义制度的优势所在。"硬仗""硬仗中的硬仗"等鲜明地彰显出我们党不畏艰辛、砥砺前行的决心和勇气,而"一代人""情结"等则深刻地反映出我们党初心和使命内蕴着人民性的亮丽底色。

深度贫困地区是脱贫攻坚最大的短板和最薄弱的区域,概括起来主要涵盖三种情况。"三区三州"地区,这是"短板中的短板",中央统筹重点支持的地区,贫困人数已从 2013 年的 532 万剧减至 2020 年 5 月中旬的 43 万,同期贫困发生率则由 25.5％速降至 2％;"三区三州"之外的中西部地区的 169 个深度贫困县,这也是重点,尚余 52 个贫困县、2707 个贫困村及 551 万人未脱贫;此外,还有部分已脱贫摘帽但易返贫的地区。深度贫困地区致贫原因复杂,总体来说有以下几个方面:一是囊括革命老区、民族地区、边疆地区等三区为一体;二是基础设施及社会事业发展较薄弱;三是社会发育迟延,社会文明程度较低;四是生态总体较脆弱,生态保护和经济发展之间的矛盾交织;五是社会经济发展落后,自我发展乏力。要清晰地看到,鉴于历史、现实、区位、生态等多方面的缘由,这些地方是"贫中之贫、难中之难、坚中之坚",改进基础保障和公共服务的成本高、难度大,但完成好深度贫困歼灭战没有退路、只有前路,因为这是"我们党立下的军令状","无论这块硬骨头有多硬都必须啃下,无论这场攻坚战有多难打都必须打赢"。[③]

(一)多视角解构攻坚目标

习近平关于"坚持用全面、辩证、长远的眼光分析当前经济形势"的要求为

---

① 本部分内容发表于《福建日报》(2020 年 9 月 7 日理论周刊·求是),原题为《在攻克深度贫困堡垒中践履初心使命》,略有拓展。

② 习近平.在深度贫困地区脱贫攻坚座谈会上的讲话[N].人民日报,2017-09-01.

③ 习近平春节前夕赴四川看望慰问各组干部群众[N].人民日报,2018-02-14.

走出深度贫困提供了重要遵循。首先,从全面视角看,这是复杂的系统工程,应注重整体性、差异性、动态性。着眼全局,从经济、政治、文化、社会及生态文明等角度协同推进,解决好"两不愁三保障"难题,根治个体、村落、县域乃至区域性整体贫困,与全国一道全面步入小康社会。分类指导,对"三区三州"及其余地区差异化帮扶,从户、村、县等多维空间纵深拓展。把准节奏,"脱贫攻坚越到紧要关头,越要坚定必胜的信心",①沿现有标准行稳致远。其次,从辩证视角看,运用好"两点论""重点论"及"转化论"。坚持"两点论",一分为二地思考,不仅看到各方面关心关注的有利局面,而且认清疫情带来的负面影响;既看到已获决定性胜利并向全面胜利发起总攻的态势,也要正视稳定脱贫机制、基础保障和公共服务、"三保障"等方面的困难。坚持"重点论",抓住主要矛盾和矛盾的主要方面,以"三区三州"为重点,抓好"三保障"和饮水安全、易地扶贫搬迁,牵好"牛鼻子",对症下药、靶向治疗。坚持"转化论",把握事物从量变到质变的演化规律,防微杜渐,"一方面大规模的减贫,一方面又有很多人返贫,这个任务就不算完成"。再次,从长远视角看,要有"风物长宜放眼量"的韬略。"脱贫只是第一步,更好的日子还在后头",人民向往的美好生活尚未实现,应以此为新生活、新奋斗的起点,致力于共同富裕。"打赢脱贫攻坚战,只是消除了绝对贫困,缓解相对贫困将是长期任务",相对贫困将长续存在,应周密谋划"后2020"时期相对贫困化解机制。

(二)多向度夯实基础保障

"把短板补得再扎实一些,把基础打得再牢靠一些,坚决打赢脱贫攻坚战。"② 要扣紧"两不愁三保障"的基本要求及核心指标,提升深度贫困地区基础保障质效。一是确保"两不愁",使不愁吃、不愁穿成为常态。吃饱穿暖是基本需求,理应更好地得到保障。二是落实"三保障",强化义务教育、基本医疗、住房安全保障。教育堪称扶贫开发、阻断贫困代际传递的根本大计,要在控辍保学上再加把劲。统筹养老、医疗、低保等措施,将贫困人口全部纳入基本医保、大病保险、医疗救助、慈善救助等保障范畴。助推农村危房改造,铲除住房安全"拦路虎",让贫困户安居。三是建牢基础设施,搞好农村公路、安全饮水、生活用电、网络电视等供给,狠抓人居环境整治,优先改水改厕、垃圾处理,朝

① 习近平.在参加十三届全国人大二次会议甘肃代表团审议时的讲话[N].人民日报,2019-03-08.
② 国家主席习近平发表二〇二〇年新年贺词[N].人民日报,2020-01-01.

着美丽乡村建设目标多下功夫。四是改进公共服务,围绕均等化、普惠化、便捷化尤其是均等化的要求,从幼有所育、学有所教、劳有所得、病有所医、老有所养、住有所居及弱有所扶等9个维度出发,为到2025年基本公共服务标准体系全面建立、到2035年基本公共服务均等化基本实现而努力。

(三)多渠道促进持续增收

"要加快构建促进农民持续较快增收的长效政策机制,让广大农民都尽快富裕起来。"①促使脱贫攻坚和乡村振兴有机衔接,推进可持续发展,使贫困人口工资性、经营性收入渐次提升,转移性收入稳步下降。一要深化产业扶贫。产业兴旺是乡村振兴战略的首要要求,脱贫攻坚战"五个一批"工程首倡"发展生产"。注重龙头效应,培育致富能手、企业家,发挥"火车头"作用;探索"政府+金融机构+龙头企业+合作社+贫困农户"等多链条模式,形成稳固的扶贫产业链。集结外溢效应,激活农村集体经济,扩大资产收益。立足资源禀赋开发特色产业,并跟供给侧结构性改革相扣。二要拉动消费扶贫。激活市场力量,打通"最后一公里",提升产销对接广度和深度,让产品走向市场。线上线下结合,依托线上商城及社区超市,搭建销售主阵地;瞄准市场需求,做大"以购代捐""直播带货",促成消费扶贫。三要带动就业创业。规范技能培训,增强人力资本。加大劳务输出,点对点、实时地提供就业信息,做实劳务协作。设置公益岗位,既有效规避直接发钱等浅层资助方式,又新增更多工作机会。四要集聚社会合力。做深东西部协作,在理念、资金、项目、人才、信息等方面援助,助力双方共赢。建立扶贫共同体,打造由政府扶贫、企业扶贫、社会扶贫等组成的大扶贫框架。截至2021年5月中旬,全国共有833家民营企业、228个社会组织参与结对帮扶挂牌督战贫困村,这就是一个成功典范。五要注重生态环保。坚持生态优先、绿色发展,树立绿水青山就是金山银山理念,经济效益、社会效益、生态效益高度统一,恪守最严格的生态环境保护制度。畅通利益联结,让贫困群众在深度参与退耕还林奖补、造林绿化施工、森林看护等项目中受益增收。

---

① 习近平.切实把新发展理念落到实处 不断增强经济社会发展创新力[N].人民日报,2018-06-15.

(四)多维度激发内生动力

习近平强调,"脱贫致富终究要靠贫困群众用自己的辛勤劳动来实现"。[①] 外在助力固然重要,但它要通过内生动力起作用。应处理好以下关系,进一步激发内生动力。首先是主体与客体的关系。历史是人民书写的,在脱贫致富中,贫困群众既是客体,更是主体,其主体性地位不可替代。增强主观能动性,想贫困群众之所想,让其心热起来、手动起来,挖潜力、出点子、找路子。尊重首创精神,实施榜样示范,汇聚正能量。弘扬中华优秀传统文化、革命文化和社会主义先进文化,传承自力更生、艰苦奋斗、扶贫济困等传统美德,提振精气神。其次是内因与外因的关系。构建互动机制,绘就外部扶持和内部脱贫有机组成的图景。转化动力机制,推广"中国扶贫第一村"赤溪村成功实践,力促从"要我脱贫"到"我要脱贫""我能脱贫"的蝶变。再次是脑袋与口袋的关系。这些地区群众脱贫意识不足,要发挥思想政治工作"生命线"作用,破除思想桎梏,扶贫扶志扶智深度嵌联,这是贫困人口跳出个人贫困、家庭贫困与代际贫困周期率的密钥。深化教育扶贫,重视基础教育,强化职业教育,让群众脱贫有思路、有技能、有渠道、有盼头。最后是"输血"与"造血"的关系。授人以鱼不如授人以渔,要由单纯"输血"转变为"输血""造血"结合。正视贫困群众总体文化素质较低、劳动技能不高等现状,加强人力资源开发,深入开展技能培训,提升劳动技能和综合素质,变给钱给物为给劳动技能、就业门路,引领深度贫困地区劳动力在当地就业或外出务工。

(五)多举措强化党的领导

"脱贫攻坚越到最后越要加强和改善党的领导","脱贫攻坚任务能否高质量完成,关键在人,关键在干部队伍作风"。[②] 一要强化本领锻造。明确责任,摒弃盲目乐观、被动过关心态,层层压实责任、级级传导压力,实化省级总体责任、市县主体责任、行业专项责任、乡村实施责任、驻村帮扶责任。突出精准,"天下难事,必作于易;天下大事,必作于细",聚焦"三保障"和安全饮水等亟待改善环节,对准发力点位、养成绣花功夫,因时因势、因户因人地精准滴灌。优化作风,扫除形式主义、官僚主义和不作为、慢作为、乱作为等顽瘴痼疾,以硬

---

① 习近平.脱贫攻坚战冲锋号已经吹响 全党全国咬定目标苦干实干[N].人民日报,2015-11-29.

② 习近平.在决战决胜脱贫攻坚座谈会上的讲话[J].人民日报,2020-03-07.

核举措关心爱护扶贫干部,"让有为者有位、吃苦者吃香、流汗流血牺牲者流芳"。组织专项治理,排查风险,认真整改,杜绝数字脱贫和虚假脱贫等乱象。二要增进资源投入。增加政策倾斜及要素保障,确保中央及各地区财政专项扶贫资金只增不减,加大教育、医疗保障、重点生态功能区等转移支付。集中力量办大事,增量资金主要用于"三区三州",同时帮助其他深度贫困地区。三要抓好挂牌督战。理顺督战关系,督要较真碰硬、战要攻坚克难,督是为了更好地战。讲究督战方法论,紧盯"三落实""三精准",围绕"两不愁三保障",高位推动挂牌督战、干部下沉、排忧解难。四要积极预防返贫。脱贫摘帽了,但责任、政策、帮扶、监管不变,稳步接续前行。健全防贫监测机制,常态化普查、动态化监测、台账化管理。对脱贫不稳定户、边缘易致贫户、患大病遭意外贫困户加强监测,提前采取针对性的帮扶措施,及时化解返贫致贫的风险,筑牢兜底保障,应纳尽纳。

"其作始也简,其将毕也必巨。"攻克深度贫困堡垒是新时代的新长征,但只要我们葆有"赶考"精神,铆足干劲,尽锐出战,在决战决胜深度贫困歼灭战的严峻考验中践履初心使命,就能"在危机中育新机、于变局中开新局",向人民、向历史交出合格答卷!

三、深入推进宜居宜业美丽乡村建设①

福建省委十届十二次全会提出:"全面推进乡村振兴,加快农业农村现代化进程。巩固拓展脱贫攻坚成果,科学制定规划体系,培育壮大特色产业,建设宜居宜业美丽乡村。"这为我省深化美丽乡村建设提供了重要遵循。

何为宜居宜业美丽乡村?就属性而言,不但要具备"望得见山、看得见水"等物质因素,还应兼具让人民"记得住乡愁"等情感归属。就目标来看,出发点和归宿点是不断满足乡亲们日益增长的美好生活需要,指向农民获得感、幸福感和安全感的提升,指向城乡的科学统筹发展。就功能来说,立足乡村的历史人文底蕴、生产生活方式,凝练发展特色及优势,实现从"住有所居"向"宜居宜业"的嬗变。

建设宜居宜业美丽乡村具有重要意义及深远价值。首先,这是实现美丽福建的必要基础。福建省明确了 2035 年基本建成美丽福建的目标,而美丽福

---

① 本部分内容已发表于《福建日报》(2021 年 10 月 19 日理论周刊·求是),原题为《推进我省宜居宜业美丽乡村建设》,略有拓展。

建要靠美丽乡村打好基础、筑牢基石。其次,这是实现乡村振兴的必由之路。乡村振兴战略是攻克"三农"问题这一重中之重的关键举措,建设宜居宜业美丽乡村是其题中应有之义与重要支点。再次,这是实现共同富裕的必要手段。福建省提出 2035 年要使"人民生活更加美好","人的全面发展、全体人民共同富裕取得更为明显的实质性进展"。建设宜居宜业美丽乡村是实现乡村共同富裕的重要承载。最后,这是实现现代化的必备条件。福建省擘画了 2035 年基本实现社会主义现代化和全方位高质量发展超越的蓝图。这就要求推进农业农村现代化,将宜居宜业美丽乡村建设置于社会主义现代化建设的重要地位。

福建省一贯重视美丽乡村建设,牵头制定了《美丽乡村建设评价》国家标准,实施"千村整治、百村示范"等工程,成绩斐然。截至 2021 年 1 月,八成以上陆域乡镇半小时内就能上高速,10 个县(市)入列国家县城新型城镇化建设示范点,进行乡村振兴"百镇千村"试点示范建设,农村人居环境整治三年行动圆满完成,农村居民人均可支配收入增至 20880 元,十大乡村特色产业全产业链总产值高达 2 万亿元,农村养老设施覆盖率为 72%,农村承包地确权登记颁证、农村公路路长制等工作全国领先。但是,着眼于奋力谱写全面建设社会主义现代化国家福建篇章的高度,建设宜居宜业美丽乡村依然任重道远,尤其是在基础设施建设、基本公共服务均等化等方面短板仍然较明显,与乡村人民对美好生活的向往尚不够匹配。

福建要美丽,乡村必美丽。建设宜居宜业美丽乡村,要紧扣"机制活、产业优、百姓富、生态美"的新福建建设主线,统筹协调与突出重点相结合,释放乘数效应,推进八闽城乡美美与共、融合发展。

优化乡村规划,做好顶层设计。要坚持规划先行,注重乡土味道和民族风情,注重补农村的短板、扬农村的长处,努力建设美丽乡村和农民幸福家园。一是效益优先。"走符合农村实际的路子,遵循乡村自身发展规律,充分体现农村特点",[①]不搞"政绩工程""形象工程"。服务生态省战略,兼顾生态、农业、居住等功能空间,"保留乡村风貌,留得住青山绿水,记得住乡愁",绘就宜居宜业美丽乡村的璀璨图景;借鉴南平市"森林生态银行"等典型做法,激发生态产品价值实现,促进经济效益、社会效益、生态效益相统一。二是一体推进。不断缩小城乡差距,推动公共服务优质共享。坚持农业现代化与农村现代化

---

① 习近平在云南考察工作时强调:坚决打好扶贫开发攻坚战 加快民族地区经济社会发展[N].人民日报,2015-01-22.

并举,编制县级国土空间规划,做好村庄总体布局分类,拟定实用性村庄规划方案。注重示范引领,体系化培育示范村、示范乡、示范县,为宜居宜业美丽乡村建设营造浓厚氛围。三是因地制宜。因村施策,摒弃"一刀切",规避贪大求洋、大拆大建、千村一面等乱象。从乡村自然禀赋出发,依托特色产业、生态及文化,彰显地域特色。四是集思广益。杜绝"一言堂",既邀请规划专家提供智力支撑,也充分尊重农民意愿,开门听建议、搞规划,让乡土特色与现代气息交相辉映,使规划更具前瞻性、科学性、可行性。

改善人居环境,完善"宜居"功能。要持续开展农村人居环境整治行动,打造美丽乡村,为老百姓留住充满鸟语花香的田园风光。一要夯实基础设施。合理配置生活生态空间,扎实规范村民住宅建设管理及环境整治,提升农房品质,美化村容村貌和人居环境。着眼于各类村庄的不同需求,靶向施策。深入农村人居环境整治提升五年行动,推进集中供水、饮用水水源地生态环境整治、生活污水治理、厕所革命,探索生活垃圾处理长效办法。二要改进公共服务。审慎推进农村宅基地制度改革试点,强化农村基本经营制度、集体产权、林权制度等方面改革,切实保障农民合法权益。总结推广泰宁县做法,促进村民住宅规划建设审批监管平台建设。完善城乡公共资源均衡配置机制,渐次实现标准统一、制度并轨,加快搭建基础设施服务网络。运用信息技术,进一步普及基层政务、商务信息化,让数字经济为宜居宜业美丽乡村建设赋能添彩。建好村民公共活动场所,综合利用。立足"三孩生育政策"背景,促进医疗、养老、保险、教育等配套政策落细落实落好,增强宜居宜业美丽乡村的发展后劲。三要加大资金投入。引领财政资金倾斜,设置专项资金;采用金融工具和手段,依托政策性银行设立贷款;加强政府引导,吸引民间投融资。激发乡村基础设施的溢出效应,吸纳社会资本参与。用好用活政府和市场"两只手"的作用,政府侧重道路、水利等公益性设施建设,市场着重于供电、电信和物流等经营性设施供给。

拓展增收渠道,破解"宜业"难题。第一,打牢产业支撑。产业兴是乡村振兴的根基,要在培育、发展、壮大产业上下更大功夫、出更大实效。聚焦历史文化、科技创新及自身资源,差异化选择富民增收的优势产业及特色产业,增进利益联结。大力发展现代高效农业,沿着这个农民致富的好路子走下去,让农业更有甜头、农村更有奔头、农民更有盼头。通过"公司＋农户"及农民专业合作社方式,朝市场化、规模化方向跨越发展。深入运用福建省森林覆盖率66.8％、全国第一的独特资源,发展乡村绿色经济,既促进"绿水青山"转变为"金山银山",又推进国家首个生态文明试验区建设。第二,壮大集体经济。安排特色产业扶持专项资金和扶持村集体经济发展项目资金,引导乡村盘活闲置资产、流转土地适度规模经营,增加村集体经营性收入、人均可支配收入,促进农民和集体双增收。第三,增加要素收入。激活技术、土地、资本等多样化要素的使用权、收益权,拓宽农民财产性收入的来源渠道。发展劳务经济,加强就业创业培训,挖掘就业空间,鼓励就地就近就业与顺畅对接企业结合。扶持乡村商贸,刺激乡村消费。

构建长效机制,推进乡村治理。在建设宜居宜业美丽乡村的实践中,要通过常态化、长效化的治理,使农民真正笑起来。一要突出党建引领。要继承并弘扬党管农村工作的优良传统,强化基层党组织的阵地作用和党员干部的火车头作用,将党的政治优势和组织优势转化为促进宜居宜业美丽乡村建设的强劲引擎。二要塑造乡风文明。以社会主义核心价值观为指引,开展喜闻乐见的群众性文化活动,推进移风易俗,使文明乡风、良好家风及淳朴民风相得益彰,绽放异彩。以缤纷多彩的福建优秀地域文化为滋养,加快传统文化的创造性转化、创新性发展,将丰富的革命文化、灿烂的社会主义先进文化有机融入乡村治理,使优秀地域文化与现代文明交织交融,厚植宜居宜业美丽乡村建设的文化底蕴。三要强化制度规范。健全民主协商、村规民约、乡贤治理、红白理事会、红黑榜、村务公开等村民自治制度,学习推广"枫桥经验",自治、法治、德治结合,实现村民自我教育、自我管理、自我激励、自我约束,在共建共治共享中助推乡村治理体系及治理能力现代化。

四、在决胜大战大考中践行初心使命[①]

突如其来的新冠疫情,对中国共产党和中国人民来说,既是一次危机又是一次大考。2020 年 3 月 10 日,在战疫关键时刻,习近平赴湖北武汉抗疫主战场,看望慰问奋战在一线的干部群众,坚强有力的指挥、铿锵有力的话语,增强了人民必胜的信心,坚定了广大党员干部践行初心使命、决胜大战大考的决心。

(一)发扬斗争精神

"敢于斗争、敢于胜利,是中国共产党人的鲜明政治品格,也是我们党的政治优势。"湖北及武汉疫情防控态势积极向好,取得了阶段性的重要成果,靠的是

---

① 本部分内容已发表于光明网 2020 年 3 月 13 日理论频道,原题为《践行初心使命决胜大战大考》,略有调整和拓展。

斗争精神。但疫情防控任务仍然艰巨繁重,要勇做敢于斗争、善于斗争的战士。

要敢于斗争。毛泽东指出:"马克思主义必须在斗争中才能发展。"习近平强调:"疫情防控是一场保卫人民群众生命安全和身体健康的严峻斗争。"①党中央以最全面、最严格、最彻底的防控举措,打响了世所罕见的人民战争、总体战、阻击战,中国制度的显著优势深刻体现。虽然湖北和武汉初步实现了稳定局势、扭转局面的目标,但越是在这个时候越要保持头脑清醒,永葆斗争意识、坚固斗争意志,不麻痹、不厌战、不松劲,不获全胜决不轻言成功。

要善于斗争。"斗争是一门艺术,要善于斗争。"疫情防控斗争已进入关键阶段,特别应锻造斗争本领。保持战略定力,以坚定不移的信念、坚如磐石的意志,一鼓作气,咬紧牙关,坚持到底。注重依法防控,妥善处理衍生的矛盾及问题,以法治思维及手段改进社会面管控。坚持科学防控,理性看待疫情给经济社会发展带来的短期阵痛,笃信稳中向好、长期向好的经济基本面,采取差异化策略,适时启动复工复产,统筹深化疫情防控与经济社会发展。直面问题挑战,深刻总结治理体系和治理能力上的经验及教训,补短板、强弱项,筑牢制度防线,健全国家应急管理体系。

(二)构筑人民防线

"人民是历史的创造者,是真正的英雄。"②我们党始终坚守人民立场,坚持一切为了人民、一切依靠人民。疫情发生以来,党中央把疫情防控工作视为最重要最紧迫的任务,以硬核组合拳构筑起群防群控的人民防线。

一切为了人民。党中央从源头上要求把人民群众生命安全和身体健康置于首位,各防控措施均首先考虑尽最大努力避免更多群众被感染,尽最大可能挽救更多患者生命,为民情怀不断凸显。理解人民,充分认识和感谢人民作出的牺牲和奉献、坚持和努力;切身体会疫情严重地方的群众由于长时间自我隔离,容易出现负面情绪,应多加理解、宽容及包容。帮助人民,为群众纾忧解困,周密考虑群众基本生活需求,对因疫情防控在家隔离的特殊群体及时提供必要帮助;加强心理疏导和心理干预,优化舆论引导,及时妥当回应社会关切,在群众合理诉求上精准发力,营造强信心、暖人心、聚民心的氛围。

一切依靠人民。决战决胜疫情防控的严峻斗争,要千方百计地使人民的主观能动性尽情迸发,首创精神尽情展现。建强"两个阵地",持续突出医院救

---

① 坚决打赢疫情防控的人民战争总体战阻击战[N].人民日报,2020-02-12.
② 习近平.在庆祝中国共产党成立100周年大会上的讲话[N].人民日报,2021-07-02.

死扶伤的阵地作用,着力发挥社区防控的阵地作用,强化网格化管理,将社区筑造成疫情防控的坚强堡垒。发挥人民才智,一如既往地植根人民,重民意、汇民智、聚民力,汇聚群防群治、爬坡过坎的磅礴力量,继续书写疫情防控的"中国奇迹"。

(三)激励干部担当

邓小平强调,办好中国的事情,关键在党,关键在人。习近平指出,"治国之要,首在用人"。干部政治上是否过硬,要看关键时刻能否靠得住。在这场严峻的斗争中,我们的干部队伍总体是好的,经受住了考验,但也有少数干部表现不佳甚至很差。要正向激励与负向激励有机结合,使他们在关键时刻冲得上去、危难关头豁得出来。

要善用正向激励。在抗疫斗争中,涌现出了一大批可歌可泣的先进典型及感人事迹,为社会增添了正能量。加大宣传表彰,对行动坚决、表现突出的党员干部应大张旗鼓地表扬表彰,正面引领大家增强责任担当之勇、科学防控之智、统筹兼顾之谋、组织实施之能。强化待遇落实,夯实防护及生活物资的保障,落细落好工资、临时性补助和卫生防疫津贴等待遇,完善职务职级职称等方面倾斜政策举措,消减后顾之忧,确保大家以饱满精神和昂扬斗志付诸防控实践。

要慎用负向激励。形式主义、官僚主义严重背离我们党的性质宗旨及优良作风,堪称我们党和人民的大敌,必须立场坚定地反对。对不敢担当、不愿负责,疲疲沓沓、拖拖拉拉,敷衍应付、作风飘浮,百般推脱、左躲右闪甚至临阵脱逃的党员干部,要提高违规违纪违法成本,严肃追责问责,以负方向的强化,进一步鞭策他们在疫情防控中强化思想淬炼、政治历练和实践锻炼。

中华民族虽然历经很多磨难,但从未被压垮过,而是愈挫愈勇。我们党在内忧外患中诞生,在磨难挫折中成长,在攻坚克难中壮大。我们坚信,在以习近平同志为核心的党中央坚强领导下,只要党员干部心无旁骛、践行好初心和使命,人民群众众志成城、踊跃参与,就一定能够在大战大考中交出合格答卷,奋力夺取疫情防控及实现经济社会发展目标的双重胜利。

参考文献

一、著作类

[1]马克思恩格斯选集:第1卷[M].北京:人民出版社,2012.

[2]马克思恩格斯选集:第2卷[M].北京:人民出版社,2012.

[3]马克思恩格斯选集:第3卷[M].北京:人民出版社,2012.

[4]马克思恩格斯文集:第10卷[M].北京:人民出版社,2009.

[5]马克思.资本论:第1卷[M].北京:人民出版社,1975.

[6]李爱华等.马克思主义国际关系理论[M].北京:人民出版社,2006.

[7]马克思恩格斯全集:第1卷[M].北京:人民出版社,2006.

[8]马克思恩格斯全集:第2卷[M].北京:人民出版社,2006.

[9]列宁.怎么办?[M].北京:人民出版社,2018.

[10]列宁全集:第1卷[M].北京:人民出版社,1972.

[11]列宁全集:第6卷[M].北京:人民出版社,2013.

[12]列宁全集:第17卷[M].北京:人民出版社,2017.

[13]列宁全集:第35卷[M].北京:人民出版社,1985.

[14]毛泽东选集:第1卷[M].北京:人民出版社,1991.

[15]毛泽东选集:第3卷[M].北京:人民出版社,1991.

[16]毛泽东选集:第4卷[M].北京:人民出版社,1991.

[17]毛泽东文集:第8卷[M].北京:人民出版社,1999.

[18]江泽民文选:第3卷[M].北京:人民出版社,2006.

[19]习近平谈治国理政:第1卷[M].北京:外文出版社,2018.

[20]习近平谈治国理政:第2卷[M].北京:外文出版社,2017.

[21]习近平谈治国理政:第3卷[M].北京:外文出版社,2020.

[22]习近平谈治国理政:第4卷[M].北京:外文出版社,2022.

[23]习近平关于总体国家安全观论述摘编[M].北京:中央文献出版社,2018.

[24]中共中央党史和文献研究院,中央"不忘初心、牢记使命"主题教育领导小组办公室.习近平关于"不忘初心、牢记使命"论述摘编[M].北京:党建读物出版社,2019.

[25]习近平总书记在河北、兰考两地调研指导党的群众路线教育实践活动报道集[M].北京:人民出版社,2014.

[26]中共中央文献研究室.习近平总书记系列重要讲话读本(2016年版)[M].北京:学习出版社,2016.

[27]中共中央文献研究室.习近平关于社会主义文化建设论述摘要[M].北京:中央文献出版社,2017.

[28]中共中央宣传部.习近平新时代中国特色社会主义思想学习纲要[M].北京:学习出版社,2019.

[29]中央党校采访实录编辑室.习近平在厦门[M].北京:中共中央党校出版社,2020.

[30]中央党校采访实录编辑室.习近平在福建[M].北京:中共中央党校出版社,2021.

[31]中央党校采访实录编辑室.习近平在宁德[M].北京:中共中央党校出版社,2020.

[32]中共中央文献研究室.十八大以来重要文献选编(上)[M].北京:中央文献出版社,2014.

[33]本书编写组.将改革进行到底[M].北京:人民出版社,2017.

[34]徐同文.区域大学的使命[M].北京:教育科学出版社,2004.

[35]中华人民共和国国务院新闻办公室.新时代的中国青年[M].北京:人民出版社,2022.

[36]刘跃进.国家安全学[M].北京:中国政法大学出版社,2004.

[37]丛鹏.大国安全观比较[M].北京:时事出版社,2004.

[38]韩卉.新时代保持中国高校马克思主义鲜亮底色研究[M].北京:人民出版社,2019.

[39]中央教育科学研究所.陶行知教育文选[M].北京:教育科学出版社,1981.

[40]王炳林,张泰城.高校红色文化资源育人发展报告(2018)[M].北京:人民出版社,2020.

[41]陈守聪,王珍喜.中国传统文化的价值与现代德育构建[M].北京:光明日报出版社,2013.

[42]《思想政治教育学原理》编写组.思想政治教育学原理[M].北京:高等教育出版社,2016.

[43]中国社会科学院马克思主义研究院.马克思恩格斯列宁论意识形态[M].北京:人民出版社,2009.

[44]洪向华.干部要提高七种能力[M].北京:人民出版社,2020.

[45]姜广辉.新经学讲演录[M].肖永贵,唐陈鹏,整理.北京:中国社会科学出版社,2020.

[46]章忠民,魏华.高校思想政治工作研究文库[M].北京:人民出版社,2019.

[47]王炳林,张泰城.高校红色文化资源育人发展报告(2016)[M].北京:人民出版社,2017.

[48]全国干部培训教材编审指导委员会.社会主义文化强国建设[M].北京:人民出版社,2015.

[49]克拉克.高等教育新论:多学科的研究[M].杭州:浙江教育出版社,2001.

[50]亨廷顿.文明的冲突与世界秩序的重建[M].修订版.周琪,刘绯,张立平等译.北京:新华出版社,2018.

[51]博克.走出象牙塔:现代大学的社会责任[M].徐小洲,陈军,译.杭州:浙江教育出版社,2001.

[52]施密特.全球化与道德重建[M].柴方国,译.北京:社会科学文献出版社,2000.

[53]安德森.想象的共同体:民族主义的起源与散布[M].增订版.吴叡人,译.上海:上海人民出版社,2016.

[54]陈洪捷.德国古典大学观及其对中国的影响[M].修订版.北京:北京大学出版社,2006.

二、期刊类

[55]习近平.思政课是落实立德树人根本任务的关键课程[J].求是,2020(17).

[56]习近平.不断做强做优做大我国数字经济[J].求是,2022(2).

[57]陈华栋,沈颖.课程规范化建设视角下"形势与政策"课的演进与思考[J].思想理论教育导刊,2018(6).

[58]李晓衡,张多来,高征难."形势与政策"课教学的基本做法和体会[J].思想教育研究,2006(4).

[59]王显芳,郭智芳,姚兰芳.高校"形势与政策"课应用PBL教学法的实践与探索[J].思想教育研究,2016(2).

[60]陈华栋.关于加强高校"形势与政策"课程建设的思考[J].思想理论教育导刊,2010(11).

[61]王杰敏,武星亮."形势与政策"课特点及对策探析[J].思想理论教育导刊,2000(4).

[62]刘有升.高校"形势与政策"课的双重属性、建设困境及对策思考[J].学校党建与思想教育,2021(4).

[63]权良柱.加强"四个统筹"扎实推进高校形势与政策教育教学工作:基于北京科技大学教学改革实践的思考[J].思想教育研究,2019(2).

[64]高正礼,孙前梅.构建高校"形势与政策"课协同建设机制探究[J].思想理论教育,2020(1).

[65]李小鲁.学科化视角下高校"形势与政策"课建设的理念与路径[J].思想理论教育导刊,2011(11).

[66]怀进鹏.深入学习贯彻党的十九届六中全会精神 不断开创教育强国建设新局面[J].党建,2022(1).

[67]杜玉波.坚定教育自信 扎根中国大地办大学[J].红旗文稿,2022(10).

[68]沈传亮.党的十八大以来的历史性成就和历史性变革研究[J].理论视野,2021(7).

[69]张云飞.理论和实践的统一:马克思主义整体性的内在机理和科学要求[J].思想理论教育导刊,2008(5).

[70]王珊珊.党的百年奋斗历史经验蕴含的方法论[J].高校马克思主义理论教育研究,2021(6).

[71]颜晓峰.新时代如何防范化解意识形态领域重大风险[J].思想理论教育,2021(1).

[72]金松.高校校报如何讲好典型人物故事[J].新闻世界,2019(8).

[73]陈锡喜,吕列霞.习近平史观融入高校思政课的价值与实践[J].中国大学教学,2021(5).

[74]李慧卿,安立峰.心理学视域下榜样示范作用在青少年教育中的应用[J].教育学管理,2011(27).

[75]王学俭,杨昌华.立德树人:中国特色社会主义高校的立身之本[J].新疆师范大学学报(哲学社会科学版),2018(1).

[76]丁亚金.现代大学社会服务职能的反思[J].教育发展研究,2008(13).

[77]丁奎岭.进一步强化基础研究的主力军 提升高水平研究型大学对国家战略科技力量的支撑作用[J].中国科技产业,2022(3).

[78]刘建飞.全球治理背景下的中国政治意识形态安全[J].科学社会主义,2016(6).

[79]唐永胜.世界变局及其对加强全球治理的迫切需求[J].思想理论教育导刊,2020(3).

[80]刘书林,丁晓丽.高校践行社会主义核心价值观的基本思路[J].思想理论教育导刊,2015(9).

[81]江天雨.把总体国家安全观教育融入高校思政课[J].思想政治工作研究,2021(9).

[82]闫国疆.信仰教育、边疆治理与国家安全[J].马克思主义研究,2016(10).

[83]董晓辉.国家安全教育融入高校思想政治理论课的新思考[J].思想理论教育导刊,2019(8).

[84]王东明.国家安全学科人才培养布局及学科构建研究[J].情报杂志,2022(3).

[85]沈壮海.在思想政治工作体系中理解和推进课程思政[J].教育研究,2020(9).

[86]沈壮海.将优秀传统文化融入高校立德树人实践[J].思想政治工作研究,2014(4).

[87]李国娟.高校加强中华优秀传统文化教育的理论思考与实践逻辑[J].思想教育研究,2015(4).

[88]段超,舒斯强.对高校传承中华优秀传统文化工作的思考[J].学校党建与思想教育,2020(3).

[89]陈继红,王易.中国传统文化与思想政治教育研究的论域、问题与趋向[J].思想理论教育导刊,2013(11).

[90]沈壮海,史君.传承发展中华优秀传统文化是文化自觉的时代体现[J].中国高等教育,

2018(7).

[91]葛丛栩.中华优秀传统文化融入高校思想政治教育研究[J].学校党建与思想教育,2019(8).

[92]陈庆庆,李祖超.中华优秀传统文化融入大学生思想政治教育的路径创新[J].思想政治教育研究,2020(4).

[93]谢文芳.地方高校中华优秀传统文化教育的困境和优化策略[J].学校党建与思想教育,2018(1).

[94]陈莉.文化认同:中华优秀传统文化传承和发展的内在动力[J].山东社会科学,2020(7).

[95]杨惠.中华优秀传统文化融入思想政治教育的方法探究[J].学校党建与思想教育,2020(1).

[96]李春山,何京泽.中华优秀传统文化涵养社会主义核心价值观的现实困境与多维路径研究[J].思想教育研究,2016(1).

[97]徐阳.思想政治教育嵌入传统文化的实践探索:以上海工程技术大学"广富林计划"为例[J].思想理论教育,2016(12).

[98]佘双好.中华优秀传统文化与思想政治理论课教学[J].理论与改革,2021(1).

[99]许慎.中国共产党运用中华优秀传统文化凝心聚力的百年实践与经验[J].思想教育研究,2021(1).

[100]高小燕.高校开展中华优秀传统文化教育的时代价值与路径选择[J].中国高等教育,2020(8).

[101]许静波,王晶.中华优秀传统文化与高校思想政治教育的语境融合[J].思想教育研究,2018(3).

[102]周作福.新时代高校中华优秀传统文化教育的实践与创新[J].学校党建与思想教育,2019(2).

[103]张秀梅.新时代思想政治理论课传播中华优秀传统文化探究:以"思想道德修养与法律基础"课为例[J].思想理论教育导刊,2019(1).

[104]董泽芳,黄燕.论大学弘扬中华优秀传统文化的价值与路径[J].国家教育行政学院学报,2019(2).

[105]李霞,孙留涛.新时代高校开展中华优秀传统文化教育模式研究[J].江苏高教,2019(1).

[106]骆郁廷,陈娜.论红色文化的微传播[J].江淮论坛,2017(3).

[107]黄蓉生,丁玉峰.习近平红色文化论述的思想政治教育价值探析[J].思想教育研究,2018(9).

[108]刘润为.红色文化与文化自信[J].红旗文稿,2017(12).

[109]张泰城,常胜.红色文化资源与社会主义核心价值观培育[J].求实,2016(11).

[110]曹劲松.新时代传承红色基因的逻辑必然与实践自觉[J].南京社会科学,2021(6).

[111]邓纯东.红色精神在保持党的先进性中的价值分析[J].马克思主义理论学科研究,

2020,6(6).

[112]唐龙.红色文化与提升大学生文化自信的耦合与契合[J].人民论坛,2021(12).

[113]冯建军.走向道德的生命教育[J].教育研究,2014,35(6).

[114]王佩连.论大学生红色文化认同的心理生成路径[J].中国高校社会科学,2021(1).

[115]杨铭.新时代红色文化创新性表达刍议[J].学校党建与思想教育,2021(8).

[116]邓艳君.红色基因融入课程思政建设的三重路向[J].思想教育研究,2021(2).

[117]刘有升,陈丽静.优秀地域文化融入高校思想政治教育研究[J].思想政治教育研究,
    2022(2).

[118]李宗桂.试论中国优秀传统文化的内涵[J].学术研究,2013(11).

[119]李康平.中国革命文化基本理论问题研究[J].马克思主义研究,2015(7).

[120]代金平,秦锐.习近平文化自信思想的七个维度[J].探索,2017(4).

[121]王震.办好思政课的信心到底从哪里来[J].思想理论教育导刊,2020(8).

[122]胡顺,陈娟.文化发展视阈下高校思想政治理论课教学思考[J].湖北社会科学,2015(9).

[123]何虎生,赵文心.论革命文化融入高校思想政治理论课的三重逻辑[J].教学与研究,
    2019(8).

[124]阚亚薇,双传学.高校思想政治教育的文化担当[J].江苏高教,2020(11).

[125]祝和军.习近平关于新时代高校思想政治教育重要论述的文化意蕴[J].思想教育研
    究,2020(7).

[126]吴秋风,黄冠兰.黑龙江高校校园文化与地域文化融合的路径探析[J].思想政治教育
    研究,2015(2).

[127]刘福来,李东斌.地方高校地域文化育人体系的探索[J].社会科学家,2016(1).

[128]唐永进.繁荣地域文化,促进经济社会发展:"地域文化与经济社会发展研讨会"述要
    [J].天府新论,2004(5).

[129]虞和平.关于中国地域文化研究的几个问题[J].地域文化研究,2019(1).

[130]吴良镛.《中国建筑文化研究文库》总序(一):论中国建筑文化的研究与创造[J].华中
    建筑,2002(6).

[131]沈壮海.文化强国建设的中国逻辑[J].文化软实力研究,2017,2(2).

[132]尚磊,王习胜,吴玉剑.新时代高校思想政治教育管理规律初论[J].思想教育研究,
    2020(9).

[133]赵耀,王建新.论新时代高校"三全育人共同体"的内涵与建构:基于利益趋同、价值共
    同和行动协同的思考[J].中国矿业大学学报(社会科学版),2021,23(3).

[134]陶倩,易小兵."形势与政策"课教学的"事是势"话语探析[J].思想教育研究,2017(6).

[135]王包泉,秦志勇."形势与政策"课的"常新常讲"与"常讲常新"[J].思想教育研究,
    2014(4).

[136]杨希.论思想政治教育的文化内涵[J].教学与研究,2018(6).

[137]陈曙光.文化精神与马克思主义的生存逻辑:理解"两个结合"的另一个视角[J].天津

社会科学,2022(1).

[138]程琼,王洛忠.形势与政策"金课"建设的标准与路径[J].思想理论教育,2020(5).

[139]郑永廷,董伟武.论思想政治教育的文化功能及其发展[J].江苏高教,2008(5).

[140]刘建军.思政课:观照青少年精神成长的三个时期[J].红旗文稿,2019(9).

[141]王刚."形势与政策"课规范化建设:问题与解决路径[J].思想理论教育,2015(11).

[142]张录全.强化"形势与政策"课意识形态功能的探讨[J].思想理论教育导刊,2019(4).

[143]刘子杰.建构形势与政策教育话语的三个体系[J].江苏高教,2019(2).

[144]张亚峰,卢毛毛."翻转课堂"在"形势与政策"课中的应用策略[J].学校党建与思想教育,2017(21).

[145]吴宁宁.高校主体性德育培养的新视域探索:基于日本高校德育发展的启示[J].东北大学学报(社会科学版),2019(2).

[146]彭庆红,潘红涛.高校"形势与政策"课程的体系构建与实践探索[J].思想教育研究,2015(11).

[147]柴紫慧.加强高校"形势与政策"课教学内容建设的多重思考[J].思想理论教育,2018(5).

[148]徐蓉."形势与政策"课教学应处理好三大关系[J].思想教育研究,2019(2).

[149]黄小艳.高质量发展背景下"形势与政策"课的时代要求与困境纾解[J].学校党建与思想教育,2021(17).

[150]严萍昌.高校"形势与政策"线上线下混合式"金课"建设[J].社会科学家,2020(3).

[151]高德毅.高校"形势与政策"课质量提升:规范化建设与综合改革[J].思想理论教育导刊,2017(9).

[152]何兰萍.新时代推进高校"形势与政策"课改革创新的思考[J].思想理论教育导刊,2019(10).

[153]李霞.微媒体语境下高职院校"形势与政策"课教学面临的困境及其优化路径[J].学校党建与思想教育,2016(1).

[154]刘瑜.信息技术环境下高校"形势与政策"课的规范化建设研究[J].学校党建与思想教育,2020(24).

[155]侯良健.《形势与政策》新形态教材建设的探索与思考[J].思想教育研究,2016(7).

[156]骆郁廷.加强形势与政策教育的多维思考[J].思想理论教育,2015(11).

[157]巩茹敏,姜昱子.新时代加强高校"形势与政策"课规范化建设的再审视[J].思想教育研究,2020(6).

[158]韩绍卿,张春和.高校"形势与政策"课协同教学模式的构建[J].学校党建与思想教育,2021(16).

[159]曾萍.新时代"形势与政策"课模块化教学模式的构建[J].学校党建与思想教育,2021(15).

[160]孙晓晖,刘同舫.多重矛盾下公共危机的治理潜能及其转化性开发[J].贵州社会科

学,2020(2).

[161]王良.论国外危机管理机制的特点及启示[J].毛泽东邓小平理论研究,2008(7).

[162]赵晓霄,张艳丽.新时代中国共产党治国理政的常态化风险及其管控[J].学校党建与
    思想教育,2021(3).

[163]粟锋.新中国成立以来党领导人民抗击重大疫情的历史回顾与经验启示[J].思想政
    治教育研究,2020(3).

[164]金筱萍,蒋从斌.法治思维运用于应对风险的价值意蕴[J].中国高校社会科学,2020(2).

[165]张驰.系统思维视域下思想政治教育的作用机理探究[J].思想理论教育,2022(4).

[166]王玉.变革时代提升领导干部应急处突能力研究[J].中国应急管理科学,2021(7).

[167]杨斌.培养提升应急处突能力[J].红旗文稿,2020(20).

[168]王小娟.领导干部网络舆情应急处突能力提升策略[J].领导科学,2021(3).

[169]陈砚燕.打通三大梗阻 增强三大意识:以系统观念探析如何提升领导干部应急处突
    能力[J].中国应急管理,2021(11).

[170]侯波.党的领导在疫情阻击战中的显著优势[J].思想理论教育导刊,2020(5).

[171]刘有升.古田会议的历史价值与时代贡献[J].人民论坛,2020(4).

[172]丁俊萍,王建南.从古田会议决议看毛泽东思想建党和制度治党相结合的思想[J].毛
    泽东研究,2017(2).

[173]白显良.新时代推进大中小学爱国主义教育一体化建设的几点思考[J].思想理论教
    育,2020(4).

[174]王泽应,杨笑沛.论作为公民义务的爱国主义[J].伦理学研究,2020(2).

[175]崔晓丹,彭庆红.爱国主义教育中应正确认识和处理的几个关系[J].思想理论教育导
    刊,2020(5).

[176]刘建军.厚植爱国主义情怀的理论阐释[J].思想理论教育,2019(9).

[177]骆郁廷.新时代爱国主义教育的"破"与"立"[J].思想理论教育导刊,2020(2).

[178]杨茂庆,岑宇.新加坡学校价值观教育:路径、特点及经验[J].比较教育研究,2020(2).

[179]王易.关于新时代爱国主义教育的认识论思考[J].思想教育研究,2020(5).

[180]杨希.论思想政治教育的文化内涵[J].教学与研究,2018(6).

[181]孔朝霞,王绪风.新时代高校"形势与政策"课守正创新的逻辑建构[J].思想理论教育
    导刊,2021(4).

三、报纸、电子文献类

[182]习近平.高举中国特色社会主义伟大旗帜 为全面建设社会主义现代化国家而团结奋
    斗:在中国共产党第二十次全国代表大会上的报告[N].人民日报,2022-10-26.

[183]倪光辉.胸怀大局把握大势着眼大事 努力把宣传思想工作做得更好[N].人民日报，2013-08-21.

[184]习近平.做党和人民满意的好老师:同北京师范大学师生代表座谈时的讲话[N].人民日报,2014-09-10.

[185]习近平.习近平在纪念孔子诞辰2565周年国际学术研讨会暨国际儒学联合会第五届会员大会开幕会上的讲话[N].人民日报,2014-09-25.

[186]习近平.人民有信仰民族有希望国家有力量[N].人民日报,2015-03-01.

[187]习近平.全面落实"十三五"规划纲要 加强改革创新开创发展新局面[N].人民日报，2016-04-28.

[188]习近平.把思想政治工作贯穿教育教学全过程 开创我国高等教育事业发展新局面[N].人民日报,2016-12-09.

[189]习近平.决胜全面建成小康社会 夺取新时代中国特色社会主义伟大胜利[N].新华网,2017-10-27.

[190]习近平在中国共产党第十九次全国代表大会上的报告[N].人民日报,2017-10-28.

[191]习近平.坚持中国特色社会主义教育发展道路 培养德智体美劳全面发展的社会主义建设者和接班人[N].人民日报,2018-09-11.

[192]习近平.用新时代中国特色社会主义思想铸魂育人 贯彻党的教育方针落实立德树人根本任务[N].人民日报,2019-03-19.

[193]习近平.在纪念五四运动100周年大会上的讲话[N].人民日报,2019-05-01.

[194]习近平.习近平新时代中国特色社会主义思想学习纲要[N].人民日报,2019-08-06.

[195]习近平.关于《中共中央关于坚持和完善中国特色社会主义制度推进国家治理体系和治理能力现代化若干重大问题的决定》的说明[N].人民日报,2019-11-06.

[196]习近平总书记考察武汉东湖新城社区微镜头:"武汉必将再一次被载入英雄史册!"[N].人民日报,2020-03-11.

[197]习近平.坚定跟党走 奋进新时代 为党和国家事业发展作出新的更大的贡献[N].人民日报,2020-08-18.

[198]习近平.习近平在全国抗击新冠肺炎疫情表彰大会上的讲话[N].人民日报,2020-09-09.

[199]习近平在科学家座谈会上的讲话[N].人民日报,2020-09-12.

[200]习近平在教育文化卫生体育领域专家代表座谈会上的讲话[N].人民日报,2020-09-23.

[201]习近平.习近平向全国脱贫攻坚楷模荣誉称号获得者等颁奖并发表重要讲话[N].新华网,2021-02-25.

[202]习近平.在中央党校(国家行政学院)中青年干部培训班开班式上发表重要讲话[N].新华网,2021-03-01.

[203]习近平.没有中华五千年文明,哪有我们今天的成功道路[N].新华社"新华视点"微

博，2021-03-23.

[204]习近平.在服务和融入新发展格局上展现更大作为 奋力谱写全面建设社会主义现代化国家福建篇章[N].人民日报，2021-03-26.

[205]习近平在清华大学考察时强调 坚持中国特色世界一流大学建设目标方向 为服务国家富强民族复兴人民幸福贡献力量[N].新华社，2021-04-19.

[206]习近平.习近平在中共中央政治局第三十次集体学习时强调 加强和改进国际传播工作 展示真实立体全面的中国[N].人民日报，2021-06-02.

[207]习近平.在庆祝中国共产党成立100周年大会上的讲话[N].人民日报，2021-07-02.

[208]习近平.让开放的春风温暖世界：在第四届中国国际进口博览会开幕式上的主旨演讲[N].人民日报，2021-11-05.

[209]习近平在省部级主要领导干部学习贯彻党的十九届六中全会精神专题研讨班开班式上发表重要讲话[N].新华网，2022-01-11.

[210]习近平.坚持党的领导传承红色基因扎根中国大地 走出一条建设中国特色世界一流大学新路[N].人民日报，2022-04-26.

[211]习近平.在庆祝中国共产主义青年团成立100周年大会上的讲话[N].人民日报，2022-05-11.

[212]卢新宁，李斌.中国有梦 青春无悔：习近平五四青年节参加主题团日活动侧记[N].人民日报，2013-05-06.

[213]赵卫，霍小光，李寒芳.凝聚澳门心 共圆中国梦：习近平主席考察澳门纪实[N].人民日报，2014-12-22.

[214]结合中国特色社会主义伟大实践 加快构建中国特色哲学社会科学[N].人民日报，2016-05-18.

[215]习近平在北京大学师生座谈会上的讲话[N].人民日报，2018-05-03.

[216]习近平.牢记党的初心和使命 牢记党的性质和宗旨 走好新时代的长征路[N].人民日报，2019-08-19.

[217]中共中央，国务院.新时代公民道德建设实施纲要[N].人民日报，2019-10-28.

[218]在纪念中国人民抗日战争暨世界反法西斯战争胜利75周年座谈会上的讲话[N].人民日报，2020-09-04.

[219]习近平.关于《中共中央关于制定国民经济和社会发展第十四个五年规划和2035年远景目标的建议》的说明[N].人民日报，2020-11-04.

[220]深入学习坚决贯彻党的十九届五中全会精神 确保全面建设社会主义现代化国家开好局[N].人民日报，2021-01-12.

[221]多讲讲党的故事光荣传统和优良作风 引导广大党员不忘初心牢记使命坚定信仰勇敢斗争[N].人民日报，2021-02-20.

[222]坚定不移走中国特色社会主义法治道路，为全面建设社会主义现代化国家提供有力法治保障[N].人民日报，2021-03-01.

[223]"'大思政课'我们要善用之"(微镜头·习近平总书记两会"下团组"·两会现场观察)[N].人民日报,2021-03-07.

[224]两院院士大会中国科协第十次全国代表大会在京召开[N].人民日报,2021-05-29.

[225]学好"四史",永葆初心、永担使命[N].人民日报,2021-06-01.

[226]中共中央国务院印发《关于新时代加强和改进思想政治工作的意见》[N].人民日报,2021-07-13.

[227]习近平.深入实施新时代人才强国战略 加快建设世界重要人才中心和创新高地[N].人民日报,2021-09-29.

[228]中共中央关于党的百年奋斗重大成就和历史经验的决议[N].人民日报,2021-11-17.

[229]筑牢理想信念根基树立践行正确政绩观 在新时代新征程上留下无悔的奋斗足迹[N].人民日报,2022-03-02.

[230]擎信仰之炬 育时代新人[N].人民日报,2022-03-19.

[231]李克强考察国家自然科学基金委员会并主持召开座谈会强调 弘扬科学精神 着力加强基础研究推进改革 更大激发科研人员创造活力[N].人民日报,2021-07-21.

[232]习省长为我们作省情报告:习近平与大学生朋友们(三十四)[N].中国青年报,2022-04-01.

[233]中欧班列逆势而上创新业绩[N].经济日报,2022-05-17.

[234]张岱年.传统文化的发展与转变[N].光明日报,1996-05-04.

[235]曹继军,张哲浩,唐芊尔.西迁精神:书写知识报国的光荣与梦想[N].光明日报,2021-02-03.

[236]包心鉴.夯实道路自信的深层基础[N].人民日报,2016-09-05.

[237]杨洁篪、王毅同布林肯、沙利文举行中美高层战略对话[N].人民日报,2021-03-21.

[238]本报记者.福建省扎实推进党史学习教育:精读深读研读党史 激发发展强大动力[N].人民日报,2021-04-20.

[239]省领导会见魏可镁教授[N].福建日报,1999-11-23.

[240]陈明义.习近平会见王钦敏教授[N].福建日报,1999-12-08.

[241]刘有升.树牢四种思维 践行初心使命[N].福建日报,2020-02-24.

[242]问候佳节 倾听意见:市领导走访在榕部分高等院校[N].福州晚报,1990-09-30.

[243]马上就办 重在落实:市建委为福大师生排忧解难[N].福州晚报,1994-05-06.

[244]发挥各自优势 促进共同发展:福州市福州大学举行共建协议签订仪式[N].福州晚报,1995-05-14.

[245]全国政协举行新年茶话会 习近平发表重要讲话[N].新华社,2017-12-29.

[246]在常学常新中加强理论修养 在知行合一中主动担当作为[N].人民日报,2019-03-02.

[247]完善和发展中国特色社会主义制度 推进国家治理体系和治理能力现代化[N].人民日报,2014-02-18.

[248]高巍.挺立潮头开新天:习近平在浙江的探索与实践·创新篇[N].浙江日报,2017-

10-06.

[249]教育部.教育部 财政部 国家发展改革委关于深入推进世界一流大学和一流学科建设的若干意见[Z].中华人民共和国教育部公报,2022-01-19.

[250]习近平在福建调研 强调加快改革开放步伐[EB/OL].(2010-09-07)[2022-06-05].https://www.chinanews.com.cn/gn/2010/09-07/2515710.shtml.

[251]中国共产党员网.数字化建设,习近平 20 年前就开始布局[EB/OL].(2020-10-10)[2022-06-05].https://www.12371.cn/2020/10/10/ARTI1602310036658870.shtml.

[252]求是网.尺牍情深！习近平总书记这样与青年谈心[EB/OL].(2021-08-16)[2022-06-05].http://www.qstheory.cn/qshyjx/2021-08/16/c_1127763894.htm.

[253]新华网.习近平给南京大学留学归国青年学者的回信[EB/OL].(2022-05-19)[2022-06-09].http://www.qstheory.cn/yaowen/2022-05/19/c_1128664729.htm.

后　记

本书由笔者和教学团队、硕士(生)们共同努力,历经多年积淀、反复整理修改而成。

感谢福建省委教育工委、省教育厅在新时代高校"形势与政策"课程改革创新云论坛、高校思政工作中青年骨干队伍建设、省级一流本科课程建设、教改项目研究等方面的关怀与指导;感谢教育部高校思政课总教指委、"形势与政策"和"当代世界经济与政治"分教指委的支持;感谢《马克思主义理论学科研究》常务副主编张雷声教授、副主编郑端及福建省高校思政课教指委主任郑传芳教授的关心与帮助。

感谢福州大学给了笔者从本科到博士研究生阶段的全程、系统教育,使笔者能更好地立足六个二级单位的工作岗位,勤奋耕耘、收获快乐、实现价值。感谢马克思主义学院党委书记黄发友教授、院长詹志华教授,他们对笔者的教学、科研和管理等工作给予了很多的关心和鼓励。感谢"形势与政策"教学改革团队特别是侯辰龙博士、张沁兰博士提供持续热情的帮助。

感谢福州大学经济与管理学院何郁冰教授、人文社会科学学院罗小锋教授、教务处张友坤副处长的长期指导。他们思维缜密、处世严谨,从管理学、教育学和社会学等角度给笔者点拨和指正框架。

感谢硕士(生)团队,我们珍惜学缘,按照携手打造学术共同体的理念共同成长、互相成就,师生联动、生生互动,不厌其烦地对书稿进行润色凝练。在此过程中,我们一同见证、分享了同学们获得国家奖学金、发表高水平论文、收获友谊等喜悦,并以此激励大家踔厉奋发,努力打造属于自己的幸福人生。

本书作者按章节先后顺序分别为第一章第一节侯辰龙、刘有升,第二节刘有升、李宁,第三节刘有升、潘颖琦,第四节刘有升、王明慧;第二章第一节第一篇刘有升、丁姣,第二篇刘有升、肖映荷,第二节第一篇刘有升、陈丽静,第二篇刘有升,第三篇刘有升、潘颖琦,第三节刘有升、潘颖琦;第三章第一节刘有升、林小芬,第二节刘有升、李倩雯,第三节第一篇刘有升、陈丽静,第二篇刘有升、陈丽静、张培榕,第三篇刘有升、张培榕;第四章第一节刘有升,第二节刘有升、李倩雯,第三节刘有升;第五章刘有升、潘颖琦、丁姣;第六章第一节刘有升,第二节第一篇刘有升、潘颖琦、陈晓娇,第二篇刘有升、李倩雯,第三篇刘有升、王明慧,第四篇刘有升、潘颖琦,第三节刘有升。在本书的出版过程中,林丽丽、聂美琴、肖映荷、赵莹、蔡雪、肖露瑶等进行了认真的校对工作。

　　本书得到福建省财政厅"福建地域优秀文化融入高校思想政治教育研究"专项和福州大学马克思主义学院的资助;获得厦门大学出版社支持,编辑们特别是甘世恒老师为该书付梓出版辛勤劳作并贡献才智。在此,表示由衷的谢意!

　　"道阻且长,行则将至;行而不辍,未来可期"。本书是笔者多年学习和工作的阶段性总结,也是从事"形势与政策"等思政课教学及研究的接续性成果。本书的出版,对笔者来说并非终点,而是新的起点,鞭策着笔者更好地加强思政课教学研究和改革。尽管笔者为此付出了大量时间和精力,但限于能力和水平,本书不可避免地存在一些不足。在此,真诚地希望专家、学者和同人们多提宝贵意见和建议。

刘有升

2023 年 11 月 30 日于福州大学